入門期の
コミュニケーションの
形成過程と言語発達
──実践的実証的研究──

河野順子 Junko Kawano

溪水社

目　次

序　章 ……………………………………………………………… 3

第一部　入門期の学習指導に関する先行実践の検討

第1章　土田茂範の入門期指導 …………………… 9
第1節　土田茂範の入門期の学習指導に見られる社会的文化的相互行為の分析　10
第2節　継時的、縦断的視点から分析した子どもの言葉の学び　22
第3節　土田実践から導かれる入門期学習指導の原理　30

第2章　小西健二郎、三上敏夫の入門期指導 …………… 34
第1節　小西、三上実践における話し合い活動の意義と実際　35
第2節　入門期の話し合い活動を促す学習環境のデザイン　43
第3節　小西、三上実践から導かれる入門期学習指導の原理　53

第3章　先行実践の考察のまとめ ………………… 57

第二部　入門期の学習指導に関する臨床的研究

第4章　保幼小を見通したコミュニケーション能力の育成 … 61
第1節　コミュニケーション能力の育成に関する理論的背景　61
第2節　保幼小をつなぐコミュニケーション能力の発達　64

第5章　コミュニケーション能力の形成
　　　──橋本学級の参与観察から── ……………… 74
第1節　入門期のコミュニケーション能力育成のためのカリキュラム　74
第2節　橋本学級の朝の会における言語発達　94
第3節　コミュニケーション能力（レベル1・2）の育成のための足場づくり　102

第三部　論理的思考力の発達
　　　——説明的文章の読みの授業を通して——

第6章　入門期の説明的文章の授業の現状と課題 …… 171
- 第1節　なぜ説明的文章教材を学ぶのか　171
- 第2節　説明的文章教材の学びを成立させる学習者論　172
- 第3節　説明的文章教材の学びを成立させる教材論　173
- 第4節　説明的文章教材の学びを成立させる目標論　174
- 第5節　入門期の説明的文章指導の現状　178
- 第6節　入門期の説明的文章の授業改革の視点　180

第7章　「〈対話〉による構成活動」による「世界・論理を捉える技能」の形成
　　　——「とりとなかよし」と「どうぶつの赤ちゃん」の実践から—— … 182
- 第1節　「〈対話〉による構成活動」の年間計画　183
- 第2節　「〈対話〉による構成活動」の実際1「とりとなかよし」　184
- 第3節　「〈対話〉による構成活動」の実際2「どうぶつの赤ちゃん」　191

第8章　「じどう車くらべ」の授業(橋本須美子)とその考察
　　　——論理的思考力としての「理由付け」の発達—— …… 207
- 第1節　研究の目的　207
- 第2節　研究の方法　207
- 第3節　理由付けの論理的思考の発達に関する先行研究　208
- 第4節　足場づくりとしての教師の役割に着目した子どもの「世界・論理を捉える技能」の形成　209
- 第5節　子どもの側から「世界・論理を捉える技能」を形成するための教師の役割　218

第9章　「どうぶつの赤ちゃん」の授業(橋本須美子)とその考察
　　　——論理的思考力としての「比較(対比)」の発達—— … 220
- 第1節　研究の目的　220
- 第2節　研究の方法　220

第3節　「どうぶつの赤ちゃん」の先行実践・先行研究から見える課題　221
第4節　授業の実際　221
第5節　「比較（対比）」の発達の条件　245

第四部　書くことの指導原理
――「一次的ことば」から「二次的ことば」への移行――

第10章　濱本竜一郎実践
――「間接的対話」を通して「書くこと」へ――　251
第1節　はじめに　251
第2節　先行研究および先行実践の成果と課題　253
第3節　濱本実践の概要とその考察　257
第4節　「二次的ことば」としての「書くこと」を導く入門期の学習指導の原理と方法　265

第11章　橋本須美子実践
――異学年交流「6年生にありがとうの手紙を書こう！」――　269
第1節　はじめに　269
第2節　研究方法と研究対象　269
第3節　「6年生にありがとうの手紙を書こう！」における異学年交流から見えてきた入門期の言語発達の要因　270
第4節　考察――「二次的ことば」を誘発する要因――　283

第12章　共通する学習指導の原理　293

終　章　295

引用・参考文献一覧　301
索引　306

入門期のコミュニケーションの形成過程と言語発達
——実践的実証的研究——

序　章

　国語科教育における入門期指導の研究は、先行研究自体が乏しい上に、これまで文字指導や読み方指導などの領域ごとに分断された形で言語発達の究明が行われてきた[1]。一方、実践現場では、入門期指導のベテランと言われる教師たちが、それぞれに自分の経験に基づいて形成された実践的知識（ないし暗黙知）を手がかりに学習指導にあたっていた。当然、それらは分かち伝えることが難しく、研究の対象にもなりにくかったのである。（なお、「入門期」がどこからどこまでを指すかについて教育界では捉え方に違いが見られるが、本書では、特に断りがない場合を除いて、4月入学当初から1年間を指すことにする。）

　こうした現状に対して、本書は、入門期の言語発達を、①コミュニケーション（話すこと・書くこと両面）の形成と②説明的文章の学習指導における論理的思考力の発達、及び③書くことの指導原理に渡って、主に社会文化的アプローチから明らかにすることを目的としている。現在では、従来の学習・発達に関する生物学的成熟ないし制約に基づいた個人側の認知・行動達成過程ととらえる成熟論、あるいは、外的刺激に対する個人側の反応に基づく刺激−反応パターンの形成過程ととらえる学習論といった個人に焦点化した捉え方の学習理論の限界が指摘されているからである。

　今のところ、入門期を貫く学習指導の原理は必ずしも明らかになっていない。そこで、本書では、まず、日本固有の教育的遺産である土田茂範らの生活綴り方教師の入門期の学習指導に着目することによって、その指導原理を実践から導いていきたい。

　次に、子どものコミュニケーションの形成過程について、その教師の手だてと参与観察から捉えた子どもの発達の実態を提示する。入門期や低学

年のコミュニケーション能力の発達や育成については、基本ルールを獲得するための足場づくりとしての教師の役割について明らかにしている清水由紀・内田伸子（2001）、岸野麻衣・無藤隆（2005）、河野順子（2008）などをあげることができる。また「二次的ことば」の獲得のためには、子どもの存在を受け入れつつ社会的コミュニケーションを形成していくことが必要だという指摘（小川雅子1998）、コミュニケーション能力を情意面（意欲・態度）と運用能力面から捉え、教室で起こっている人・もの・こととの自己関与や他者意識を育てることが必要という指摘（山元悦子2007）もある。しかし、そうした情意面をどのように育てるか、またそれがどのように認知面の発達を促すかという点については必ずしも明らかではない。

その中で、筆者はキャズデン（1988）が指摘しているように、教室談話が「命題機能」（認知と伝達）と「社会機能」（対人関係）と「表現機能」（個々の存在証明としての言葉）の三つの機能を合わせ持っていることの重要性を再認識し、教師が子どもの「存在証明としての言葉」をいかに引き出し、育てていくかがコミュニケーション能力の育成において重要であると考えている。

本書では、社会文化的アプローチに基づいて、入門期における学びの空間にいかに自己と他者の関係を編み出すか、そして、個々の「存在証明としての言葉」が行き交うことによって、生きて働くコミュニケーション能力がいかに発達するのか、その様子を質的研究、量的研究によって明らかにする。

この際、研究方法として、筆者が、平成16年度から参与観察（participant observation）を続けてきた熊本市立本荘小学校の橋本須美子学級で収集した談話分析（discourse analysis）によって究明する。子どもたちが、教師の誘いのもと、どのような自己と他者の関係を築き、どのような「存在証明としての言葉」を表出し、それが命題機能としての認知面の発達をどのように促しているのかを明らかにする。この橋本教諭（現・熊本市立本荘小学校教頭）の取り組みは、現場において、子どものコミュニケーションの育成の重要性を承知しながらも、いつ、どのような指導を行うべきなのか、

その困難さに戸惑っている現場教師の皆さんにも役に立つと考えている。

次に、説明的文章の学習指導における論理的思考力の発達について明らかにする。論理的思考の発達に関する先行研究としては、心理学における文間の論理の発達研究（Neimark & Slotonick, 1970；Papris, 1973；Hatano & Suga, 1977；岸学, 2004；内田伸子, 1996）をあげることができる。さらに国語科教育の分野では、岩永正史（1990, 1991, 1993, 2000）、植山俊宏（1988）、間瀬茂（1999）などをあげることができる。こうした研究は、主に小学校2年生以上を対象とした実験・調査研究であり、論理的思考の発達について、入門期に焦点化して臨床的に究明した研究は管見では見当たらない。そこで、本書では、先に挙げた橋本教諭の実践事例及び河野順子（2006）の事例を通して、入門期の学習者がどのように論理的思考力を発達させていくのか考察を進めることとする。

最後に、「二次的ことば」としての「書くこと」の学習指導の原理について熊本大学教育学部附属小学校国語部との共同研究の取り組みとして濱本竜一郎教諭（現・天草市立本町小学校教頭）と先に挙げた橋本須美子教諭の実践を通して明らかにする。

入門期の学習指導のあり方はきわめて重要かつ複雑な問題を抱えており、その指導原理の解明はそれほど簡単なことではない。子どもの学びの発達に関する発達心理学的、認知心理学的な知見、保育園・幼稚園と小学校との関係・連携のあり方なども含めて、総合的に議論されるべき問題である。

本書は、そのための研究の第一歩とも言うべきものである。読者諸賢のご意見・ご批正を仰いで、さらに研究を進めていきたいと考えている。

なお、本書に取り上げている児童名は全て仮名である。

注
(1) 深川明子（1983）の研究をはじめ、実践経験をもとにした提言（山本正格 1959、藤井圀彦・澤本和子1994）などがある。その多くは、入門期のかな文字指導、読み方指導、作文指導などの領域ごとに、何をどのように教えるかという問題に焦点を当てた研究であった。

第一部
入門期の学習指導に関する先行実践の検討

第1章　土田茂範の入門期指導

はじめに

　現在、日本の学校教育は、「学級崩壊」などの深刻な現象を引き起こしている。こうした状況の中で、田島信元（2003）は、個人の学習・発達におよぼす社会文化的環境要因の影響過程の究明を通して、今、学校教育において必要な学習指導の原理を見出すことを主張している。
　特に、学校教育における学びの出発点でもあり、生涯学び続ける人として学びが開始される入門期を貫く学習指導の原理を見出すことは、学習者の学びへの取り組み方を決定し、豊かな言語生活者を育成する上で重要であると考える。
　以上の問題意識に立って、入門期における国語科学習指導の原理について、社会文化的アプローチから究明することが本書の目的である。その手がかりとして、本章では、土田茂範の実践を取り上げ、そこにひそむ学習指導の原理について明らかにしたい。
　土田を取り上げる理由は、次の二点による。一点目に、土田には入門期の学習指導に関連して、『村の一年生』（1955年）をはじめとする著書があること。二点目に、『ふるさとの自然と教育』に見られるように、土田の教育は社会文化的アプローチからの捉え直しができる要素を備えていること。
　具体的には、学級という社会的共同体の中で、他者との相互作用を通して、入門期の子どもたちの中に、どのように言葉が育まれていったかを次の社会文化的アプローチの視点から考察する。
①教室コミュニケーションの形成過程に見られる社会的文化的相互行為に

ついて、教師土田と学習者との対話、学習者と学習者の対話、土田と保護者との対話、土田の内省としての自己内対話の各視点を通して横断的に分析する。
②1954年という一年間における土田学級の言葉の育ちの実態を継時的、縦断的な視点から分析する。

なお、以下の引用は、特に断りのない限り、前掲書『村の一年生』(1955年) とする。

第1節　土田茂範の入門期の学習指導に見られる社会的文化的相互行為の分析

1．横断的分析による社会的文化的相互行為の実際とコミュニケーションの形成要因

(1)教師と学習者の対話

土田の入門期の学習指導を語るうえで重要なのは、子どもから出発する営みであるということである。

ここで言う「子どもから出発する」ことの意味は、二つある。一つは、学校での子どもの実態との対話である。そして、今一つは、子どもの抱えている生活（家庭生活、農村文化）との対話である。

はじめての一年生を受け持ったとき、〈事例1〉のように、土田は子どもとの関係づくりに悩む。

〈事例1〉
　放課後、佐藤先生から、/「タカコ。男の先生なのやんだ。女の先生だと、学校に行くというんだど。」/といわれた。タカコは、わたしに抵抗を感じているのだ。佐藤先生の時は動くんだからなあと考えると、一年生はやはりもつべきでなかったのかもしれないという思いがこみあげてきた。(p. 11./は改行。以下同じ)

第1章　土田茂範の入門期指導

　こうした事実に出会っても、土田はあくまでも、子どもの実態から教師と子どもとの関係づくりを行っていった。

　　〈事例2〉
　　　自己紹介をした。三組などは、ひとりで前に出して、自分で名まえをいわせたと後藤先生がいっていた。二組や三組などは、前の黒板にはくぼくでさかんにいたずら書きをするのに、わたしの組は、泣く子はいるし、ちゃんとすわって動こうともしないし、抵抗が強いような気がして、自分で名まえをいわせるのはやめた。そのかわり、子どもを前によんで、肩をおさえたり、頭をくるくるなでたり、抱き上げたりして、/「ケイイチさんだ。よく、かおみておぼえろな。」/などといって紹介した。……中略……泣きそうな子には、こわれものに手をだすような気持ちだった。/「タカコさんだ。」/というように、かんたんにいって帰すのだが、それでも泣かれるのにはまいった。こんなことでも抵抗感があるのだと思いながら見ていたら、それでもやめてしまった。(p.17.下線は引用者。以下同じ)

　そして、〈事例3〉のように、その子どもの身体全体から学んでいきながら、子どもとの関係性を見事に作り出していくのである。

　　〈事例3〉
　　　鬼ごっこをしてから、子どもたちの抵抗感が急になくなっていった。心のかよった教育は、からだをすりよせる、ぶっつかるところからはじまるようだ。(p.18)

　さらに、土田の子どもたちに向かう目は、子どもとのわずかな語らいの中からも、〈事例4〉のように、その生活へ向けられていく。

　　〈事例4〉
　　　子どもらをむかえてくれるのは、おばあさんが大部分で、だれもいない家にかえっていく子もよほどいた。つめがのびるのも、むりはない。そんなことを考えたり、家にだれもいない子どもは、帰ってからなにをしてる

第一部　入門期の学習指導に関する先行実践の検討

> んだろうなどと思ったりしながら、わたしはつめをきっていた。子どもを、うしろから抱きかかえるようにしながら、家のはなしをきいたり、遊びのことをきいたりしてやるつめきりは、実にたのしかった。(p. 29)

　農業の仕事に忙しくなっていく家の人たちの中で、かまってもらえることのない子どもたちを見つめるまなざしは温かく、こうした生活を見据えた土田と子どもの対話には、入門期の話し言葉の芽生えを見ることができる。話すことの苦手な農村の子どもたちに、〈事例5〉のように、土田は話すことの機会をひらいていった。

〈事例5〉
　こんな話を毎朝することにした。どうしてはじめたかといえば、いつだったか、ワタナベ　マサノブが、一日何もしないで、じっと動かないことがあった。抵抗があるのかな、などと思ったりしたが、きのう、一日せきをしていたし、あるいは風邪をひいているのがなおっていないのかもしれない。/子どものからだの状態をしっていないとなあと思ったからだ。それにもうひとつ、だまってすわっている子どもに、なんとかして話しをさせたい。それには、いちばんしている自分のことを話させるのが、もっとも話しやすいのではなかろうか。(p. 22)

　こうした言葉が紡ぎ出されるその原点は、〈事例6〉のように、血の通った人間味のある温かな関係性の構築なのである。

〈事例6〉
　家の仕事がいそがしさをましてきたので、朝の食事がはやくなった。そのために、朝ねぼうがそうとう多くなった。その朝ねぼうをなくするためにはじめたのが、/「朝、しかられたひと。」という質問だ。わたしは、朝ねぼうするなというかわりに、子どもたちに問うことにした。そして、それをなくすまでつづける。そうするのが一年生の生活指導になるのではないかと考えた。/朝、しかられてきた子どもの心をほぐしながら、注意などしないで、/「なんだず、このねぼすけ。こだいいたの。うわー。」/とやん

やとはやしたてた。/ねぼうした子どもは、ニヤニヤしてみている。/「あしたから、はやくおきろ。なんだず、一年生にもなて、ねぼすけしたなて。」/と、いちおうにらんで、そのあとニヤッと笑う。そうすると、子どもらの顔にも笑いがうかんでくる。/わたしの生活指導は、こうしたなんのへんてつもないつまらないことを、子どもにまけないでやっていくという、ばかげたものだ。しかし、わたしから見ればこうしたばかげたことも、子どもたちには、ばかげたことでなく、普通に注意されたことよりも、もっと大きな役目をはたし、そのほかに、わたしと子どもの間をつなぎ、生活を育てて行く役目をしたのかもしれない。(p.37)

こうして子どもたちの中にひらいていった話し言葉は、前述したような土田と子ども相互の関係性の構築の高まりとともに、〈事例7〉のように深まっていった。

〈事例7〉
　六月ごろからはじめた、うちの話も、だんだんうれしいことだけでなくなった。雨ふりが、ひっきりなしにつづいていた。そのために、子どもたちは、/「せんせい、おれ、おとうさんにごしゃかれた。」と話しをするようになってきた。雨ふりつづきの天気は、農民たちをどれほど心配させ、気持ちをいらだたせているかわかるのだ。……中略……/一年生から家のくるしさをせおいこんできている。それは、お金のことでなくとも、いろいろな形で、現実の社会のすがたを持ちこんできている。そして、それをたぐりよせていくと、いつでも、現実の根本問題につらなっていくようだ。/……中略……教育というものはどうなければならないのか、そしてまた、自分自身がどう生きていかなければならないのかが反省されてくる。(p.49)

自分たちの生活に起こっていること、それがプラスであっても、マイナスであっても、自由に話し合うコミュニケーションが、6月には息づき始めている。こうした話し言葉の育ちは、〈事例8〉のような子どもたちの自主性や見方・考え方を育てていった。

第一部　入門期の学習指導に関する先行実践の検討

〈事例8〉
　四月、学校から帰るとき、教室から昇降口まで固定して整列させていた。それが、子どもたちから、「あそごだけ、いつでもまえがえ。いいなえ。」/といわれたので、変更してぎゃくにした。それがややしばらくつづいたら、こんどはまん中にばかりなっている子が、/「おらだ、まん中ばっかりがえ。いつまえにすんな。」/といいだした。/「んだら。一日ずつ一番前にならぶことにすんべな。」と、一日こうたいにした。これが、子どもらの整列の土台で、朝会でも何でもこのとおりにならんでいた。/「毎日、顔ぶれがかわるな。」/先生がたによくいわれたが、わたしも、はじめはしれないでいた。/子どもらが、自然にきめていったひとつの秩序。これは、みんな平等にしてほしいということのあらわれのように感じられる。子どもといえども、一子どもだからこそ、肉体をとおして、平等を主張しているのかもしれない。/ (p.38)

〈事例9〉には、「おはよう」という朝の挨拶を「人間だからだ」と捉える一年生の心の成長が見られ、その一年生の言動を、人間として大切に思いやる教師土田の心が見える。

〈事例9〉
　「おはよう。」/朝のあいさつがすんだあと、/「なぜ、おはようなんてするだべな。」/と、なんの気なしにいったら、/「人だはげよ。」/と子どもたちがいう。まったくだ。/……中略……/「人間だからだ。」/というこのおさない子どもたちの考えを、だいじにしてやらなければならない。/……中略……/「人だからよ。」/ということばを大切にしたい。大切にするだけでなく、ほんとうに、人間だからと人間を大切にする子どもにしたい。(pp. 63-64)

『村の一年生』に見られる土田の学習指導の特徴は、国分一太郎（1975）が指摘するように、「目前の子ども自身から、無限に多くのものを学んでいく」ことを基点としている。そして、「ひとりひとりの子どもを、ひとつの生命、ひとりの人間として大事にしつつ、これをどんな連帯のもとに

14

つないでいくのか」(p.127) という子どもと教師との対等の関係性とその相互作用から日々の学習指導が生み出されていることが窺える。

このことを、後に、土田 (1990) は、「わたしは、子どもの生活や文化への参加者として、子どもたちとの共有の世界をつくりあげたいと願っています」(p.16) と述べている。

こうした子どもたちとの共有の世界を創り上げること、このことが入門期のコミュニケーションを促進し、言葉の育ちを促すのに有効に働いていくのであろう。

(2) 学習者と学習者の対話

次に、土田実践では、入門期のときから、「集団討議」を重視しながら、学習者と学習者のかかわりを大切にしている点が特徴的である。

入門期の学習指導において、土田は、観念的になりがちな言葉の指導を、学習者が肉体化できるように工夫を重ねていった。その結果、その重要性を確認したのが、入門期における「集団討議」である。土田は、〈事例10〉のキエコのような作文を取り上げて、「集団討議」をすることの意義を〈事例11〉のように述べている。

〈事例10〉
　きょうから、たうえやすみだといったら、おかあさんが、んだら、ひろこ　おこもりすろといって、わたしわいやだといったら、こもりすねげば、ほだしてやるといって、わたしわ、しかたなくこもりおしました。わたしわひろこおおんぶしてあそびにいったら、ねむりました。(1957, p.117)

〈事例11〉
　読んでみると、誰でも気づくように、表現のまちがいが非常におおいのです。ですから、まずこの文を指導するのは、表現をなおすことだと考えられそうですが、そうではありません。こんな三行作文を書くのは、どうしてかということを考えてみればわかります。/作文というものを、現実の生活（あるいは、客観世界）に子どもたちがぶつかみかかり、そこから何

かをつかみとって来て、文という図式をもちいて表現したものだと考えるならば、この作文は、表現の問題でなく、この子の生活にぶつかった時のつかみとりかたに問題があるのではないでしょうか。だから、大切なのは、何をどのようにつかみとるか、とるべきか、ということを指導するということでないでしょうか。/そうすれば、この三行作文の指導は、キエコという子が、田植え休みの子守りを、どうつかみとったか。そのつかみとりかたに、たりない点がないか、こう吟味することから指導がはじまると思うのです。……中略……こんなことが、「集団討議」の中では、うまくはたされるのです。「いつ、だれが、どこで、どうしたか。」/と、いうことは、つかみとりの図式であるとともに、ひとつの文の図式でもあるわけですが、これが、理屈としてでなく、本当に子どもの肉体をとおして身についていくのは、この「集団討議」の中においてなのです。(1957, p.117)

そして、この土田の「集団討議」では、〈事例12〉のように、一人の子どもの生活現実から出発し、それを他者と分かち合い、議論することの意味が明確に意識されていた。

〈事例12〉
　自分の思ったことが、文章として書けるようになる時期の指導は、いろいろな方法があるでしょうけれども、なんといっても、「集団討議」だと思います。/わたしには、これがなくなったら、作文指導のねうちが、半減するのではないかとさえ思えます。それで、わたしは、一年生から、「集団討議」はぜひしなければならないものだと考えています。低学年で、「集団討議」をやるためには心すべきことは、/「いまから、おまえが書いた作文をみんなでべんきょうするが、おまえが書いた作文は、うんと、みんなのために役にたつんだからな。」と、いう気持を、子どもにつたえてからはじめることだと思います。一年生や、高学年のちえのおくれた子どもなどの時には、「どこにいる。」と、顔を見させ、指をささせ、存在意識をはっきりさせてからやったほうが、効果があるようです。……これをやらないと、○をつけて作文を書かせた意味がなくなってしまいます。この間に、子どもたちは、いろいろな力を身につけます。国語学習で要求している、相当量の力をこの「集団討議」の中で身につけて行きます。初歩の文法的な理

解から、意味をとって、確実に読む力をます仕事や、文字を確実に知ることから、筆順のこと、それに表記の仕方まで、指導することが可能です。(1957, pp.115-116)

　ここで注目すべきは、入門期における「集団討議」によって、〈事例12〉の波線部のように、入門期で行うべき言葉の指導のすべてといってもいいほどのことを達成できると土田が捉えていることである。(なお、この「集団討議」は、『村の一年生』の実践では11月にその重要性が指摘されていたが、後に、続けて１、２年生を受け持った後には、５月から実践可能であることが述べられている。)

(3)教師と保護者との対話

　次に、土田の教育の根底にある、子どもたちの生活を見据え、生活に返すという一貫した教育姿勢は、保護者への働きかけを促す。そして、子どもの言語生活を豊かにしていくには、家庭生活のあり方、保護者の言語意識の改善など、家庭や社会を直接にデザインしていくような環境づくりへと着手していった。具体的には、〈事例13〉のように、４月の終わりに、学級通信「きかんしゃ」を出すことにした。

　　〈事例13〉
　　こんなことばをまっさきに書いて、わたしは学級通信をだした。四月の子どものくらしで、わたしひとりだけがりきんでみても、どうしようもない、おとうさんやおかあさんになんとか助けてもらわないとだめだと思ったからだ。それで、学校のようすを知らせて、おねがいしてみようと考えた。(p.21)

　また、「お正月にあめ三十円をくいたい」という子どもの願いを詩に見出した土田は、「わたしたちの教育は、そうした現実の上にたって、どう生きて行くかということを観念的でなく、具体をとおしてやっていくことだ」と考えて、親の無理解に対して、「親たちに子どもの心の動きを、ぜ

17

ひわかってもらいたいと、童話を書いた」(1957, p.111) と述べているように、「童話づくり」を通して親に働きかけていく。
　さらに、「おら、ごしゃかれるからやんだ。」と作文を書くことをいやがるミサコを通して、次のように保護者に働きかける。

　〈事例14〉
　　文集のあとがきに、「おとうさんとおかあさんへ」と題して、こんな文集をつくってみました。夕食のあとのいろりばたででも、読んでください。○のついているのは、子どもたちに、"しらない字は、○でかけな"といったからなのです。○でしらない字のところを書かせると、"おら字しゃねはげ、かがんない"という子がいなくなるのです。それで、こことうぶんこれで書かせてみたいと思っています。○のところはあとでべんきょうします。そこに、字をいれさせます。ですから、家で字をいれさせなくともいいです。ただ、とんち問答でも考えるようにして、笑いながら読んでください。そんな中から、子どもたちは書くたのしさを知るでしょうから。
　　(pp.85-86)

　子どもの作文に○があるのを見て、なぜ書けないのかと心配し、子どもを一方的に責める保護者。そうした保護者に対して、さらに、土田は〈事例15〉のように「共同学習」の重要さを働きかけていく。

　〈事例15〉
　　十二月親の広場・教師の広場……中略……親と子どもの共同学習です。子どもに家で勉強させるならここからです。ただ親の権威のみでさせようというのは、むりな話です。……中略……わたしは、こう考えているのです。夕食後の三十分、こうしてお茶でものみながら、いろりばたの学習を。ここが子どもを育てる本当の家の勉強です。何も机がでんとすえつけてある所が、勉強場ではないのです。みかん箱の上でも、こうした家の空気のある所、そこが本当の勉強場なのです。(pp.99-101)

　ここには、権威的に子どもを指導しても子どもの中に肉体化される学習

は存在しないという、土田自身が日々の教室の中で子どもから学んだ「共同」の姿勢が、保護者への教育の視点として生きている。さらに、保護者自身が確かな言語生活をなし得てはいない農村の現状を見て、土田の取り組みは〈事例16〉のような広がりを見せていった。土田には、「わたしと子どもの集団の中に親たちが参加し、もっともっと、わたしと子どもが高まる方法があるはずだ。三学期には、なんとかそれを見つけたいものだと考えた」(1955, pp.102-103) というように、教育では、子どもを中核とした教師と保護者との関係づくりが必要だという思想があった。

〈事例16〉
　わたしと子どもたち親たちを含めた集団が、すこしでも高まる方法はないものか。これは十二月から考えていたことだった。それで、てはじめに、おとうさんやおかあさんに作文を書いてもらうことにした。なるべく、わたしと子どもたちに直接やくだつようなものをと思い、題をきめた。おとうさんやおかあさんのつづりかたを！……中略……この作文を読みながら、おかあさんとおとうさんのすごした一年時代、そして、今の一年生の生活、そこから、抽象的でない、おかあさんやおとうさんという生きた具体をとおした教育ができるのではないかと考えた。それが、一年生の歴史教育ではないか。(pp.109-110)

　以上、土田の環境のデザインは、子どもたちとの学校生活での対話、直接家庭に入っての保護者との対話、あるいは、子どもを通しての学級通信をはじめとする言語行為を通しての対話を通して、保護者を核にした地域の生活（この時点では、言語生活）へと広がりを見せ、そうした関わりが、相手に切実に関わっていくコミュニケーションの下地を創り上げ、究極的には、子どもの言語生活を高め、広める働きをしていった。
　こうした土田の営みは、子どもを中核とした教師と保護者、さらには、地域をも取り込んだ学びの環境づくり、デザインとして、後には、ふるさとの自然と教育という体験学習を土台とした教育の営みへと発展していくのである。

(4)教師土田の内省（自己内での対話）

　学校生活での子どもとの対話は、土田の教師としての信念や教育観として定着していったと思われる。前述したような子どもとの関わりを通して、土田が学んでいったことは、学習記録[1]を書くという営みを通して内省され、教育観や教師としての信念として高まっていった。土田は、学校の中で、瞬時瞬時に子どもと関わるだけではなく、放課後、学習記録を書くという営みを通して、ここでも対話を繰り返し、教師としての営みを見出そうとしていたことが窺われる。実は、このことが、学習者と常に対話しながら、学習をデザインしていく下地となっていた重要な営みであると考える。

　何の工夫もなく授業をしてしまった自分に対して投げかけられた子どもの声から、土田は〈事例17〉のように内省する。

　　〈事例17〉
　　「せんせいのあほう。」／「せんせいなのあほくさいな。」／「ばかやろう。」／とどなりつけられた。／まったくのあほう先生だ。……中略……もっと感動をこめて教えてやることが大切なのではないか。教育というものに、何も特別なことなどあるはずもなかろうし、あたりまえのことを、どんな感動をもたせてつみあげていくかということが、ぐっと身にくるのは、反対のことをやってみせるのがいちばん簡単なことだ。それが、どれほど子どもたちに感動をよびおこすことであろうか。(p.20)

　〈事例18〉は、「とらとらいおん」の紙芝居の読み聞かせを通して、爆弾の破壊力に心奪われる子どもたちの言葉から、教師として、教育のあり方を切実に模索する土田の姿がある。

　　〈事例18〉
　　……前略……／ばくだんの破かい力に最大の興味を持ち、紙芝居の現代風刺したその意図をしることができず、ばくだんがはれつする画面をじっとまちこがれている子どもたちをみていると、軽がると、／「戦争はいけない

ことだ。」/とおしつけてしまうことが、とってもできない。そのこと自身が観念的であるようでしかたがない。しかし、わたしたちの教育は平和のための教育であって、けっして、戦争のための教育ではないのだから、本当に戦争を否定し、平和を愛する人間をつくらなければいけない。そのことは、ちいさな見すててしまいそうなことでも注意深くとりあげ、きちんと学習し、その学習の中で正しい感じ方、考え方を子どもたちに肉体化することによってなされるのではないか。/ばくだんの破かい力に最大の興味をもつ子どもたちも、学習や生活の中で正しい考え方や感じ方を一歩一歩つみあげて、/「戦争はいけないことだ。」/と、観念的にいわなくとも、戦争を否定する人間に育てる方法を考えなければならない。(pp. 83-84)

こうした繰り返しの中で、土田は、〈事例19〉のように自分自身を内省していく。

〈事例19〉
あまりにも学級のにおいのするやりかた、事務的なやりかたではなく、はばひろい人間的な面を重んずるようにしてやりたい。だんだん、事務的になってくるような気がしている近ごろ、この点をよく考えてやっていくようにしたい。事務的な考えかたからときはなたれてこそ、心から親たちと話しあって子どもを育てていけるのではなかろうか。また、すきのない、ぎりぎり子どもにおしつけることのない教師となって子どもたちにぶつかりたい。自分自身に不忠実であって、子どもにだけおしつけることのないようにしたい。ほんとうに、子どもといっしょに生活する教師となりたい。今まで、わたしは、そうした面を多分にもった人間だったのだからなどと考えた。/それから、文字は確実に準備をしてから教えたい。/つぎには、なんでも話しができる、教師と子どものつながりにしたい。農村の子どもは、話しをしないのが多いのだから、それからときはなちたい。みんなのまえで、話しができない。そのことが、自分の足場をもたないということにつながるのではなかろうか。/私も笑える人間になりたい。そして、ことしはうんと自己改造をしたいものだと思った。(pp. 23-24)

農村の子どもたちの生きる足場を、子どもたちの話し言葉に見出してい

くのである。

2．横断的分析の考察

以上、横断的分析の結果、土田の入門期の学習指導の原理を次のように見出すことができる。

土田が子どもの中に言葉を育む営みは、生活の中で子どもとの関わりを育み、その後に教科指導が位置づくというような二元的なとらえ方ではない。子ども（生活、保護者をも含めた農村文化）と向き合うことそのものが言葉を育む重要な場であり、言葉を育むその場は、学習指導と切り離された生活の場ではなく、それは、また、学習者の生活をとらえ、考える場となっているという点が特徴である。

土田の実践は、「集団討議」に見られるように、一人の他者としての個に向かい、そこでの問題意識を、対話によって、教室という学びの空間の中に広げていく。さらに、教室というコミュニティの形成にとどまらず、子どもを核にして、学びのコミュニティが保護者や同僚へ、そして地域へと広がり深まっていくような環境をデザインしていく。その中で、どの子どもにも、生活体験を土台とした切実な言葉の学びが開かれ、自分の言葉、声が生み出されることになる。

ここに、生活レベルと学校生活を切り結ぶコミュニケーション形成の考え方があり、そのことが、何よりも入門期の学習指導の原理として重要であり、その中でこそ、学校知としての形式的な知に終らない生活知としての言葉の育ちがあるということができる。

第2節　継時的・縦断的視点から分析した子どもの言葉の学び

1．子どもの生活・体験を基盤とした授業

1年生入学当初の4月、土田は、同僚や先行文献を手がかりにして、〈事例20〉のように、基本文型を重視した学習を出発させた。

〈事例20〉
　教科書は四月二十日頃からつかいはじめた。/……中略……『ことばの教育』や、その他の本で、文の形で話しをさせると力がつくということを読んだので、話しかたの指導をはじめっからやりなおさなければと思った。そして、後藤先生と、基本文型（話型）で話をさせたらと相談した。/「はじめのほうの文章は、基本型ででているのだから、それで話しができるというのはたいへんいいことでないの。」/ということになり、またふりだしにもどることにした。/……中略……は、が、を、と、の、ですなどをつかっているようになることに力をいれてみたのである。やってみると、ををつかうことなど、わたしたちにとっては、じつに簡単なのだが、子どもたちにはそうはいかない。……中略……/とんでもないところに、をやなどの助詞をつかった作文を書く子どもがいるが、それは、ことばの法則をしらないからで、そんな子どももこんな指導をすればなくなるのではないか。正しいことばを使うようにするには、ちいさいうちから、ことばの法則を指導しておくことが大切なことではないかと考えたから、やってみたのだった。(p.42)

　しかし、こうした土田の当初の形式優先の考え方は、子どもたちの実態との対話を通して変容していくことになる。6月21日にはじめて文字の指導に入った土田は、1年生の国語科指導において、まず指導すべきは文章か単語かという問題に直面した。この問題は、歴史的に見ても問題になってきたことである[2]。土田は、子どもの実態との対話の繰り返しを通して、それに悩み、工夫を行いながら、7月には、入門期においては、文を土台にした言葉の学びが必要であることを見出している。

〈事例21〉
　こんなことをしただけで、もう七月なかばをすぎた。その頃、一年生の国語学習にふたつの考えかたがあるのでないかと思わせられた。ひとつは、単語を組み立てたものが文であるという考えかた、すなわち、単語がわかりさえすれば文が読めるのだという考えかた、もっと極端にいってしまえば、文字が読めさえすれば文が読めるという考えかた。もうひとつは、ど

第一部　入門期の学習指導に関する先行実践の検討

こまでも文が基本であって、その中で単語をはっきりしていくことによって文が読めるようになるという考えかた。このふたつだ。そして、このことにずいぶん悩んだあげく、あいうえおが、いや文字がかけさえすれば文が書けるようにはならないのだからと心を落ちつけた。だからといって、わたしの不安が消えてなくなったわけでは決してなかった。(p.51)

そして、後に続けて1年、2年を担任する経験を経て、〈事例22〉のように入門期における学習指導のあり方を確信していく。

〈事例22〉
　<u>入門期の国語指導でもっとも大切なことは、文の形で指導をするということです。これをわすれてしまっては、とんだことになりそうです。</u>(1957, p.44)／それでは、どんな指導をするか。／まず、教科書をひらかせ、／「あきらさんは、どれですか。」／と、きてみる。子どもたちは、／「これだ。」／と、前のさし絵などから、にたものをさがして、いうにきまっています。／そしたら、「あきらさんは、何をしていますか。」／と、きく。子どもたちは、／「あきらさんは、えほんをよんでいます。」／と、いうでしょう。子どもたちが、そういったら、黒板に、大きく、／あきらさん　は、えほん　を　よんで　います。／と、書く。その時、子どもたちに、空中書きをさせてもいいでしょう。そして読ませてみる。一度読ませたら、／「さあ、だれだっけな。」／と、いって、もう一度読ませながら、チョークでわくをつけ、教科書にそのことばが、書いてあるかどうか、吟味をさせていったらどうでしょう。／……中略……／こうした指導をすることによってのみ、読解の力は、一年生からやしなうことができるのではないでしょうか。そして、また、<u>このことは、入門書のねらいとする、生活を土台にした話しことばを書きことばに自然のうちに導くということから、決してそれているものではないだろうと思います。</u>／わたしは、一語文のような形でことばを教えるより、文の形でだしたほうが、ずっと力がつくという気がします。<u>それは、口でいう作文を文字化してみせるというやり方と同じになり、ひとつの文章の形成過程が、子どもたちに肉体化されるてだてとなると思われるからです。</u>
　(pp.45-50)

2．体験を表現として経験化させ、身体的知識へと形成する
──「集団討議」の重要性──

　こうした営みの中で、土田が獲得していった指導法が、〈事例23〉のようなものである。黒板に絵を書き、それぞれの名称を子どもから引き出し、その文字を黒板に書いていくという丁寧な指導法である。
　この指導法には、「子どもたちが今生きている現実世界にはいろいろなものがあり、それらいろいろなものは一つ一つ名称をもち、そして、世界をつくっているのだ。わたしたちは、こうしたいろいろなものと向き合い、共に生きているのだという、子どもと世界との出会いの中で、言葉に出会わせたい」という土田の願いを見出すことができる。そして、こうした言葉の学びを可能にしているのが「集団討議」である。

〈事例23〉
　7月　茶色のチョークで、だまって地面をかき、それに、みどり色で木を一本かいた。子どもたちは、/「ありゃ、せんせい、き、かいだ。」/とガヤガヤした。/「んだね。まつの木だな。」/こういって、どんどんかきたした。/「まつの木。すぎの木。すぎの木。まつの木。」/口でとなえながらかいていたが、途中で、/「あんまりいそがしいから、こんど字で書くな。」/とことわって、上のような絵をかいた。そして、絵や字を、/「すぎの木。」/「まつの木。」/と、木に力をいれていいながらかいていった。そして、絵や字を、/「すぎの木」/「まつの木」/と、木に力をいれていいながらかいていった。……中略……/こんなことをしたのは、文字が書けるようになれば、こんなにたくさんのものが書きあらわされるようになるのだ、すばらしいことなんだぞ、と教えたいことと、文字というものは、ことばを書きあらわすものなのだということを教えたいからやったのだった。(pp.51-53)

　入門期において、まず言葉ありきではなく、言葉が私と世界をつなぐもの、私が私の周りのさまざまなものと切り結び、つながるものとして認識させようとするその関係性重視の姿勢こそが、知識を概念的なものとして授けるのではなく、学習者の身体的知識・技能として獲得していくことを

第一部　入門期の学習指導に関する先行実践の検討

促すものであると考える[3]。

　このことは、言い換えれば、黒板いっぱいに絵をかくこと。それも、農村の子どもたちが日常親しんでいる周りの山々を描くこと、それは、子どもたちに日常の自分の体験を促すこととなり、子どもたちの生活と切り結んだ形で言葉に出会うということである。そして、ここに、集団で討議するという場を設定することによってこそ、子どもたちは他者の発話を聞きながら、それぞれの体験を思い起こし、表現していく喜びを得る。こうした、体験を表現として経験化していくという学びの過程を土田は重視したのである。だから、「は」や「か」というその一文字を教えるにも、〈事例24〉のように子どもたちの生活現実や既有体験、既有知識を重視していく。

　　〈事例24〉
　　　７月　こんなやりかたで、め、みみなどをやってみた。理科の時間にもやってみた。虫歯をしらべる日に、まずくちびるを大きく書き、／「みんなの顔にあるんだがなあ。何だべな。」／こういってみた。／「くち。」／と子どもたちは、どなる。／「んだ。んだ。その口の中さ何ある。」／「は。」／「んだ。んだ。は、いっぱいあるな。こだまねなってな。」／「みてみろ。ならんでた人、むかいあって。」／「ある。ある。ずっとなかまで。」／「んだべ。どうれ。こっつむげ。先生、は、かいてみっせから。」／歯を絵でかき、途中で、／「こんど字でかく。」／といいながら、五一ページの下の絵のように、は、は、は、はと書いた。むしばの話はしてはその上に赤いチョークで下には、とかき、上のは、を消しながら話をした。(pp.51-53)

　さらに、口頭作文へと学習は進展していく。言葉を指導するときにも、土田が心がけたことは、子どもたちと世界を結ぶものとして言葉を獲得させようとしていたことであり、そこでは、子どもたちの生活や既有体験を引き出し合い、身体化した知識・技能としての言葉の担い手の育成を行っていった。そして、その際、土田は、子どもに質問し、子どもの気づきを待ち、子どもから言葉を引き出すことに配慮していた。こうした子どもとの応答関係、対話の中で、学びを進めるということは、土田にとってあく

までも自然なものであり、身についたものであったということが言える。だからこそ、口頭作文になって、子どもたちの発表が長くなったとき、学習者相互の関わりの希薄さを土田は問題にした。

〈事例25〉
　ひとりだけ立って話をすることなんか、おれに関係ないという気持ち——共同で経験をしていないということからではなかろうか。こんどは、共同で経験したものをとらえてやってみようと考えた。やはり、そうだった。わたしがヒゲをそった時には、そのことで、服をべつのに着かえた時には、そのことで、こうすると、読むことも話すこともうまくできるのだった。
　（pp.65-66）

　このように、子どもたち相互の関わりを誘っていくためには、「共同で経験したもの」こそが重要なのだということに気づいていく。共同の経験の上に立った学習こそが学習者相互の関わりを通した言葉の学習を可能にすることを土田は発見するのである。ここには、前述した土田実践における「集団討議」の意義の芽生えを見ることができる。
　9月に入り、国語の学習は作文へと進んでいく。ここでも、土田は、確かな書く力をつけるために、悩み、苦労する。そして、まずは、絵を見て、それを説明するという形での作文指導を開始した。

〈事例26〉
　九月のなかばすぎから、作文をどうして書かせるかということで大変苦労した。/はじめに、図画をかかせ、それに説明をつけることからやってみた。そしたら、/うちです。/きです。/つるこさんです。などと、「……です。」という形で書いていた。ただ、ヨシノリだけが、/うちです。/ねえさんは/おかあさんは/いねかりがいたのです。/助詞の使いかたなどまちがっていたが、こんな文を書いた。こんな文はうまい文でも何でもないが、わたしにとってはなんだか心ひかれるものがあった。/つぎには、紙芝居をみせて、そのいちばんおもしろいところを図画にし、文を書かせてみたがこれはだめだった。……中略……/長いものの一部分だけをきりはなしてきち

第一部　入門期の学習指導に関する先行実践の検討

んとおさえることなどは、一年生にとってむりなことなのであろう。/それで、こんどは手紙にした。(pp.76-77)

　しかし、思うような成果をあげることができず、次には、図や絵を見ながら書く作文から、自分たちがしたことなど生活を写し取る作文へと進んでいった。しかし、そこで、生まれた作文は、したことの羅列や説明のようなもので、そこに子どもの心が動いていなかった。こうした取り組みの中で、土田は、〈事例26〉のヨシノリの作文を通して、子どもたちが作文を正しく書けるということと、内容的に豊かな表現だということをどう止揚していけばよいかに悩む。そして、〈事例27〉のように、その解決の糸口を同僚との会話を通して見出す。

　〈事例27〉
　　白岩小であった教研集会で、一年生を受け持っているわたしの仲間、佐藤庄都といっしょになった。/……中略……「字の書けないところに線をひけといって書かせてみた。」/なるほどおもしろい。わたしもまねてしてやってみよう、とその時はわかれた。/そして、線をひかせる？それもいいが、それじゃ、文字がたくさんつづいたらわからなくなるだろう。それより○ほうがいいのではないかと考えついた。/十月も末、根際の山にどんぐりひろいに行った。つぎの日、子どもたちに作文を書かせてみた。/「わからない字は、○をつけて書くんだよ。」/くどくどと子どもたちにいって書かせた。/……中略……/作文を読みながら、○をつけてけっこうわかるのだから、どんどん書かせようと考えた。(pp.81-82)

　このように、わからない字は○にして、作文を書くときに土田が重視したのも「集団討議」であった。土田にとって、観念的な指導ではなく、正しい感じ方、考え方を子どもたちに肉体化させるための具体的な方法がこの「集団討議」であったということができる。

　〈事例28〉

第1章　土田茂範の入門期指導

　作文というものは、現実の世界（あるいは客観世界）から、何ものかをつかみとってきて表現するものだから、何ものかをつかみとってくる力と、表現する力をやしなわなければいけない。しかし、このふたつの力はひとつの力として、うらはらのものであって、けっしてべつべつの力ではない。「何が、何を、何しました。」という表現形式は、すなわち、物事をとらえる形式でもある。こうした形式は、一年生から身につけさせるべきものであり、そうしたものが一番身につくのは、作文の「集団討議」などをとおしてであろう。/そのほか、作文の「集団討議」をとおしてはたされる生活指導も多い。そのために、作文の「集団討議」は一年生からやらなければならないものである。(p.90)

　そして、この「集団討議」を通して、土田は、入門期の学習指導で行う学習指導を、口頭作文→単語⇆作文という指導の順序性とともに、何よりも子どもたち自身が表現したいことを現実生活からつかみ取ることの重要性を述べ、そのことは単語レベルも同様であることを明らかにしている。

　〈事例29〉
　　わたしは、現実の生活からつかみとってきたものを口頭作文することからはじめ、次に、単語を書かせるという方法をとるのがいいのではないかと、今、考えています。しかし、これは、ただ、/「りんごと書きなさい。」/などというものでなく、りんごと書くにしても、そのりんごが現実の生活……子供たち自身の生活のうらづけがあって、表現されたものでなければいけないと思います。なぜならば、作文という仕事は、どこまでも、子どもたちが、現実の生活にいどみかかり、そこからつかみとって来たものを表現するものであるからです。ですから、つまらない単語ひとつ書くにしても、こういうことが行われる配慮をしてやらなければ、いけないと思うのです。

　このように、生活現実を切り取る方法として、土田は独自の指導方法を見出す。例えば、盆踊りの様子を作文で書くことができなかったミノルが、絵で動作を書いてきたことから、「動作をさせてことばを教えることが大

29

切である」(1957, p.137) ということを学んでいく。

3．縦断的視点による分析の考察

　以上、土田の入門期における言葉の学習指導は、単語か文章か、形式か内容かなど、様々な悩みを抱えながらも、「集団討議」という方法を定着させることによって、その指導原理を完成していると言える。

　入門期における言葉の学習において土田が重要視したのは、子どもにとって肉体化した言葉の力であった。そのために、子どもたちの生活体験を起点として、子どもたち相互に討議を行っていった。それは、子どもたちの生活体験を言語によって、経験化することに他ならない。その経験化の途上で、1年生の子どもたちの未熟な言葉や文章の書き方が相互批正される。そのことによって、肉体化した言葉の力を子どもたちが身につけることができると確信したのである。

第3節　土田実践から導かれる入門期学習指導の原理

　以上、土田の実践を考察してみると、次のような学習指導の原理を見出すことができる。
① 他者と切実に向き合う言語体験の重視
　土田の実践には、切実な他者と向き合う体験がその基盤にある。それは、学習方法を子どもの営みの中に見出す教師として学習者と出会うことでもあり、「集団討議」を行う営みの中で、子どもたちが他ならぬ他者と出会うという営みでもある。こうした営みが切実な言語体験を生み出していると考えられる。切実な言語体験から生成される学習方法（劇化など）は、単なる方法論にとどまらず、常に土台（子どもの生活）を掘り起こす言語の営みへと教師と子どもを向けさせていく。
② 子どもとともに世界に向き合い、学び合うコミュニケーションの形成
　　から環境のデザインへ

土田の入門期学習指導は、1．教室内での教師と子どもの対話、子ども同士の対話というマイクロシステムレベルの環境のデザイン　2．子どもが参加している家庭と学校という相互関係としてのメゾシステムレベルでの環境のデザイン　3．子どもを媒介にしながら教師と保護者をつなぐ学級通信などのエクソシステムレベルでの環境のデザイン　4．農村という社会全体をどう変えたらよいのかというマクロシステムでの環境のデザインというように、子どもの言語発達を社会的文化的文脈の中で切り結ぼうとする環境デザインとして機能させようとしているところに特徴がある[4]。ここに、特に入門期の子どもの言語発達に関わる社会的文化的相互行為のあり様の重要性が示唆されている。

③　「集団討議」の意義——体験の経験化による学びの「肉体化」——

　土田において、入門期の言葉の学びは子どもたちの生活体験を起点としている。そして、その体験を「集団討議」を通して経験化させることによって、「肉体化」（身体化……筆者注）された言葉の力を育てることを目指していると言える。この過程では、一人の子どもの生活のつかみ方、表現の仕方を「集団討議」することが、体験を経験化させる上で有効な方法として位置づけられているのである。

④　感性を土台とした言葉の学び

　土田は、子どもと関わる「共有」の原点に、教師が物事に体を開き「知的にも感情的にも興奮する」（p.58）ことのできる人間性をおいている。言葉の学びにおいて感性を土台にすることを重視しているのである。

　以上、土田の入門期の実践は、子どもの言語の発達を、ミクロ、メゾ、エクソ、マクロな社会的文化的文脈を相互に有機的に機能した環境のデザインの中で、体験を起点に、それを討議など言語を相互に交し合うことにより経験化させ、肉体化した知識・技能として構成しようとしたところにその指導原理を見ることができる。

注
(1)　2004年6月に土田茂範氏宅の実地調査において、土田が残した綿密な学習記

第一部　入門期の学習指導に関する先行実践の検討

録が存在することがわかった。多大なご協力をいただいた土田ヨウ子氏に厚く感謝申し上げたい。
(2)　深川（1983）によると、文字指導のあり方は、明治、大正、昭和を経て、次のように変遷してきた。明治14年5月の「小学校教則綱領」制定によって、入門期の授業の目標は、究極的には、仮名文字指導に集約された。その後、「範語法」という方法論が確立することによって、仮名文字指導は、「読書科」の基礎として位置付くことになった。大正期になると、保科孝一らの提言によって、文による仮名文字指導が主張され始めた。大正7年には、「尋常小学国語読本」と「尋常小学読本」の修正本が出された。「尋常小学国語読本」は、早くから文を提出する立場をとり、「尋常小学読本」の修正本は、入門期は文字指導が中心となり、その文字指導は文字のもっている規則性に基づき、系統的に指導することが重要視された。この二つの教科書のうち、現場に人気があったのは、早くから文を出し、問答を通して範語を学習させるという「尋常小学国語読本」であった。これによって、単語→語句→文という形式で行ってきた入門期の指導内容や順序を大幅に変更する必要があるという議論を招来することになった。昭和8年4月の「小学国語読本」（いわゆる「サクラ読本」時代）にはいってからは、文字は最初から文章教材の中で指導が行われることになった。ここには、形象理論の理論的根拠が見てとれる。形象理論においては、文章の内容と形式が融合されたところに理解があるとする。その形式面の指導で、「文」の形と機能に焦点が当てられ、「単語」は「文」を構成する単位としての立場から、意味や働きが問題視されていた。
(3)　このことは、次のような田島（2003）が指摘するような状況論的言語観につながるものである。「知識や、それにかかわる言語（言語媒体）に関する概念が、伝統的な認知心理学のそれとは大きく異なってくることに注意しなければならない。まず、知識ないしその表象を"主体の頭の中に実在する外界の記号的、あるいはイメージ的コピー"ととらえる伝統的認知観、ことに言語に外界の対象の代表機能を付する模写論的・道具主義的言語観を明確に否定し、「言語の一次性」、すなわち、言語経験そのもののありように目を向ける。要するに、言語は対象のラベルではなく、行為との関係で対象をどうとらえているかということを示しているのである。(p.16)
(4)　発達研究者Bronfenburenner（1979）は、人間をとりまく環境を次の4つのシステムに構造化している。
　1．生活空間を生態学的なシステムとしてとらえるのに、直接的な行動場面の中で起こる相互関係としてのマイクロシステム
　2．子どもが参加している複数の行動場面、たとえば家庭と学校という2つ以上の行動場面の相互関係としてのメゾシステム

3．子どもに直接影響を与えるのではなく、親や教師が参加するネットワークのように間接的に影響を与えるエクソシステム
4．ある社会や文化のレベルで存在するマクロシステム

　人間は、このような入れ子構造をもつシステムのなかに埋め込まれて、家庭、学校、地域など相互に関連する多様な生活の場で生きる人々との関係性の網の目の中で生きているというのである。(秋田喜代美・市川伸一 (2001)「教育・発達における実践研究」『心理学研究法入門　調査・実験から実践まで』南風原朝和・市川伸一・下山春彦編　東京大学出版会)

第一部　入門期の学習指導に関する先行実践の検討

第2章　小西健二郎、三上敏夫の入門期指導

　入門期における国語科の学習指導の原理について、社会文化的アプローチから究明することを目的に、前章において、土田茂範の実践を取り上げ、そこにひそむ学習指導の原理について明らかにした。それは要するに、マイクロ、メゾ、エクソ、マクロレベルの社会文化的文脈を相互に有機的に機能させた環境のデザインの中で言語発達をめざしていること、そして、子どもの体験を起点にしつつ、それを討議など言語を相互に交し合うことによって経験化させ、肉体化した知識・技能として獲得させるということである。

　第2章では、先に明らかになった社会文化的アプローチにおける入門期の学習環境のデザイン[1]のあり方を、小西健二郎、三上敏夫の実践を通してさらに具体的に明らかにしていきたい。なお、「学習環境のデザイン」については、次の先行研究をもとに捉えている。まずは、発達研究者 Bronfenburenner（1979）の言う、マイクロシステム、メゾシステム、エクソシステム、マクロシステム[2]という構造化された社会文化的文脈で人は発達していくという理論を用いた学習環境のデザインの必要性である。次に、米国学術研究推進会議（2002）による「学習者中心」「知識中心」「評価中心」「共同体中心」という四つの視座を取り入れた学習環境のデザイン[3]の必要性の示唆である。

　小西、三上の二人は、土田同様、入門期の学習指導にあたって、学習者を中核にして、教師、他の学習者、家庭、社会というマイクロシステム、メゾシステム、エクソシステム、マクロシステムという関係の中で学習環境をデザインしているところに共通点を見出すことができる。その意味で、小西、三上、土田の入門期の学習指導は、共同体という関係性を重視した

学習指導にその原理があると指摘することができる。社会文化的文脈のなかでの学びにおいて、こうした「共同体中心」の環境のデザインが重要であることは既に明らかにされているが、この「共同体中心」の環境のデザインが、教室という学びにおいて、具体的にどのようになされ、そして、それがどのように学習者の生きている、あるいは、これから生きていく社会文化的文脈のなかで機能していくのかという実質は明らかにはなっていない。

教室というマイクロシステムで行われている共同体の学び（話し合い）の有様の具体は、土田実践では十分に語られていなかった。そこで、本章では、話し合い活動（集団づくり）のあり方を中核に実践記録を残している小西と三上の入門期の実践を取り上げる。教室で行われる「共同体中心」の環境のデザインが、どのように行われ、それが、どのようにマクロシステムへと開いていくのかを考察することにしたい。

第1節　小西、三上実践における話し合い活動の意義と実際

小西健二郎、三上敏夫は、話し合い活動の意義について、〈資料1〉と〈資料2〉のように、個から始まり、その個の認識のあり方が、集団によって練り上げられ、高まり合い、その結果として、さらに高い次元の認識を形成するものと捉えている。

〈資料1〉
　ある程度、自由でなんでもいえる学級から生まれた文。その文を教師をふくめて、相互に話し合っているうちに、より自由な友愛に結ばれた学級になり、そこからより質の高い文が生れ、それを中心に、より価値のある話合いができ、自由で友愛に結ばれた学級になり、集団のレベルがたかまり、あるものは実践にうつされ、その中からさらに文が生まれる——ということをくりかえしていくことになります。(小西, 1955, p.244)

第一部　入門期の学習指導に関する先行実践の検討

〈資料２〉
　子どもの書いた作文は、子ども対教師で解決したり話しあったりすることもある。しかし、こうして集団に投げあたえてその中で考え合うということがある。それは、その子個人の変革ももちろんだが、集団の質の変化をもたらすものである。その意味で教師は子どものどんな声をも圧しつぶしてはならないし、そういう声の中にこそ集団の質を変えるすばらしさを内包していることを知らなければならない。（三上，1983，pp.52-53）

　三上の実践から具体例を見てみよう。『やないゆきこ詩文集　はっぱのふえ』（1977）では、ゆきこ（由貴子）という一人の児童の詩や文章を１、２年生の２年間に渡ってのせ、それに母親の手記と三上の入門期における取り組みも記録したものである。
　描かれている由貴子の認識の変容を、他者とのかかわり、話し合い活動を中心に、教師三上の行った学習環境のデザインの関連性から考察する。
　三上は、〈資料３〉のように、入学当初の由貴子を捉えている。

〈資料３〉
　由貴子は入学当初、非常に消極的な子で目立つ子ではなかった。あたえられたこと、きめられたことは確実にやるけれど、それ以上のことはなかった。……中略……いわゆる「頭のいい子」というのは、自分の殻に閉じこもって他をかえりみないという弱点を持っていると言ってよい。その点、由貴子も例外ではなかったように思う。由貴子のまわりにいる子どもたちは、いつも特定の子であったし、母親も書いているけれど、そこにはまだ幼児時代の甘えがあったのではないかと思う。（三上，1977，pp.254-258）

　さらに三上は、由貴子が１年生の９月20日に書いた〈資料４〉のような詩に出会って、〈資料５〉のように捉えた。

〈資料４〉
　かべを　うちやぶれ/かべを　よびでるぞ/こんな　きゅうくつな　ところに/はいってられるか/にじと　あおぞらの/だい２ごうも　３ごうも/で

きなくなって　しまう/ねえ　せんせい！/はこの　なかで/あそんで　いられるか/かべを　よびこえろ/はこの　ふたを　おしあけろ/えんぴつを　もったら/ほら　あのことが　かけて　しまう/ほら　あの　しが　かけて　くる/はこの　なかで/ぼんやり　てれびを　みて/なまけものの　ように　なれるか/とつげきだ/けとばして　たたいて/かべを　やぶって　しまう/とつげきだ！

〈資料5〉
　一年生の認識は、ここまでの抽象的思考が可能であるのかと思うおどろきと同時に、危険なものもあると思った。それは、一面、頭の中での「ことば」のからまわりが、「ことばあそび」になってしまっては、持っている可能性をちぢめてしまうという思いであった。/そして、それははじめから予想されることでもあった。だから、私はつとめて体を動かしたこと、必ず経験したことを書かせるという配慮をしていた。……中略……その中で「体」で書かせることも強調していた。……中略……こうした中で書いたのが「かぼちゃの　おだんご」である。これは、おかあさんの「かぼちゃのだんご」を作るのを見て、自分も一しょに作ったという作文である。この作文の意味は「かぼちゃのだんご」を作る中で、「おとうさんと　おかあさんは、せんそうで　おこめが　かえなくて　まいにち　こういう　おだんごを　たべていた……」ということがわかることである。ささやかな体験でも、その積み重ねは貴重であり、それを書くことによって、その体験がより鮮明に定着するということである。「体」を通して書くということは、例えばこういうことなのである。(三上, 1977, pp.254-260)

　体を通して書くことの必要性を訴えたのである。このことは、母親にも伝えられ、〈資料6〉のような家庭を含めた協力のもと由貴子の学習環境がデザインされていった。

〈資料6〉
　頭の中だけで書くのではなく体で書かせなくてはいけない。抽象的でなく具体的生活を書かせなくてはいけない。そのために、お手伝いをさせたり働く人々の姿を見たり、動物や植物を育ててその観察をさせたり、と。/

第一部　入門期の学習指導に関する先行実践の検討

　　私は、どうしてそのようなことを書かせる事が大切なのか－先生がそう話
　　してくださっても、それをはっきりと理解する事は出来ませんでした。言
　　葉の上だけでわかったようなつもりでおりました。/私は只、作文や詩など
　　はきれいな言葉で夕やけをうたい、自分の心の動きを正直に書いたりすれ
　　ば、それでいいものだと思っておりました。でも、ひとつひとつの作品に
　　書いて下さる先生の評を読み、又、先生とのお話を重ねていくうちに、作
　　文教育ってどのようなものなのか、それがだんだん私にも、解ってきたよ
　　うに思います。一年半たった今、ようやく解ってきたように思います。/先
　　生は又、書く事ばかりでなく他の子どもの書いた物を読ませる事も大切だ
　　し、新しい体験をどんどんさせていく事も大事だと、話してくださいまし
　　た。/そして、ただ好きで書くだけではけっして伸びていかない。方向づけ
　　をしてやらなければと、いつもおっしゃっておりました。その先生の方向
　　づけがあったから、由貴子は書いていけたのだと思います。/由貴子は、三
　　上学級の中で育った子どもです。いい先生とたくさんのお友達の中で成長
　　させていただいた子どもです。（箭内京子）（三上，1977，pp.225-226）

そして、その後、〈資料7〉の「はじめて　はんちょうになって」とい
う作文を書いたところから、三上は由貴子の変容を捉えている。

　　〈資料7〉
　　　はんちょうになって/「はんちょうに　なりたい。もう　ふくはんちょう
　　なんか　いや」と、わたしは　はんちょうに　なるまえに　おもっていた。
　　/そしてある日、しゃかいのじかんに　先生が、「きょう　しゃかい　ある
　　な」といって、「はんちょう　かえるよ」と　いった。「わあい　わあい」
　　と　みんなは　さわぎました。そして　先生が、「はんちょうに　りっこう
　　ほ　するひと」と　いいました。/わたしは　ゆうきを　だして、てを　あ
　　げて　てれくさそうなかおをして、まえへ　でていきました。13人　りっ
　　こうほ　しました。一人づつ　きめて　いきました。そして、わたしのばん
　　になりました。/みんなは　すばやく　きめて、すばやく　てを　あげて
　　いました。わたしは　どきどきしていた。そして　かぞえていた。20なん
　　にんぐらい　てを　あげてくれた。/そして、ついに　とうせんした。わた
　　しは　うれしくて　うれしくて、なにもいえず、ただ　にこにこしている

だけだった。/はんちょうに　なってからは、ぐうんと　はきはきし、なんでも　いえるように　なり、てを　あげるようになりました。/なんかい　いっても、いうことを　きいてくれないと、すぐ　カッーと　なるから、それを　きをつけて　がんばっていきます。(三上，1977, pp.86-86)

その変化を、三上は、〈資料8〉のように、集団とのかかわりにおいて捉えた。

〈資料8〉
　母親がいつか、「このごろ私は、どんどんしゃべるようになったんだよと、由貴子が言ってるんです」と、語っていたことがあったけれど、それはまことに目立つ集団の中での由貴子の変化であった。その変化は、班長に立候補するという具体的事実になってあらわれた。「はじめてはんちょうになって」という作文は、そのころの作品である。/次にもう一つの変化は、集団の中でごくせまい範囲しか目を向けられないという弱さから、集団にかかわって広くみつめられる目へと変わっていったということである。(同書，p.260)

そして、由貴子の変容を具体的に〈資料9〉のように捉えた。

〈資料9〉
　この作文を書いた意味は、「班長になってからぐうんとはきはきしてきた」自分の確認と、「すぐ、カッとなるから、それに気をつけてがんばっていかなければならない」という、自分の弱点を自らの目でみつめて前進していこうとするところにあったと思う。……中略……また、ここで指導した構想の指導が後の「がんばれ、てっちゃん」の十五枚もの長い作文を書く時に、生きていったのだと思っている。/やがて由貴子は、そのかべを破って意欲的に書くようになっていった。(同書，p.261)

班長というクラス全体を見つめる目を必要とする位置に自分をおくことによって、集団とのかかわりの中で自己のあり方を見つめ直すまなざしが

由貴子の中に育っていることを説明している。

こうした営みを経て、クラスの中でも疎外されがちであった「てっちゃん」を題材にした由貴子の作文が生成される。この作文を読んで、三上は〈資料10〉のように捉えている。

〈資料10〉
　一読した私は、「てっちゃん」のことが自分だけのかかわりというせまい見方になっていたし、いろんな事実が十分書ききれていないと思った。（同書，p.262）

こうした由貴子の捉え方の弱さを、三上は集団での話し合いに持ち込むことによって克服させようと考えた。由貴子の作文が、どのように集団の中で話し合われたかを〈資料11〉に示す。

〈資料11〉
　7月6日、この作文がみんなの前で読み上げられた時、子どもたちは由貴子に大きな拍手をおくった。「先生は、この作文はいい作文だと思うけど、もっともっといい作文にしたいと思ったんだよ。みんなはどうかな」と、私が呼びかけると子どもたちは、／「そうしよう。」／「みんなでいい作文にしよう」と、すぐ反応した。／子どもたちは、てっちゃんが転校して来た日のことをまず再現した。鼻をたらしていたこと。トリプルファイターの服を着ていたこと。白いシャツがうしろから出ていたことなど。私は、それらの子どもたちの発言を聞きながら、その「てっちゃん」に冷たい反応しか示さなかった子どもたちを思い出していた。しかし、今、話している子どもたちはまるっきり違っていた。／「先生が、てっちゃんのちり紙がかりになったもんね」／「山田くんが、とってもよく、めんどうをみていた」／「てっちゃん、みんなとあそぶようになった」／「はなもだんだんとたらさなくなった」／「べんきょうもだんだん、がんばるようになった」／「てっちゃんがはんちょうに、りっこうほしたとき、手を上げた人はなん人だった」／「十人くらい」／「だれだったかな」／「わかんないよ」／「てっちゃんにやさしくした人は」／「えみちゃん」／「ふみえちゃん」／「ふみえちゃ

第2章　小西健二郎、三上敏夫の入門期指導

んは、手をもって字をおしえていたよ」/由貴子はそんなみんなの話しあいを、一生けんめいメモしていた。/「うんどう会のれんしゅうのとき、てっちゃんと手をつながなかった人、いたでしょう。」/「たなかさんだよ」/「どうして手をつながなかったのよ」/「バカにしたんだろう」/田中に攻撃が集中する場面もあった。そんな時、私は言った。/「<u>みんな、田中さんをそういうけど、はじめはみんなそうだったんじゃないかな。田中さんだって、今はきっと悪かったと思っていると思うよ。自分自身のことも考えなくちゃ。</u>」/こんな集団の話しあいは、十枚の作文をもう一度書きなおす意欲を由貴子に与えたにちがいなかった。そして何よりも、集団の中にきちんと位置づいていなかった「てっちゃん」を、人間としての平等の位置を一そうきちんと示すことにもなったのである。(同書, pp.271-273)

　話し合いを通して、傍線部のように、具体的に自分たちの行為を想起し、自らの行為を見つめ直し、自己認識とともに他者認識を深めている。他者の行為の批判や教師の指摘は、自己のアイデンティティーを問い直し、世界を新たなまなざしによって見つめ直させていることが窺われる。

　では、てっちゃんについての話し合い活動がどのような環境のデザインによって実現されたのかを改めて考察したい。

　三上は、まず、入学当初の由貴子との出会いから、頭のよい子に内面化されている問題点を見抜いている。そして、その問題点を集団とのかかわりの不足と捉えている。三上が、由貴子という「学習者中心」の環境のデザインを、集団とのかかわりにおける認識の拡大、深化においていることが窺える。こうした捉え方のもとで、まずは、生活の中で体を通して書くという活動を促すために、母親をはじめ家庭というメゾシステムに働きかける。教師である三上は、クラスというマイクロシステムの中で、由貴子とかかわっているが、由貴子の書いてくる作文や詩などを通して由貴子の家庭や生活、社会・文化の影響というエクソシステムやマクロシステムと出会いながら、由貴子中心の環境のデザインを行っている。しかも、三上には集団との関わりで由貴子を捉えるという共同体の環境のデザインが常に意識されている。こうした教師自身の日常的に「共同体中心」の環境の

41

第一部　入門期の学習指導に関する先行実践の検討

　デザインに対する明確な意識があったからこそ、由貴子がてっちゃんについて書いた作文が、話し合いという共同の場において、2年生の7月という時期にあって、2年生なりに由貴子とともに共同体の成員であるクラスの子どもたち一人ひとりに自らのあり方を振り返らせ、自らの認識と他者認識を深め、変革へと導く契機を与えたと考えられる。
　こうした取り組みは、小西が〈資料12〉に述べているように、的確で深い子ども理解を基盤にしてはじめて成立するものであるということに注目しておきたい。

　〈資料12〉
　　学級における「話合い」／「話合い」の大切さ／それと同時に、子どもたちの生活のようす、状態や、かれらをとりまく種々な環境や、その子自身の心や、心のうごき、その行動、全体としてその子の生き方などを、微に入り細に入って、できるだけくわしく、確実に理解して、それを一つのよりどころとして、個々の子どもや、学級の子どもたちを指導すべき問題点や、方法を見出し、それぞれに応じてその生活を指導していこうとします。……中略……それと同時に、その作品を単に教師対その子個人のものとせず、それを学級のみんなの中へ出してお互いに話し合い、考えを述べ合いながら、お互いにおぎない合い、助け合って、たかめ合っていく作品についての「話合い」「集団化」を大切にします。（小西，1955，p.240）

　小西らのこうした取り組みは、教室というマイクロシステムでの共同体の学習環境のデザインは、こうしたメゾシステム、エクソシステムやマクロシステムから引き起こされる「学習者中心」の環境のデザインを行うことによってはじめて有効に機能することを教えてくれる。
　以上、小西、三上の指導における話し合い活動は、宮坂哲文が〈資料13〉で言うように、学習者一人ひとりの作文（生活認識の現状）を起点に、それをクラスにおける成員である他者と相互交流することによって、さらなる生活認識へと鍛えていくものである[4]。その意味において、小西、三上の指導には、社会文化的アプローチにおける他者とのかかわりが必要不可

欠な学習環境の要因として機能していることがわかる。

〈資料13〉
　生活綴方教育においては、生活を綴ることによる自己表現という固有な方法から必然的に結果するように、ひとりひとりの子どもの生活実感と生活認識とがなによりの指導の契機であり、そこから「ひとりのよろこびをみんなのよろこびに、一人のかなしみをみんなのかなしみに」という路線での集団的共感の盛りあげが集団づくり特有の方法となる。というよりも、そこでの指導の実質がどこになるかといえば、やはりひとりひとりの子どもの生活認識をきたえることにあり、前節に引いた第十一次教研の秋田報告書にもみるように、集団点検も集団的追求もみな個々人の生活認識のたしかさと人間的真実のふかさをたしかめるためのものであり、そうした真実が集団の共通の広場で出し合わされ皆の共有物となるとき、学級集団の願わしい状態としての「集団的共感」が生まれると考えられている。(宮坂, 1976, pp.35-36)

　このように、個から出発し、集団の話し合いを通して、集団および個を育てることを可能にする話し合い活動を成立させるためには、どのような学習環境のデザインが必要だったのだろうか。次に見ていきたい。

第2節　入門期の話し合い活動を促す学習環境のデザイン

1．学習者の生活を起点とする話し合い

　集団的な話し合い活動で小西、三上に共通するのは、〈資料14〉のような捉え方である。

〈資料14〉
　現在まで綴方作品を中心とした話合いについてかかれたものは、どちらかといえば、家庭・社会生活の問題にふれるものが多かったように思います。わたくしはもっと子どもの学級・学校生活の中から問題をとりあげて

第一部　入門期の学習指導に関する先行実践の検討

いきたいと思っています。……中略……学校、学級生活の中におこったさまざまな問題ですと、子どもたち自身によって作られている社会だけに、子どもの生活指導上大切な問題が比較的単純な形で出て来ますし、「話合う」子どもたち自身の間におこった問題だけに真剣な問題意識をもって話し合うこともできます。そして、その結果によって、子どもたち自身が実践することが可能な場合も多いのです。学級の問題が、社会一般の問題につながりがあることももちろんです。（小西, 1955, pp.262-264）

つまり、話し合いの題材・テーマを子どもたちの身近な学級の問題から選ぶことが何よりも大切であるという意識である。この点は、学習者が生活している自然を基盤に学習環境をデザインしていった土田とはいくぶん異なっている。こうした子どもにとって身近な問題から話し合うべきことがらを選んでいくという小西や三上の視点には、〈資料15〉のように、子どもたちにとって最も身近な学級の中で起こるできごとから、その問題の目を社会や歴史的営みへとつなごうとする教師のまなざしが学習環境のデザインとして明確に認識されている点に注目したい。

〈資料15〉
　子どもの感想や、意見の発表の中から学級のレベルや、子どもはどんなことに共鳴し、どんなことに反発を感じているかなどということを、しっかりつかんで、教師の方から、さらに、話し合う問題を選んだり、子どもたち自身でまとめさせたりして、さらに話し合う、また（四）において得た知識、生活態度のあり方、見方、考え方をもとにして、さきの見方考え方を反省して、話し合うことも考えられます。そして、一応のまとまりをつけたり、実践できる問題については、その方法を話し合いたいと思います。ここで、注意し、よく考えたいことは「小さいできごと、小さな題材からも、大きな世の中、広い社会への正しい認識をもたせるようにする。あるひとときのできごと、一瞬の事実からも、歴史の歩みと、世界と人類の進歩をつかませようと期待する。幼い考え方、素朴なものの見方からも、基本的な事物の見方、考え方をひき出そうとし、またそれをきっかけとして、さらに人類が今までに発見し、うちたてて来た法則を、理解させよう

と思っている。(小西, 1955, pp.260-261)

　マイクロシステムという教室という学びで起こっていることを、マクロシステムへとつながる問題として捉えている教師の捉え方が、学習環境のデザインとして重要である。
　こうした学習者の学級生活を起点として、「知識」が「生活」と結びつくために、入門期から学習者の生活で行われる「話す・書く」活動を重視した作文を書かせることによって、〈資料16〉のように、概念的な知識ではなく生活と結びつけて「思考する子ども」を育てたいと考えたのである。

〈資料16〉
　現実の子どもは、その持っている「知識」はうすっぺらであると言われる。……中略……それは、一言で言えば、与えられる「知識」が「生活」と結びついていないからである。……中略……作文を書くということは、「行為」をもう一度「思考」の世界でとらえなおすということであり、「思考」したことをなおかつ反芻してみるということである。そのことは、子どもの認識を深めるしごとでもあるのである。(三上, 1977, pp.262-270)

2．学習者理解を重視した学習環境のデザイン

　前述したような、学習者の生活を起点とする話し合いは、深い子ども理解があって可能となる。小西、三上の実践記録から窺われる学習環境のデザインは、土田同様、まず子ども理解を出発点としている。三上、小西のまなざしは〈資料17〉や〈資料18〉のように子どもに寄り添いながら、さらに子どもの生活の論理の中から新たな学びを紡いでいる。

〈資料17〉
　一年生の発想や考え方を、大人の規格にあてはめないで、あくまでも自由に伸び伸びとやらせることが大事である。こんな自己紹介をやっていたら、一年生は"自己紹介ごっこ"なんていうのをやっていたのには驚いた。……中略……一年生は、自由の中では創造の神になるのかもしれない。

第一部　入門期の学習指導に関する先行実践の検討

（三上，1977，p.39）

〈資料18〉
　私たちの知らない面の多い、子どもの心というか、子どもの社会の習慣のようなものが、大きく子どもの行動を規制していること。教師、おとなの常識では、考えられないようなところに問題があること。それから、集団の力というものは、大きくひとりひとりの子どもにはたらいているから集団を育てる仕事の、たいせつさを考えました。それと、前の『赤いべんとう箱』のこともあり、性に関係した問題のむずかしさも考えました。/子どもの社会のことも、しっかりとつかまねばならぬことも、考えさせられました。（小西，1958，p.56）

　こうした子ども理解は、教室という枠組みのなかでは見えない子どもの家庭生活や社会・文化とのかかわりを、教師側が把握することである。つまり、メゾシステム、エクソシステム、マクロシステムという共同体の中で、マイクロシステムという教室の枠組みにおける子どもを看取るという教師の捉え方、働きかけがあってこそ、「学習者中心」の学習環境のデザインが可能となることを教えてくれる。
　そして、こうした学習環境のデザインには、〈資料19〉〈資料20〉のように、教師自らが学び手として学ぶという学習環境のデザインを実現している。

〈資料19〉
　わたしは、きょうの日記のうしろに、赤ペンで、こんなことを書きました。——わたしは、子どもたちに、「先生はしかるものなり。」というように思われてはいないか。「先生とは、ぼくたちを、ほめてくれるものなり。」と、みんなが思うような先生になりたい。（小西，1955，pp.60-61）

〈資料20〉
　子どもたちが「話合い」を通じて高まっていくのと同様に、わたくしたちも、仲間との「話合い」によって高まることができ、また、<u>子どもたち</u>

と、そしてその作品に真剣に取組むことによって、どうしてもわたくし自身の問題を真剣に考え直さずにはおれなくなる（小西，1955，p.246）

このように、１年生の子どもの姿から教師が学ぶことを通して、入門期の学びの可能性を開いていったのである。

３．入門期の学習を促進する生活＝学習の学習環境のデザイン

小西、三上の実践においては、生活の場が入門期の話し言葉を育成する重要な場として機能するとともに、学びの場としても機能している。これもまた土田の実践を支えた重要な要素であった。この営みには、〈資料21〉のようなきめ細かな教師の心配りが必要であった。

〈資料21〉
ともあれ、一年生の出発、作文への導入は、なんでもいえる自由なフンイキのクラスにする。そのためには、あらゆる方法を考えて、まず、子どもと教師との距離をなくする。書くことは、わたくしの大すきな先生に、じぶんのしたことを知らせるのだ、話すのだという子どもの心を根本にして、「てがみ」とか、「先生へのおはなし」という形で導入していくということになりそうだと思います。（土田，1955，pp.36-37）

こうした自由に話し合える雰囲気の中で、入門期の子どもたちの表現力は育っていくのである。

〈資料22〉
こんなにして、みんなといっしょに遊んだすぐあと、みんなで花つみに行ったすぐあと、などですと、いろいろ話が出ます。……中略……すぐ先ほどのこと、みんなに共通した話題であれば、話しやすいし、ほかの子どもも比較的よく聞いてくれます。わたしは、こんな「先ほどの話」から、「きょうのこと」の話へもっていきました。「きょうのこと」といっても、三時間ほどの学習時間、遊び時間のことが中心です。これは、話しやすいという

第一部　入門期の学習指導に関する先行実践の検討

ことと、一年生なりに、「きょうのくらしの話し合い」への、橋わたしにもなります。（土田，1957, pp.122-123）

　身近な生活の場を通して、ふさわしい話題を集めるとともに、教師と子どもの双方向の関係づくりが目指されていることがわかる。
　こうした生活と学習とが密接に関わる学習環境のデザインは、入門期の学習指導において欠かせないものである。こうした基盤づくりがあってこそ、集団での話し合い活動が子ども中心に進行していくと考えられる。つまり、教室というマイクロシステムに学習者の生活というメゾシステムを引き寄せる学習環境のデザインを行うことが、入門期の学習指導原理として欠かせないことである。こうした学習が行われるからこそ、頭での知識ではなく、体を通した生きて働く思考が形成されていくとも言える。
　このような実践は、次に述べる継時的・縦断的学習環境のデザインによって、より確かで豊かな言葉の学びを保障することになる。

4．学習者の生活の論理を生かした継時的・縦断的学習環境のデザイン

(1)三上の継時的・縦断的学習環境のデザイン

　三上の実践では、〈資料23〉のような段階を踏んだ学習が行われている。

　〈資料23〉
　(1)　自己紹介をする。
　　①名前を読んだら、「はい」と返事をする。②名前を呼ばれたら、「はい」と立って返事ができる。③自分で名前をいう。④自分の名前を、みんなの前に出ていう。⑤みんなの前で好きなものをいう。
　(2)　きのうのことを話すようにする。
　(3)　目や心をはたらかせてきのうの話をする。
　　……子どもの生活と結びついた詩の読み聞かせ。この間に、「ひらがな五十音」を指導。
　(4)　おしゃべりしたいことを書いてみよう

(5) 一学期のしめくくり、「見たこと思ったことを、すこし長く書いてみよう」
(6) 二学期「できごとをしっかりおもいだして、じゅんじょよくかく」
(7) 書いた人の心がつたわるように書く……「このごろ一ばんうれしかったこと」。推考、助詞、促音、拗音、長音、幼　長音、会話、句読点、改行の指導。
(8) 二学期の終わり、「よく思い出して、だれにもわかるように書く。」
(9) 「題材」のひろがりを「頭」で書くのではなく、「体」で書く……「おてつだい」
(10) 「自然」を新鮮にとらえさせ、「自然」の中に「現実」を投影させる。その「自然」の美しさに感動する心を、「人間」のすばらしさ、美しさを見る心へと発展させていく。(三上, 1977, pp.228-239を引用者が要約。)

　ここには、返事から始まる「話すことの学習」から、子どもたちが生活に目を開きながら話したいことを話す活動を経て、体験を重視して書くという学習が、子どもの生活の論理からカリキュラム化されている。こうして「生活」と密着させた「思考」とそれにもとづく文章表現を育て、さらに「自然」や「人間」の美しさ、すばらしさに感動する子どもに育てることが目指されている。
　こうした継時的な取り組み自体に、学習者を起点に、学習者の生活や人間関係、自然、社会へと広がる学習環境のデザインの中で入門期の学習が目指されていることに気づかされる。そして、このことが、集団の中での個と個の関わりを重視する話し合い活動によって推進されているのである。

(2) 小西の継時的・縦断的学習環境のデザイン
　小西実践もまた、入門期の学習指導を、三上同様、返事から始まる話すことを起点にしながら（〈資料24〉〈資料25〉〈資料26〉〈資料27〉〈資料28〉〈資料29〉）、体験を重視した書くこと（〈資料30〉〈資料31〉〈資料32〉）へと展開している。

第一部　入門期の学習指導に関する先行実践の検討

〈資料24〉
　せんせい　じを　かこうな　入門期の指導/教室という場所で、先生、そして、みんなの前で、公式（？）に発言するのは、どこでも、この「ハイ。」が最初ではないかと思います。/だから、この「ハイ。」は、話すことの出発であり、作文への出発であり、また、一年生指導の出発になると思います。（小西，1958，p.113）

〈資料25〉
　おにごっこの時などは、ふだん、そばへよって来ないような子をおっかけ、手をつないでやる。……中略……そんな子は、こうして機会を、こちらから作って、ひざにだきあげ、爪を切ってやりながら、話しかけることもたいせつです。（同書，p.117）

〈資料26〉
　こんなにして、みんなの子どもに話しかけ、話を聞くことは、たんに「話すこと」の指導の出発というだけでなく、教師と子どもの心を結びつける、たいせつな意味があることは、いうまでもありません。/一方からいえば、子どもと先生が、親しくなるにしたがって、子どもたちが、いろいろ話してくれるようになる−と、いうこともできます。（同書，p.118）

〈資料27〉
　戸田唯己さんが、『学級というなかま』に、「書きやすい場、考えやすい場」と、いうところで、すぐれた実践を書いておられますが、話しやすい場をつくり、みつけ、話をひきだし、話して親しくなり、それを、しだいに教室へ持ちこむというようにする必要がある、と思います。（同書，p.121）

〈資料28〉
　こんなにして、みんなといっしょに遊んだすぐあと、みんなで花つみに行ったすぐあと、などですと、いろいろ話が出ます。……中略……すぐ先ほどのこと、みんなに共通した話題であれば、話しやすいし、ほかの子どもも比較的よく聞いてくれます。/わたしは、こんな「先ほどの話」から、「きょうのこと」の話へもっていきました。「きょうのこと」といっても、

三時間ほどの学習時間、遊び時間のことが中心です。／これは、話しやすいということと、一年生なりに、「きょうのくらしの話し合い」への、橋わたしにもなります。……中略……一つずつ話をさせ、あとで、まとめて、話させるようにします。（同書，pp.122-123）

〈資料29〉
　話しやすい話題を出してやることがたいせつだ、と思います。……中略……一、はなしやすい場、話しやすい話題をえらぶこと。二、子どもと親しくなること。三、話さない子に、目をつけること。などになると思います。それから、今までには、あまり強調されていませんが、子どもと子どもの人間関係をよくしていくといいますか、「みんな仲よし」にしていく仕事にも、力を入れねば、いくら教師と、子どもと仲よしになっても話さない、ということです。この点については、この本の他のところでも、述べています。「集団のふんいき」「集団の圧力」などという点についても、じゅうぶん気をつけなければ、ほんとうにこどもたちが、自由に話してくれるようにはなりません。（同書，pp.124-125）

〈資料30〉
　文字の指導／／その次に、けいこしたのは、各自の名まえでした。……中略……名まえをかかせて思ったことは、「ほそみ　としゆき」とかけても、その一字一字は、読めないことです。たとえば、「み」という字をたずねると、はじめから、「ほ、そ、み」といってみて、それから、「み」といいます。昔のように、一字一字、教えるのではなく、ことばとして教える——ひと目読みを育てる——ということは、正しいことにちがいありませんが、それと同時に、一字一字を、確実に読み、かき、できるようにしないと、ダメではないか、と思いました。この両方をおさえていこう、それが正しいのではないか、と思いました。（同書，p.131）

〈資料31〉
　「おはなし」を文へ／子どもと遊びながら、子どもたちが、思わずいったことばをひろって書いてやる——……中略……話すとおりにかく——ということをいいますが、やはり、できるだけ正しく（文になるように）話させるようにすることがたいせつだ、と思います。しかし、これはムリをせ

第一部　入門期の学習指導に関する先行実践の検討

ずに自由に、しゃべらせることをするうちに、ときどき、こんな時間をつくります。(同書, pp.137-139)

〈資料32〉
　作文の入門期の指導について、手紙という形式が、いちばんいいのではないか、と思っています。しかし、手紙一本ヤリというのでなく、「はなしを文に」「絵のせつめいを文に」などと、ならんでやるのがよい、と思います。……中略……これには、注意するようなことは書かずに、ほめる時につかいましたので、子どもたちは、とてもよろこびました。読めない子も、おうちで読んでもらって、なん回もなん回も読んでくれていたようすでした。……中略……そんなことをしているうちに、子どもからも、たどたどしい字で、返事がくるようになりました。字が書けない子には、「せんせいは、みんなから、おてがみをもらったら、うれしい。まだ、おはなしのかけない子は、絵だけの　おてがみでもいいよ。」……中略……それを、みんなにも読んでやって、ほめて、かえしたり、そこに書いてあることについて、もうすこし、くわしく話を聞いたりしているうちに、日記とも手紙とも、生活文とも区別がつかないような文が、だんだん出てきました。(同書, pp.141-143)

5．家庭と学級を結ぶ学習環境のデザイン

　このように、小西、三上実践は、学級生活を起点として展開している。ただし、それだけでなく、土田実践同様、〈資料33〉のような家庭と学級を結ぶ学級通信などによって、家庭や農村社会を変革するということもまた教師の学習環境のデザインとして重要な活動であったことがわかる。

〈資料33〉
　私も、子どもが学校へお世話になるまでは、字など、ほとんど書いたことがありません。このノートができてから、どんなことにせよ、字を書くようになりました。今までは、つい仕事におわれ、「本や、新聞を見る暇があったら寝ましょう。」主義でしたが、先生に書いていただいたり、自分も書いたり、ずんずん変わっていく子どもの姿をみているうちに、間があれば、本や、新聞が読みたくなって来ました。子どもに勉強しろばかりいっ

ていないで、私も子どもといっしょに勉強していきたいと思います（小西, 1974, p.107）

　さらに、小西（1974a）では、「お母さんも一年生」、「ぼくも一年生」、「お父さんも一年生」という三部構成にしている。第一部が息子が1年になっての母親の記録、第二部が息子が1年生の間に書いた表現物、第三部が1年生を担任した父親の記録という三部構成にすることによって、入門期の子どもの学びには、学校、家庭、そして、そこで育まれる子どもの見方、考え方の発達という学習環境の密接な関連性が何よりも重要であることを教えてくれている。

　三上（1977）においても、やないゆきこの母親の記録、やないゆきこの表現物、担任であった三上の解説という三部構成をとることによって、前者と同様の環境のデザインの必然性を教えてくれている。

第3節　小西、三上実践から導かれる入門期学習指導の原理

　小西、三上の入門期の学習指導の原理を究明することによって、土田実践では不明瞭であった、入門期における話し合い活動の内実および話し合い活動を中心にどのように学習環境のデザインが行われているかが明らかとなってきた。

① 教師の学習者理解から出発する生活と学習を融合した学習環境づくりが自由に語り合える話し合いの土壌づくりを生成する。ここからは、「学習者中心」の学習環境のデザインには、教室というマイクロシステムに学習者の生活そのものを組み込む環境のデザインが不可欠であり、そこに、「学習者中心」と「知識中心」の学習環境が融合されて学習者の側からの入門期の学びを可能としている。

② 学級生活そのものから、子どもにとって切実な問題が話し合いのテーマに設定されている。ここには「学習者中心」の学習環境のデザインが

第一部　入門期の学習指導に関する先行実践の検討

なされている。(この点は土田実践とは異なる。土田実践では、子どもたちが生活している農村の自然を通して子どもたちの認識の改革を推し進めていた。)

③　話し合いのテーマの設定は、子ども一人ひとりを理解しようとする教師の姿勢から生み出されている。つまり、マイクロシステムという教室の枠組みで行われる学びであっても、教師が一人の学習者の背後にあるメゾ、エクソ、マクロという生活や社会・文化の影響を鋭敏に捉えたうえで、そこにおける問題を学級全体に考えさせていくことが「共同体中心」の環境のデザインを可能にするということである。

④　だからこそ、一人の子どもの切実な問題から出発し、それが集団で話し合われることによって、学習者一人ひとりが自らの認識のあり方を振り返させられる学習環境のデザインが可能となる。その結果、個とともに集団の認識自体も成長し、それが表現力の育成へとつながっていく。
　(この点も、土田実践の記述よりも三上、小西実践の記述から、集団での話し合いの様子が明らかとなった。)

⑤　しかも、入門期の学習指導を通して教えなければならない知識が明確に教師に意識されており、「知識中心」の学習環境のデザインがなされている。その際、子どもの生活を基盤にし、生活の中での体験を話し合うという「共同体中心」の学習環境のデザインが導入されることによって、子どもたちが自らの体験や認識を振り返る学習環境がデザインされ、子どもはそこでの体験を経た知識、つまり、生活と密着させた思考や表現を身につけていくという「学習者中心」の学習環境のデザインによる言葉の学びが可能となっていく。

⑥　さらに、子どもの生活が起点となって行われる言葉の学びは、学級通信などの家庭と学級を結ぶ学習環境のデザインを通して強化され、学校生活から社会へという広がりをもたらす。

話し合うという活動が、以上のように構造化された学習環境のデザインのもとで行われているところに、小西や三上における入門期の学習指導の

原理が見出される。

　今後は、教師の側からの学習環境のデザインを継続的に探究するとともに、学習者の学びの履歴を通して、入門期の学習指導の原理を探っていきたい。

　さらに、現在の混沌とした教育状況の中で、土田、小西、三上に代表される生活綴方的教育方法を社会文化的アプローチの視点から見直して、その特質を明らかにすることによって、現在の教育への示唆を得ることができるであろう。

注
(1)　現在、社会文化的な文脈の中で人はどのように学ぶのか、文脈を共に編み出しながら何をどのように学んでいくのかという視点から、授業や学校のあり方を検討する研究が進められている。そこでは、学習者の学びの実態が変わることが主眼である。そのために、学習環境を変える（デザインする）ことが必要となる。この場合の「デザイン」とは、「対話しながら目にみえる形にしていく、丁寧にものづくりをするという発想、一つ一つ手をかけて相手にあわせて作る意味あい、作っている最中でも相手に応じて変えていく意味あい」を持っている（秋田喜代美，2000「学習環境という思想」『学校教育』No994　広島大学附属小学校学校教育研究会）。
(2)　第1章の注(4)を参照。
(3)　米国学術研究推進会議では、「学習者中心」「知識中心」「評価中心」「共同体中心」という四つの概念によって学習環境を捉えている。「学習者中心」の環境をデザインするためには、意味を構築するのは生徒自身なのだということに教師が気づき、生徒が教室に持ち込む信念、知識、文化的実践を深く理解したうえで学習指導を行うことが重要である。つまり、授業では、教科内容と生徒のあいだの橋渡しをする環境をデザインすることが必要となる。しかし、「学習者中心」の環境だけでは、生徒たちは社会でうまく適応していくのに必要な知識や技能を身につけることはできない。そこで、「知識中心」の環境のデザインが必要となる。「知識中心」の環境のデザインとは、学習者が意味がわかることを重視する環境をデザインすることである。意味がわかるとは、新しい情報がないと理解できないことに気づいたり、理解できないときには質問などによって何が理解できていないのかを明らかにしたりすることを指す。つまり、「知識中心」の環境のデザインとは、学習者にメタ認知的知識を促すような環境でもある。また、効果的な学習環境は、「学習者中心」

第一部　入門期の学習指導に関する先行実践の検討

「知識中心」であるとともに、「評価中心」でなければならない。つまり、フィードバックを与え、修正の機会をもたせること、そして評価されることが学習者の学習目標に沿っている学習環境がデザインされることが必要である。さらに、学習科学の新たな発展とともに、学習環境がどれくらい「共同体中心」であるかが重視されるようになってきた。ここでの「共同体中心」とは、共同体の様々な様相をさす言葉として用いている。例えば共同体としての教室、共同体としての学校を意味する場合もあれば、児童・教師・学校管理者が、より大きな共同体である家庭や世界とどうつながりを感じているかという意味をもふくむ。

(4)　小西健二郎の『学級革命』の実践は、「日本作文の会62年度・活動方針」において、「学級集団づくり」と「作文・綴り方指導」との結合したものとされ、それらは切り離して実践さるべきものと指摘された。これに対して、宮坂哲文（1976）は小西の一連の実践をはじめ、生活綴方教育の特質を〈資料13〉のように捉えている。一方、折出健二（2005）は、現在、佐藤学らが提唱している「学びの共同体」論と学習集団論との相違が議論され、明らかになるべきことを主張している。

第3章　先行実践の考察のまとめ

　第1章と第2章では、生活綴り方教師であった土田茂範、三上敏夫、小西健二郎の入門期の学習指導の原理と方法について考察を進めてきた。
　その特徴は、以下の4点として捉えることができる。

1. 教室内での教師と子どもの対話、子ども同士の対話というマイクロシステムレベルの環境のデザイン
2. 子どもが参加している家庭と学校という相互関係としてのメゾシステムレベルでの環境のデザイン
3. 子どもを媒介にしながら教師と保護者をつなぐ学級通信などのエクソシステムレベルでの環境のデザイン
4. 社会と自己を結び、どう変革を目指すのかを視野に入れたマクロシステムでの環境のデザイン

　以上の四つのレベルに見られるように、子どもの言語発達を社会的文化的文脈の中で切り結ぶ環境デザインとして機能させようとしているところに特徴がある。ここに、特に入門期の子どもの言語発達に関わる社会的文化的相互行為のあり様の重要性が示唆される。
　このような学習環境のデザインを背景にしながら、根本的には、入門期の児童のことば学びに、他者と切実に向き合うような言語体験を重視している点が特徴的である。土田においては「集団討議」の重視であり、小西、三上においては話し合い活動の重視である。
　こうして、入門期の子どもたちが自他関係を切実に体験していくこととなる。三者に共通しているのは、子ども一人ひとりの切実な問題意識の重

視であり、それを他者との関わりを通して、自己認識の変容へと高めていく営みである。その意味では、子どもたちが他者との関わりの中で、「存在証明」(キャズデン) としての自己の言葉に目覚めて、認知面の発達が目指されているのである。

第二部
入門期の学習指導に関する臨床的研究

第4章　保幼小を見通した
　　　　コミュニケーション能力の育成

　本章では、国語科を中心とした入門期の学習指導において、特に、コミュニケーション能力に着目して、それがいかに発達していくかを臨床的に究明することにする。この際、重視した研究方法は、参与観察、インタビュー、エピソード記述、ディスコース分析（プロトコル分析）である。

　以下では、本格的な臨床的研究に入るまえに、保幼小を見通したコミュニケーション能力の育成の問題について概観しておくことにする。

第1節　コミュニケーション能力の育成に関する理論的背景

　現在、国語科教育では、コミュニケーション能力を社会的な行為として捉える考え方が主流となっている。つまり、コミュニケーション能力とは、図1に示すような、他者との共同活動の中で新しいものを産み出すことの

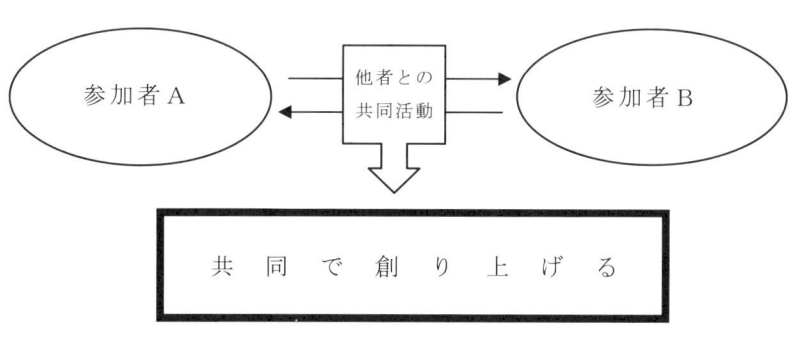

図1　コミュニケーションの相互作用モデル

できる行為を能力と捉えるのである。

　コミュニケーション活動を捉えるモデルは、これまで様々な立場から考案されてきた。

　古いものでは、シャノンとウィーバー（C. E. Shannon & W. Weaver, 1949）のモデルをあげることができる。このモデルでは、話し手と聞き手とが独立して、一方が発話産出活動を、他方は発話理解活動を行い、その間を情報がやりとりされると捉えられてきた。このような閉じた個人的な認知主義モデルは、その限界が指摘されるようになった。そこで、近年では、先述した〈図１〉に示すような、相互作用的な認知主義が唱えられている。それは、対話における相手も含めた環境との相互作用の中で何かを生み出していく〈行為〉としてコミュニケーションを捉えていくというアプローチである。

　このようにコミュニケーション能力を社会的な行為として捉える考え方は、ワーチ（1995）の指摘するように、「個人の中で展開されている精神機能は社会的なコミュニケーション過程の中にその起源がある」という社会文化的な視点で人の精神活動を論ずるという考え方に起因している[1]。つまり、本書が入門期のコミュニケーションと言語発達の基盤として重視している社会文化的アプローチから捉えるという視点である。

　したがって、学校教育における子どものコミュニケーション能力を育てるためには、社会文化的な視点を備える必要がある。本書においてコミュニケーション形成過程を分析するにあたっても、序章で述べたように、キャズデン（1988）のいう「命題機能」（認知と伝達）と「社会機能」（対人関係）と「表現機能」（個々の存在証明としての言葉）の三つの機能を合わせ持っているということに留意したい。

　一方、岡本夏木（1984）は、入門期におけるコミュニケーションの発達のあり様を「一次的ことば」から「二次的ことば」への移行の問題として捉えている。岡本は、書き言葉を学び始めてからの書き言葉と話し言葉を「二次的ことば」（現実を離れた場面で、ことばの文脈によって不特定の一般者に向けられる一方向的な自己設計）、それ以前の話し言葉を「一次的こと

第4章 保幼小を見通したコミュニケーション能力の育成

ば」(具体的現実場面で、状況文脈によりながら親しい特定の相手に指し向けられる会話式の相互交渉)に分けている。そして、この「二次的ことば」の習得は「子どもにとってまことに苦しく困難な仕事である」と指摘している。さらに、「『二次的ことば』をもって『一次的ことば』が終わるのでなく、『二次的ことば』に影響されて『一次的ことば』が変容する」(p.3)という、話し言葉と書き言葉の"重層的発達"の視点を打ち出している。

内田伸子 (1990) は、幼児の「物語る」ことからどのように「二次的ことば」である「書くこと」へ移行が行われるのかに関して、貴重な知見を示している。内田は次のように述べている。

「一対一の会話と、一対多のコミュニケーションでは話し手の役割はまるでちがう。個人的な会話では、相手が質問したり、ことばを補ったりしてくれるが、一対多の場面では、聞き手の反応を想定して、発話のプランから遂行まですべて一人でやらなくてはならない。岡本が指摘するように自―他関係をとらえ直し、『抽象化された聞き手』を内在させなければならないのである。このコミュニケーション様式のギャップを一人で乗り越えることはおそらくきわめて『困難な仕事』に違いない。物語から文字作文へ移行する時には、まさにこの自―他関係のとらえ直しによる『読み手としての他者』を内在化させなくてはならない。」(p.121)

こうした発達心理学の知見からは、入門期のコミュニケーション能力の育成に関する問題には、「自己」と「他者」の関係が重要であることが示唆される。本章では、ここに、教室コミュニケーションは異なる人々によってなされる社会的行為であり、個人の認知は「存在証明としての言葉」に基づいて形成されるというキャズデンの捉え方に着目して、「自己」と「他者」、そして「存在証明としての言葉」をキーワードに入門期の教室コミュニケーション形成のあり様を捉えてみたい。

第二部　入門期の学習指導に関する臨床的研究

第2節　保幼小をつなぐコミュニケーション能力の発達

　私は、保育園、幼稚園、小学校を通して発達するコミュニケーション能力を、次頁の図2のような図式で捉えている[2]。

1．保幼小のつなぎにおけるコミュニケーション能力育成の重点事項

　三歳児になって、人は「わたし」と「あなた」の区別ができるようになり、外界への興味から質問を多用するようになる。四歳児では、自分の経験を物語ることができるようになるが、一貫性を持たない。それが、五歳児になると、モニタリング機能が発達し、一貫性を持った文脈に沿って物語ることができるようになる。他者のまなざしを得たことが共同の活動をも可能にするようになる。したがって、入門期前の五歳児では、入学以降のコミュニケーション能力の育成へと円滑につないでいくために、共同で活動しながら、そこで言葉を交わしながら何かを創り上げるような活動、あるいは、夢中になって他者に語りかけながら自らの情動を分かち合うことのできるような活動、さらには、みんなでストーリーのある物語を動作化しながら創り上げ、共有する文脈を創り上げていくようなコミュニケーションの体験ができるような環境のデザインが必要となるであろう。しかも、この時期の子どもたちは、精神内機能はまだ十分に発達はしていないので、ばらばらに自分の言いたいことを他者の促しに応じて発しているにすぎない。そして、他者へ言葉を投げかけながら、自分の意見を対象化するという営みを繰り返している。したがって、文脈に応じたコミュニケーションが形成されるような保育者の促しは欠かせない。

　私は、平成19年度から熊本県教育委員会における幼小連携事業に関わり、合志市の福音福祉会合志中部保育園と合志市立合志小学校で参与観察を重ねていった。ここで、平成19年度における合志中部保育園での五歳児の「積

第4章　保幼小を見通したコミュニケーション能力の育成

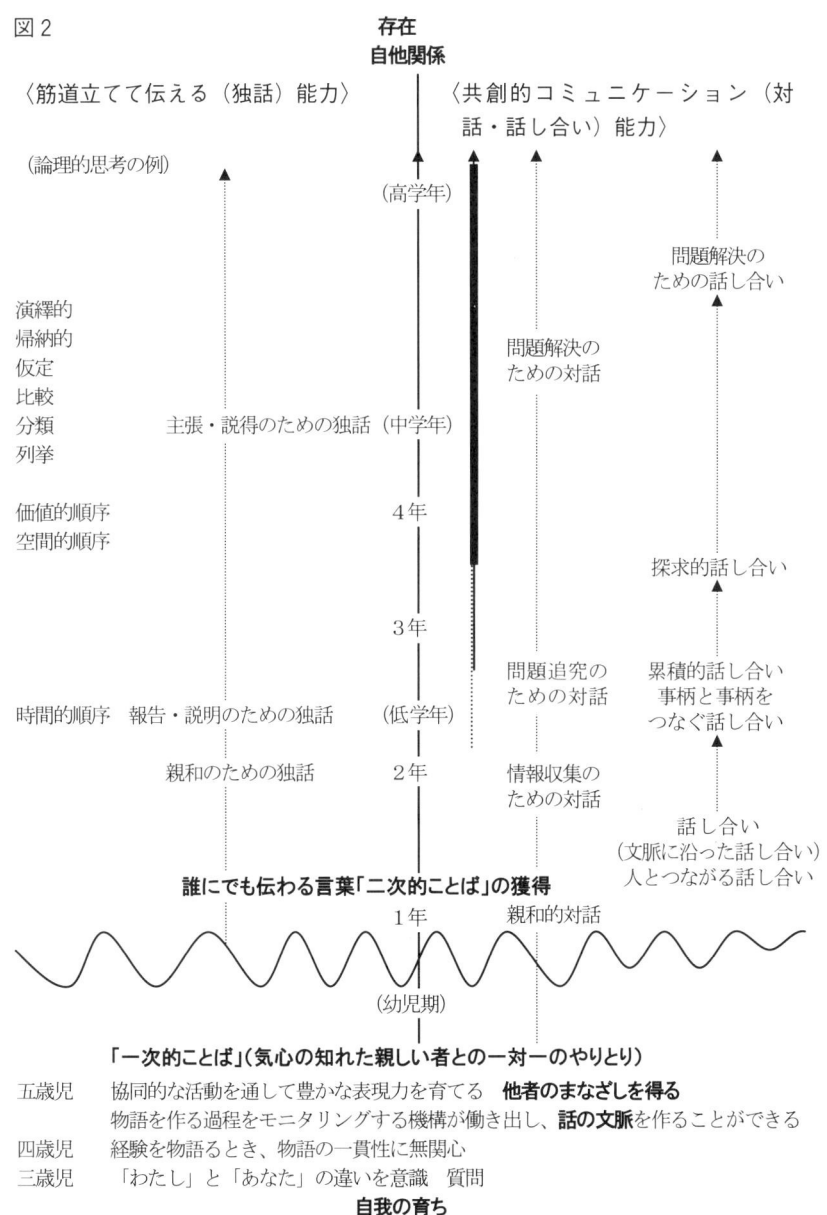

図2
存在
自他関係

〈筋道立てて伝える（独話）能力〉　　〈共創的コミュニケーション（対話・話し合い）能力〉

(論理的思考の例)

(高学年)

問題解決のための話し合い

演繹的
帰納的
仮定
比較　　　　　　　　　　　　　　　　　　問題解決の
分類　　　　　　　　　　　　　　　　　　ための対話
列挙　　　　　主張・説得のための独話　(中学年)

価値的順序　　　　　　　　　　　4年
空間的順序

探求的話し合い

3年

時間的順序　　報告・説明のための独話　(低学年)　　問題追究の　　累積的話し合い
　　　　　　　　　　　　　　　　　　　　　　　ための対話　　事柄と事柄を
　　　　　　　親和のための独話　　　2年　　　　　　　　　　　つなぐ話し合い
　　　　　　　　　　　　　　　　　　　　　　情報収集の
　　　　　　　　　　　　　　　　　　　　　　ための対話
　　　　　　　　　　　　　　　　　　　　　　　　　　　　　話し合い
　　　　　　　　　　　　　　　　　　　　　　　　　　　　　(文脈に沿った話し合い)
　　　　　　誰にでも伝わる言葉「二次的ことば」の獲得　　　人とつながる話し合い
　　　　　　　　　　　　　　　　1年　　　　親和的対話

(幼児期)

「一次的ことば」(気心の知れた親しい者との一対一のやりとり)

五歳児　協同的な活動を通して豊かな表現力を育てる　**他者のまなざしを得る**
　　　　物語を作る過程をモニタリングする機構が働き出し、**話の文脈**を作ることができる
四歳児　経験を物語るとき、物語の一貫性に無関心
三歳児　「わたし」と「あなた」の違いを意識　質問
自我の育ち
心の触れ合いを保ちつつ事柄の一致を図る

第二部　入門期の学習指導に関する臨床的研究

み木遊び」を通してのコミュニケーション能力の発達のあり様を、10月18日と１月28日での取り組みを比較することによって探ってみたい。

　合志中部保育園では、小学校の入門期との接続を円滑にしていくために段階的に子どもたちが関わらざるを得ないような共同の遊びを環境として工夫し、保育士は子どもたちの共同の営みをどう支援するかということに取り組んでいる。

　10月段階での積み木遊びでの子ども（５歳児）のプロトコルを示す。

　　〈事例１〉
　　　Ｔ　はい！じゃあ一回そこまでできたら、壊さないようにゆっくり座ってください。ゆっくり座ってください！/Ｃ３　Ｒくん、ものはみないんだよー①/Ｙ　ものはみない！②/Ｒ　みない！③/Ｔ　はーい！じゃあ全員こっちむいて！すわって！みんなすわってください！

　この時点で、①②③のように、友達が話をするときにはみんな一人遊びをしたり、他のところを見たりせずに、友達のほうを向いて話を聞きましょうというコミュニケーションの規則性が子どもたちの中に芽生えていることがわかる。

　また、共同での遊びの中では、〈事例２〉のように、集まってはいるが、共同作業というよりは一人ひとりが自分のイメージにしたがって積み木遊びをしている状態である。そこで発せられる発話は、①のように自分の遊びを阻止されることに対しての発話である。しかし、この発話は自己の遊びを阻止しようとする他者へ向けてまさに自己の存在をかけての発話であり、その発話には他者へ向けての切実な叫びがある。遊びの中で五歳児はこのように他者と自己の関係を学び、存在をかけて言葉を発するのである。

　さらに、一人ひとり自分の思いのままに活動している遊びはばらばらではあるが、同じく積み木遊びをしているという環境が②③④⑤のような一人の作業を応援するような協調的な発話も生み出していく。⑥のような一人の発言を⑦〜㉑のように応援し、認める中で発話の連鎖を生成している。

第4章　保幼小を見通したコミュニケーション能力の育成

こうした共同作業は、㉒のような、さらなる課題を子どもに見出させ、遊びの進展とともに次なる言葉が生成されていっている。

〈事例２〉
　Y　手あたるばい。R、両手もうあたるばい。すごーい。Rのほうもつめんばい。/R　おーい、ちょっとまって、まだ/C２　だめー！そんなしたら①/C３　わーい。高くなった！/R　ねぇ！すごく高くなった！（先生に向かって）/Y　俺まだのせてないから（木をのせようとするRの手を阻む）/C３（勝手に木をのせる）/R（C３を見て木をのせる）/Y（その様子を一時みて）なんで（C３に向かって）なんで、もうのせちゃだめ。（木をとりあげる）/R（木をのせる）/Y　もうだめー/みんなで木を一緒にのせ始める/R　うわー/Y　わーやばい！くずれる!!でもまだいける！/C３　くずれるーーー!!/R　うわーすごーい/Y（Rに向かって）これおれおとしそう！②（周りに）俺のせたらおとしそうこれ！③/C３　先生ー！/Y　これR　のせたら……/R　うわー④/C３　頑張れー！⑤/Y　俺のせたの落ちてるし/C３　私こっちー！（木をのせる）/Y　これのせたらおちるんじゃ？/C２　先生ー見てー！/C３　先生見て！これYくんの背をおいこしてる！⑥/T　Y君、Y君ちょっと並んでみて（Y　恥ずかしがりながら積み木の横に並ぶ）/T　あ、本当だ！すごかね！/Y　すげー、すげー！⑦/R　うわぁー！俺よりもでかいけん！俺が作ったんばい最初。⑧/Y　うわぁー！すげー！（積み木を見ながら）⑨/R　最初俺が作ったんだけん。⑩C３　そうばい！⑪/C２　あれすごいー！⑫/R　出来上がったよ！⑬/C３　うわー!!こわいこわいこわいこわい!!⑭/R　はい頑張ってー⑮/C３（木を持つYに向かって）ちょうだい！⑯/Y　だめ！⑰/C３　ねーねー交代しよー！⑱/Y　これは頑張ってくれー！うわぁぁぁぁ！これかして！⑲/Y　うわっ！あぶね！あぶないよ。⑳/C３　これ！（二人で木を載せようとする）㉑……中略……Y　Rよりでかい。俺のほうが（みんなの中で）でかいもん。/C２　先生とは？/Y　先生よりもでかい。/C２　こうしたらちょっと（背伸びをする）/Y（背伸びをして比べる）/C２　わぁ！このくらいだぁ！（積み木と背伸びした自分を比べる）/Y　これならどうかな（台にのってみる）/C２　うわぁ！もうちょっとー！/C３　これからどうするのー？㉒

67

第二部　入門期の学習指導に関する臨床的研究

　以上のように、遊びを通して他者を意識し始めることがコミュニケーションの育ちを促進しているが、まだ10月段階では、他者意識は低く、自己の活動が中心である。それが翌年1月28日には、〈事例3〉のように、みんなでお城を作るという共通の目的へ向けて、どのように工夫をするかという発話の連鎖が見られるようになる。

　　〈事例3〉
　　Ｃ１　もうちょい近づけて。／Ｃ１　これここじゃない。／Ｃ２　いいたい。／Ｃ　よし。／Ｃ１　ゆうた。／Ｃ　あ、それないったいもう。／Ｃ３　あー、俺の長い棒いっこない。あれ。／Ｃ２　なんでないと？／Ｃ１　はい。いっこあげる。／Ｃ１　待って待って。／Ｃ５　持ってきた。（別のところから、新しくやってきて加わる。（Ｃ５）ここから4人で遊ぶ。）／Ｃ　こうじゃないと？／Ｃ２　こうたい、こうたい。／Ｃ１　違う、こうばい。／Ｃ１　いい？ちょっと持っていって。（Ｃ３から積み木をもらう）／Ｃ３　ほら、こうやった。ほら、三角でこうやった。（Ｃ５の腕をつかんで見せようとする）／Ｃ２　おー面白い。／Ｃ１　どうやる？どうやって作る？／Ｃ１　すごくなってきたね。

　お城を作るという目的は子どもたちに共有され、〈事例4〉における①②のような様々なアイデアが他者へ向けて発せられ、それが③のように、すぐには受け入れらないような事態に直面し、自分の思いをわかってもらえるように、④のように主張を繰り返していく。こうした活動が他者意識や自己意識を育て、それに伴って言葉を獲得していくのである。

　　〈事例4〉
　　Ｃ２　女神作らんでいいとね、女神こうやって①。／Ｃ３　めがね作らんと。／Ｃ２　眼鏡じゃなくて女神たい。／Ｃ３　作りきらんでしょ。／Ｃ２　こうやってこう。作りきらんし。／Ｃ３　じゃあ自分で作れば、ゆうた。／Ｔ１　あと一分です。／Ｃ　女神さまだー、おまもり。／Ｔ１　壊さないようにね、そのままそのまま。／Ｃ　ねえ、たいしたち何かちょうだい。／Ｃ　もうない。／Ｃ　使っちゃった。／Ｃ　もういいだろって。／Ｃ　入り口。／Ｃ１

68

第4章　保幼小を見通したコミュニケーション能力の育成

ここにかためたら、入り口。/C１　ここに大臣がおる②。/C　いらんって大臣なんか③。/C１　大臣おるばい。おるばい。守るもんね。④

　最後に、班ごとに作った作品を見て回る活動が設定されることによって、〈事例5〉のように、自分たちが作ったものとは異なる作品を知りたいという思いが子どもの中に①②のような質問を生成し、そうした質問が③⑥⑦のように保育士の援助を借りながらではあるが、自分たちが作った物を媒介にして物語る活動が展開している。

〈事例5〉
C　これなに？①/C　なにこれ？②/T２　これは何でしょう。/C　何これ？/C　これ何？/T２　これお城か。どっちかわからん。ん③/C　学校。④/C　一階、二階、三階、四階。⑤/T２　学校。へえ。みんな今度一年生になったら、どのへんの教室だろう。⑥/C　ここらへん。/T２　（一番上を指して）みんなここまで上がるのは、どがんして行ったらいい？⑦/C　エレベーター。/T２　エレベーター。/C　階段。/T２　階段。階段でいくと？/C　（うなずく）/T２　ゆっくりゆっくりゆっくり。さっさっさっさ。/C　長いよ。/T２　長いよ。疲れるよこれねえ。エレベーターがあったらいいね。シューってね。/T１　ちょっと来て来て来て。面白いけん来て。ここのね、ここ入ったらどうなるの？⑧/T１　ばーんってしまるんだって。そしてそしてその先は？（子どもから呼び止められ、T１は違うところへ行く）/C　ここからこう行って、そして/C　ここからこう行って、ジャンプしてからこう。/T１　（戻ってくる）ジャンプする台があるの？どこどこ？/C　こことここ。/T１　あそこでジャンプするんだって。/C　ここからのぼってからこっち行くといい。/T１　迷路。/C　そしたらここで行き止まり。/T１　そして？/C　行き止まり。/T１　行き止まりがあるの？すごいね。/C　ここまでのぼって行ったら、高く見える。/T１　ここまでのぼったら、高く見えるって。/C　入るとこはここ。/C　番号しとかな。/C　三角にしとこうか。四角にしとこうか。（女の子4人のグループ）/C　ここがドアだからね。/C　おじゃましまーす。/C　いえーい。/C　ぴゅー。/C　違うよ。/C　ちょっとごめんなさい。/C　ここが布団でしょ。あー気持ちいい。/K　聞いて、聞いて。うんい

69

いよ。／C　あのさ、あの子がしよる。／K　うんうん。話していいよ。／C　見せて。／C　なんでここ。ここが入り口だもん。／C　ここからエレベーターでいって、チーンってなると。／C　チーンってなったら。／C　いいじゃんここでも。だって／C　あ、じゃあこれを駐車場にしよう。／C　いいね。／C　駐車場。

　以上のように、保育園や幼稚園時代では遊びを中核にした活動が進められる。まさに、子どもたちにとって生活に不可欠な遊びが子どもの側からの要求を満たしながら、しかも、そこに、共同で関わらなければならない活動が設定され、それをみんなで共有化されるような環境が準備されることによって、子どもたちのコミュニケーションが形成されていく。こうした子どもの生活に根ざした遊びは子どもたちの存在そのものをかけた営みであり、そこでは、「あなた」に「わたし」の要求や私の思いを知ってもらう必然がある。このことから、「あなた」と「わたし」の関係性を入門期においてどのように教室文化として形成するかが入門期以降のコミュニケーション能力の育成に不可欠な要素であることがわかる。

　一方、入門期は、学級という新しい居場所に参入した子どもが教科内容を学ぶことを目的とした学級に要求されるコミュニケーションのあり様を知り、それになじむとともに、教師とともに新たなコミュニケーション文化を共創していくことが求められる時期である。この時期に、保育園や幼稚園の遊びの中で必然として存在した「あなた」へ向けて「わたし」の言葉を差し向けていくのだという関係性が構築されないままに、教師が性急に教科内容を教え授けようとすると、子どもの「存在証明としての言葉」は失われてしまう可能性がある。

　このようなコミュニケーション能力を獲得していくためには、学級に起こっている出来事や状況に自分を関与させようとする態度（自己関与）や他者への関心を持ち、理解しようとする態度（他者意識）を持っていることが必要である。教室という文化の中で引き起こされる「もの・こと」の中でいかに他者という存在と関わり、他者を自分のうちに引き込むかに

よってコミュニケーション能力の育ちが変わってくる。なぜなら自己という認識は他者との関係で立ち現れるものだからである。そのためにも、他者と切実に関わりたいという必然性や他者と関わってよかったという楽しさや充実感を味わえるような状況、さらには、自己と他者の違いを経験していくような状況、その中で自己の存在感を持たせるような環境を教師の側からデザインしていく必要がある。

　そこで、他者理解を促し、自分と他者とが関係を作り、共同して考えを生み出していく状況を教師がデザインしたり、自己は他者とは異なるのだという自己という存在をはっきりと認識させるような教師の働きかけが重要となる。

　先の図2にも示したように、「共創的コミュニケーション能力」として、低学年のうちに、他者の話を聞いて「つなぐ」（展開し広げる）技能を育成する必要がある。他者意識を持たせ、自己関与的に聞く姿勢をつけるために、相手の話に同じか、異なるかという視点でつないで自分の考えを出し、累積、比較していく対話・話し合いができる技能を目指す必要がある。そこで、低学年では、共感的な共同思考を促す対話・話し合い活動をさまざまな機会を利用して積極的に設けることが必要である。ただし、この場合の共感的な共同思考とは、安易に他者と自己を同調させるのではなく、異なる点を明確に意識させる教師の働きかけを忘れてはならない。

2．保幼小におけるコミュニケーション能力をどう捉えるか

　上記で見てきたように、保育園などでは「遊び」という子どもの生活での欲求を基盤にしながら、コミュニケーションが園の文化として形成されていく。こうした人と人とをつなぐ態度形成や園文化の形成からコミュニケーション能力の育成を捉えるという視点を入門期は学んでいかなければならないと考える。

　つまり、教師がどのようなコミュニケーション様式を身につけさせようとしているかによって、教室文化の形成のあり様が変わり、個人のコミュニケーション能力の育成も変わってくることを教師は自覚化する必要があ

る。その集団社会が暗黙のうちに要求している望ましいコミュニケーション様式を身に付け、関係の中でその集団社会の要求する社会性を育てていくことと、個人のコミュニケーション能力の育成とは切り離せない関係にあるのである。

　このように、音声言語を媒介にしたコミュニケーション活動は、対人的な行為である。したがって、個人のコミュニケーション能力を捉えるには、その人が他者やもの・ことをいかに認識し、どのように関わっていこうとしているのかという情意面を基盤にした認知面の実態を考慮する必要がある。

　以上のことから、保幼小を見通したコミュニケーション能力を育成するにあたって、次のような点に特に配慮する必要がある。
　1．保育園・幼稚園の子どもたちのコミュニケーション能力の発達を促す環境のデザインや働きかけをする。
　　　入門期では、学級のコミュニケーション文化を育てる観点からさまざまな働きかけをおこなう。
　2．コミュニケーション能力を次のように分節化して捉える。
①【情意面1……態度としてのコミュニケーション力】
　・保・幼……人・もの・ことと関わろうとする。
　・入門期……他者と関わろうとする。
　　　　　　　・他者と関わり合うことの楽しさ（価値）がわかり、他者を受け入れる心の有様や態度で臨んでいる。
②【情意面2……意欲としてのコミュニケーション力】
　・保・幼……協同して「もの・こと」と関わりながら何かを作ろうとする。
　・入門期……様々な状況に応じて他者とよりよい関係を築こうとする。
　　　　　　　・様々な状況に応じて他者とよりよい関係を築くために協同して考えを深めていこうとする意欲をもっている。

③【技能面……言語運用力としてのコミュニケーション力】
　・保・幼……瞬時瞬時に自分の中に浮かび上がってきた思いや意見を表出し、相手に投げかけることにより、自分の意見を対象化し、その結果新たな思いや意見を持つことができるようになる。
　・入門期……他者と思いや考えを交流するためのコミュニケーション技能を所持し、必要に応じて運用できるようになる。

　このように、情意的な態度や意欲を基盤として（①②）、それを土台としてコミュニケーション技能の獲得がなされ、その技能を、状況や場、人に応じて適切に運用できること（③）をコミュニケーション能力と規定する。

　では、低学年のうちに、他者の話を聞いて「つなぐ」技能が発達するためには、どのような指導が必要であろうか。次章で、橋本須美子教諭の取り組みの事例をもとに考えてみたい。

注
(1) この考え方は、1980年代のアメリカ合衆国におけるヴィゴツキー・ルネサンスの中で、人間の認知における文化の役割が注目されるようになったという背景を持つ。
(2) 位藤紀美子編（2007）「国語科教育改善のための言語コミュニケーションの発達に関する実験的・実践的研究」平成16年度から平成18年度科学研究費補助金基盤Ｂ研究成果報告書を参照。

第二部　入門期の学習指導に関する臨床的研究

第5章　コミュニケーション能力の形成
―橋本学級の参与観察から―

第1節　入門期のコミュニケーション能力育成のためのカリキュラム

　橋本須美子教諭の入門期の学習指導について考察するにあたって、まず、その全体像を理解するために、「入門期におけるコミュニケーション能力の育成」のためのカリキュラム（年間指導計画）を見ておくことにしよう。それが〈資料1〉である。

　〈**資料1**〉「入門期におけるコミュニケーション能力の育成」の大まかな流れ～「話す・聞く」の学習を中心として～（橋本須美子教諭作成）

　☆生活科　♥道徳　★学活　＊体育　♪音楽　♣図工　※行事

月	朝の会	国語の授業	他教科(1・2年合同)	読書	帰りの会、宿題	朝自習や行事生活
四月	担任との一問一答・朝ごはんのこと・昨夜のこと(テレビ、団欒など)・登校時、発見したこと・今日の楽しみ・すきすきゲーム(自分の好きな人・もの・こと)	「はる」「おはなしよんで」・挿絵や実際の学校の風景等を見ながら、気付いたことや思ったことを、先生や隣の人、ペアの2年生に話す。「どうぞよろしく」・手作りの名刺を使って、2年生、6年生、い	虹色チーム(1．2年ペア活動)スタート：1．2年ペア月間☆すきすきゲーム(1．2年ペア)☆校庭探検→五七五発表(授業参観で、1．2年ペアで発表)♪校歌、1．2年テーマソング	ペアペア読書スタート(1．2年マンツーマン読書活動)・図書室の使い方、借り方、返し方を2年生から学ぶ・緑陰読書・ベランダ読書	▽「おうちの人に学校のことを話そう」スタート(1年間)2年生の帰りの会見学・うれしかったことを話す。・すごいなと思ったことを話す。→	1．6年マンツーマン朝自習・絵本の読み聞かせ・名前の言い方・折り紙の仕方・のり、はさみ、色鉛筆の使い方・名前や数字の書き方

74

第5章　コミュニケーション能力の形成

	◎週月：めあて反省	ろいろな先生方と対話する。→授業参観で、お客さん（幼・保の先生も）と対話する。（2年生のサポート）「うたにあわせてあいうえお」◎ベランダ音読、青空音読スタート（2年生見学→2年生のサポート）	をペアの2年生から学ぶ。＊遊具の使い方（1．2年テーマソングをペアの2年生から学ぶ）★学校さんにごあいさつ（1．2年）♣自画像の描き方を、2年から学ぶ				・名刺の作り方等○対話集会スタート（1年は6年とペアで）
五月	2年の朝の会見学（♪朝の歌）・自分の体と心の健康状態を話す。・今日のめあてを話す。・係からのお知らせやお願いの仕方→自分たちだけで、朝の会をできるようになろう。あいさつの「おあしすよ」について◎週月：めあて反省	「たんけんしたよんみつけたよ」・生活科との関連（2年とペアで探検、いろいろな先生との交流）「ともだち」・クラスの友だちの詩を話し合って作る。→学校公開日にて披露。「ことばをいれてぶんをつくろう」→発展「欠席の友達へお見舞いの手紙を書こう」・書き方をペアの2年生、取材のお手伝い。・書き方をペアの2年に学ぶ。→発展「おうちの人へのありが	1．2合同学習月間（下記全て）☆校舎内探検→五七五発表P☆通学路探検→五七五発表P♪「運動会の歌」P＊運動会に向けて★詩「そのひとことで」P♥「だいじょうぶマン」登場♥「ありがとうマン」登場P＊フリーズおにごっこ♪本庄小オリジナルソング「みんなかがやくすてき色」P♥みすずさんのまなざし1「みんなをすきに」♥心のノート、	ペアペア読書・読書標語の作り方をペアの2年生から学ぶ。朝の読書毎週火曜日、金曜日、担任やボランティアによる読み聞かせスタートアニマシオンスタート	「今日のかがやき」発表へ→2年との壁越し「かがやき発表」（2年のかがやきを、大きな声で壁越しに伝える）みんなや先生へお願いしたいこと、係からの連絡等スタート	2年生の朝自習見学○縦割り班活動スタート（感想交流あり）・縦割り班遊び・縦割り班掃除※運動会○1，2年遊び・学校のルールを学びながら○いろいろな人と「たずねてこたえて大あたりゲーム」スタート

75

第二部　入門期の学習指導に関する臨床的研究

		とうを詩にしよう」 ・書き方をペアの2年に学ぶ。	道徳ノートの使い方、書き方P（P：1. 2年ペア中心）			
六月	・雨の日の発見、雨の日の楽しみ ・いろいろな雨の音→◎音読タイム詩「いろいろな雨の音」 ◎隔月：目当て反省	「はなのみち」 ・文章や挿絵から気付いたことや思ったことを、ペア（1年同士）と話す。 →発表、役割演技等を楽しむ。 「いろいろなくちばし」 ・文章や挿絵、写真、図鑑などから気付いたことや思ったことを、ペアでまとめる。 →発表 →2年に披露しよう。 「すきなものおしえて」→「好き好きゲーム」からの発展	★「心の声集会」（学校公開日にて、1. 2年発表） ・お客さんと「すきすきゲーム」 ・1年…「こんな心になりたいな」発表 ・2年…「大成長の秘密教えます」発表 ★雨の日の過ごし方（1. 2年合同） ＊忍者でござる1（1. 2年合同） ＊ぴかぴか水遊び（1. 2年合同） ・水中まねっこ ・水遁の術 ☆夏一番みつけた（1. 2年合同）→五七五発表	調べ学習スタート ・「くちばしのえさのとらえかた」 ペアペア読書 ・図書館の秘密 ・大型迷路 ・昔話すごろく ・魔法の絨毯など	▽おうちの人へ詩をプレゼント（声に出して読んであげよう） ▽おうちの人と「たずねてこたえて大あたり」ゲームをしよう。	※学校公開日（お客さんと交流） ○「計算タイム」や「音読タイム」、2年生を見学→自分たちだけでやれるようになろう。 ※プール開き
七月	・夏の発見 ・夏の楽しみ ・夏の過ごし方 ・1学期心に残ったこと ・1学期の反省	「おむすびころりん」文章や挿絵から気付いたことや思ったことを、ペア（1年同士）と話す。 ・リズムの楽しさ音読の工夫について	☆夏遊び大会（1・2年合同）「こんな夏遊びいかが。」 →五七五発表 ★1学期の心・体・頭のめあての振り返り →1学期最後の	ペアペア読書 1学期の読書のまとめ ・「ほんとなかよし」へ ・夏休みの読書のめあて ・夏休みの暗唱のめあて	▽おうちの人と「お気に入りの本」について話し合おう。 ▽おうちの人と「1学期のジャン	○2年生から夏休みのことをきく。 ※すこやか集会

第5章　コミュニケーション能力の形成

	ペア（1年同士）話し合う。「ほんとなかよし」（1．2年ペアペア読書）←「すきすきゲーム」からの発展	対話集会へ★夏休みのくらし方→すこやか集会へ			プ」について話し合おう。	
八月				夏休み読書暗唱1年「おむすびころりん」2年「スイミー」◎夏休みも学校図書館開催日あり	▽絵日記	※夏祭り※市：童話発表会◎暑中見舞、電話、訪問等で、家庭との連携を途切れさせないよう心がける。
九月	・夏休みの報告→・2学期の楽しみ・秋1番の発見・秋と言えば…勉強の秋スポーツの秋　芸術の秋食欲の秋・月見で五七五◎週月：めあて反省	「みんなにしらせたいこと」・順序を考えながら、夏休みの1番の思い出を語り合う。（1年ペア同士→2年ペアと）「大きなかぶ」・文章や挿絵から気付いたことや思ったことを、ペア（1年同士）と話す。・リズムの楽しさ、演技の工夫についてペア（1年同士）で話し合う。→2年生、保護者に音楽劇を披露♪	★2学期のめあて作り→2学期最初の対話集会へ♥動物愛護：「動物園（工藤直子作）」（1・2年合同）☆夏一番みいつけた（1・2年合同）→五七五発表＊水泳大会→五七五発表＊忍者でござるⅡ（1・2年合同）♥敬老の日：「おじいちゃん、おばあちゃんへ」♣おはなしの絵にチャレンジ	<u>ペアペア読書</u>夏休み読書報告暗唱大会・1年「おむすびころりん」・2年「スイミー」大型絵本「大きなかぶ」読み聞かせ↓♪音楽劇披露「大きなかぶ」	▽「おうちの人とのかがやきキャッチボール」（学校での心の学び等を、簡単な絵と五七五でおうちの人へ知らせ、その反応を要約して書いてくる）スタート（1年間）	○2学期のことを2年生にきく。○「まなざし貯金」スタート※学校公開日（お客さんと交流）○人権作品にチャレンジ

第二部　入門期の学習指導に関する臨床的研究

月							
十月	秋たけなわ ・読書の秋（お気に入りの本） 1年生の折り返し地点（半年間のジャンプ） ◎週月：めあて反省	「じどうしゃくらべ」 ・仕事と作りの関係で気付いたことを話し合う。（ペア→全体） 自分たちで作った「じどうしゃくらべ」カードを発表しあう。 「くじらぐも」 ・場面の様子について話し合う。（→♪1・2年合同音楽劇「くじらぐも」へ）	★人権月間：絵本「くれよんのくろちゃん」で意見交換 ♥みすゞさんのまなざしⅡ「私と小鳥と鈴と」（1・2年合同）→みんなちがってみんないい↓（全身で実感） ★すてきなアンテナ（1・2年合同） ☆秋とあそぼう→五七五発表	読書月間 ・パネルシアター ・「読書の木」（お気に入りの本紹介） 調べ学習 ・自動車	▽本格的対話型ふき出し文作りスタート ▽おうちの人のおすすめの本についてきいてくる。	○「夢文集」にチャレンジ ↓ 作品をおうちの人にきかせる。 ○2年生の「あったらいいなこんなもの」をペアできく。
十一月	・ペットのこと ・好きな動物のこと ・「いのち」について ・平和について ◎週月：めあて反省	「しらせたいなみせたいな」 ・知らせたい相手を選んで、必要な事柄を観察して書き、伝える。「ずうっと、ずっと、大すきだよ」 ・心に残ったことを話し合う。	♪音楽会（1・2年合同音楽劇発表） ★「わくわく（参加体験型）集会」にて縦割り班意見交換 ☆「うちのぴじゃぴじゃ名人」おうちの方へインタビュー。 ＊「動物園へいこう」（1・2年合同）	放送発表 ・「平和といのちの一言感想リレー」	▽できた作文をおうちの人に読んできかせる。 ▽おうちの人への取材活動	※強歩会（竜田山へ）→秋の五七五発表 ○2年生の作った「なぞなぞポエム」を聞いて答える。
十二月	・冬1番の発見 ・冬の楽しみ ・寒さに負けないぞ ・風邪に負けないぞ ・2学期の振	・心に残る本の紹介「あつまれ、ふゆのことば」 ・冬に関係ある言葉を集めて、五七五作りや年賀状作りをし、	☆「マイワーク（お手伝い）名人」マイワーク実践発表会 ★2学期の心・体・頭のめあての振り返り→2学期最後の対	ペアペア読書 2学期の読書のまとめ ・「本とともだち」発表会	▽マイワーク実践：おうちの人との感想交流 ▽冬休みの課題：挨拶、マイワーク親子絵日記	○2年生の作った「なぞなぞ絵描き歌」を読んで答え、感想交流する。 ※マラソン

78

第5章　コミュニケーション能力の形成

り返り ◎週月：めあて反省	発表し合う。(カルタ作り…保育園訪問時の2月) （カレンダー作り…3月）	話集会へ ★冬休みのくらし方			大会→五七五発表
一月	・冬休み報告 ・新年の抱負 ・知っている昔遊び ・お気に入りの昔遊び ・お気に入りの詩 ・やってみたいお店 ・お店のPR ・すてきな呼び込み ◎週月：めあて反省	「あめふりくまのこ」 ・言葉の響きやリズムの良さ、想像したことを話し合い、音読を工夫する。「もののなまえ、おみせやさんごっこ」 ・上位語、下位語についてわかったことを話し合う。 ・お店の人と案内役：子ども、お客さん：おうちの人などで、やりとりを楽しむ。「わたしはなんでしょう」 ・4人組（2人：問答、2人：評価）やお客さんと、「たずねてこたえて大あたり」ゲームを楽しむ	☆昔なつかしい遊び（1.2年合同）→新年会 ★3学期のめあて作り→3学期最初の対話集会へ ★いのちをいただきます「牛のしょうたくん、いのちきらきら物語」 ♥みすずさんのまなざしⅢ「お魚」「大漁」（1.2年合同） ＊めざせなわとび名人（1.2年マンツーマン修行)	詩を読もう ・工藤直子 ・金子みすず ・まどみちお ↓ ・名前詩を作ろう ↓ 言葉図鑑を読もう ・五味太郎	▽おうちの人にいろいろな詩を読んで聞かせる。(「音読タイム」でいろいろな詩を提示したり、名前詩を作ったりする) ▽おうちでも、なわとび修行	※新年集会（昔なつかし遊び）→五七五 ※給食記念日→給食の五七五 いのちの五七五 ※学校公開日（「お店やさんごっこ」や「たずねてこたえて大あたりゲーム」などでお客さんと交流）
二月	・自分の赤ちゃんの頃の話 ・動物の赤ちゃんの話 ・この1年間を振返って	「どうぶつの赤ちゃん」 ・ライオンの赤ちゃんとシマウマの赤ちゃんの違いを比べて話し合う。	☆もうすぐ2年生 ☆まってますよ、新1年生Ⅰ→※新入生入学説明会での交流準備→交流→	調べ学習 ・いろいろな動物の赤ちゃん ・厳しいサバンナ 紙芝居	▽「自分の赤ちゃん」の頃について、おうちの人にインタビューしてくる。	※新入生入学説明会（1年生が、来年度入学予定の子どもたちと交流する）

79

第二部　入門期の学習指導に関する臨床的研究

	（嬉しい思い出、じいんときた思い出等々） ◎週月：めあて反省 ・知っている日本昔話、世界の昔話→ ・アニマオン ・大きくなって？ ・わたしのジャンプ ◎週月：めあて反省	・筆者になって、後略ある「まとめの文」を作り、発表し合う。「いいこといっぱい、1年生」 ・必要な材料を集め、「1年生の思い出アルバム」を作り、発表し合う。	振返り→○幼稚園、保育園訪問の準備→交流→振返り☆虹色ジャンプ式の準備 招待状作りなど ＊めざせ長縄名人（1．2年合同）	・図書委員長による紙芝居巡り	▽この1年間の自分たちの成長について	○幼稚園・保育園訪問 ※なわとび大会→五七五発表
三月	・知っている日本昔話、世界の昔話 ↓ ・アニマシオン ・大きくなって？ ・わたしのジャンプ ◎週月：めあて反省	「たぬきの糸車」 ・文章や挿絵から気付いたことを話し合いながら、たぬきの内言を作成し、発表し合う。 ・図書室の司書の先生に、心に残った図書室の本について知らせるとともに、お礼の気持ちを伝える。（手作りカレンダーや手紙などで）	☆虹色ジャンプ式（最後の授業参観：幼稚園・保育園の先生方を招待して）＊めざせボールけり名人（1．2年合同） ♪音楽集会に向けて（1．2年合同発表） ☆まってますよ、新1年生Ⅱ入学式の五七五、飾り作り等	ペアペア読書 3学期の読書のまとめ 1年間の読書の振返り ・「手作りカレンダー」発表会	おうちの人へインタビューしてくる。 ▽昔話について、おうちの人と話し合う。 ▽1年間のプリント綴りの振返り	○虹色ジャンプ式でのお客さんと交流 ○6年生とのお別れ会 ・出し物計画準備 ○卒業式に向けて ・呼びかけ話し合い ・感謝の手紙 ・飾り準備

第5章　コミュニケーション能力の形成

以下では、橋本教諭のコミュニケーション能力育成のためのカリキュラムの特徴について見ていこう。

1．学校と家庭との円環的な取り組み

朝の会、国語の授業、1・2年生での異学年交流、読書活動を通しての異学年及び学校全体での表現活動の重視、学校で学んだことを家庭へ持ち帰り、それをおうちの方々との対話として位置づけていること、学校全体での表現活動の重視というように、学級での対話を中核にした取り組みが他学年、学校全体、家庭へというマクロな枠組みへと発展し得る構造を持っていることが特徴である。そして、それは、また、家での取り組みが、入学当初の4月の朝の会で、「朝ご飯のこと」「昨夜のこと」として子どもたちが友達に伝えたいこととして話題にとりあげられるというように、家庭を起点にした取り組みが円環的に行われている。

家庭と学校との円環的な取り組みについて具体的に見てみよう。橋本教諭は、学校と家庭を結ぶ手だてとして次の三つの手だてを重視している。

　ア　「おうちの人とのかがやきキャッチボール」カードの積み上げ
　イ　学級通信、連絡帳での"言葉と心のキャッチボール"
　ウ　学習環境としての"言葉と心のキャッチボール"

以下、その活動例を、『第34回九州地区道徳教育研究大会紀要原稿』（2008）を参考にしながら述べる。

ア．「おうちの人とのかがやきキャッチボール」カードの積み上げ

橋本教諭は、道徳の時間や学級活動、総合的な学習の時間等での「心の学び」を、簡単な絵や五七五等でまとめたカードを使って家族に伝えるという「おうちの人とのかがやきキャッチボール」（《資料2》）を1年生の時から積み上げている。このカードは、家族の反応を子どもたちが要約して書いてくるものであり、おうちの人の負担も少なく、週に2、3回の学校と家庭の「心の学び」の架け橋となっている。

翌朝、橋本学級では、「お母さん、～なんだって。」と生き生きと家庭か

第二部　入門期の学習指導に関する臨床的研究

〈資料2〉

らの返球を報告する姿が見られる。このカードは"幸せの宿題"と呼ばれている。

　次に、子どもの「かがやきキャッチボール」の事例をあげる。9月30日、朝の読み聞かせの時間に「ろくべえまってろよ」を読み聞かせてもらった子どもは、その日帰ってからおうちの方に読み聞かせの内容について話したのであろう。その日のカードには、「『ろくべえもかんちゃんたちもぶじにたすかりよかったね。いいおはなしね。』とおばあちゃんはいってました。」と記している。

　3月2日。「けいさん大会みんなごうかく」についての記録では、「『一日目のくやしさをみごとに二日目でのりこえて、ピカピカほしがでるくらいうれしかったみたいで、わたしもうれしくなりました。』といっていました。」と記されている。

イ．学級通信、連絡帳での"言葉と心のキャッチボール"

　「おうちの人とのかがやきキャッチボール」では、保護者が思いを十分伝えることができないと判断された場合、連絡帳に詳しい感想等を書かれ

第5章　コミュニケーション能力の形成

ることも度々あったという。例えば、白血病で亡くなった宮越由貴奈さん（小４）の２編の詩を通しての「電池が切れるまで」の学習後には、「そんな嬉しそうな顔で読む詩じゃないよ。もう一つの詩も、よく見て。」と我が子からアドバイスを受けながら、自分自身を大切にすることについて、親子で話し合った経緯が丁寧に記されていた。

　また、橋本教諭は、学級通信で子どもたちの「心の学び」の五七五をどんどん紹介していった。このように、「おうちの人とのかがやきキャッチボール」の積み上げの成果で、家庭では日常的に親子の対話が進んだ。

ウ．学習環境としての"言葉と心のキャッチボール"

　橋本学級では、「おうちの人とのかがやきキャッチボール」（〈資料３〉）や友だちや周りの人の「かがやき」を綴った「まなざし貯金」（〈資料４〉）、体験活動の写真等は、教室後方や横の掲示板に重ね貼りをし、道徳ノート類は「心ボックス」（〈資料５〉）に整理し、いつでも学習の足跡を振り返ることができるようにしている。また、橋本教諭は、学級懇談のときなどに、「心ボックス」ごと保護者にじっくり見てもらい、子どもの学びの足跡をたどることができるようにしている。こうした工夫が、学校と家庭の連携をさらに促し、親子の対話を活性化していく。

　また、橋本学級では、学

〈資料３〉　〈資料４〉

かがやきカード→まなざし貯金

心ボックスの出番です！

〈資料５〉

83

習環境として昨年時の作品アルバムや道徳ノート等を常時設置していることも、子どもたちに自分たちの成長を自覚する一助となっている。親子で、自分たちのどんな小さな成長をも喜び合うために、小規模校のメリットを最大限に生かし、親子ともども、お互いの心の状態や体験等を把握できるような環境づくりに努めているのである。

また、これらの教室環境が、子どもたちが名付けた「心バロメーター（心の大きさを段階的に表示する小黒板）」を使って、自分の心の状態や成長を、具体的な体験をもとに語り合う表現活動の一助となっている。

２．朝の会と読み聞かせという二つの柱

４月当初、朝の会が、「担任との一問一答」という形で始まっている。この場で教師との「感性的コミュニケーション」の形成が図られ、それを土台に、１年生の子ども同士をつなぐ場として機能している。話の話題が「朝ごはんのこと」「昨夜のこと」という子どもたちの生活が起点となっている点に特徴がある。こうした話題はどの子どもも話すことのできる話題であると橋本教諭は捉えている。生活の話題を共有することによって子どもたちはその子らしさや友達の悲しみや喜びを感性的に共有化できるところにその取り組みの特徴を見ることができる。

このとき、子どもは自分の席に立ってお話をする（《資料７》）。

教師は、「わたし」はみんなへ向けて言葉を発するのだということを意識づけるために、話し手をみんなが見える位置に立つことを示唆する。そして、聞き手のみんなは話す「あなた」をしっかり見つめる。４月当初の朝の会はこうして始まった。

〈資料６〉

４月当初、朝の会が子ども相互の生活を基盤としたコミュニケーションのつながりを図るものとするならば、「読

書」欄や「朝自習」での「読み聞かせ」は国語科の教科内容の学びにつながるコミュニケーション能力の形成の土台となっている。

このように、コミュニケーション能力の育成が子どもたちの生活面と読み聞かせという二つの大きな柱によってなされている。これらが国語科の学びでのコミュニケーション能力の育成へと緊密に結びついているところが重要である。

3．近接異学年交流

国語科の学びが開始する前に、1・2年生の近接異学年交流による「すきすきゲーム」（1年と2年がペアになって、自分の好きなものを対話によって話し合う活動）（〈資料7〉）や「校庭探検」を行い、2年生の身ごなしからコミュニケーションの形成を図ろうと働きかけている。その一こまを記す。

〈資料7〉

〈事例6〉は、4月19日の校庭探検が終わったあとに、どんな出来事が起こったかを話し合っている場面である。

〈事例6〉
C1　お客さんがきたときに、ごゆっくりどうぞといいます。／T1　お客さんが来たときに、ごゆっくりどうぞって言うのね。いい言葉ですね。／T1　こうだいさん。／こうだい　温泉に入ったときに言います。①／T1　温泉に入ったときに、／C4　ごゆっくりどうぞとか。／T　あぁ、ごゆっくりどうぞ、温泉につかってくださいって言われたことがあるのね。／T1　いいですね。／C5　はい。／T1　どんなときにごゆっくりどうぞを使う

第二部　入門期の学習指導に関する臨床的研究

か。どんな時にごゆっくりどうぞ？はい、ようじさん。/ようじ　えっと、例えば、②/Ｔ１　例えば。もう「例えば」を使えるなんてすごいじゃん。/ようじ　何か旅行とか行ったときの、③/Ｔ１　うん。/ようじ　ときに、ごゆっくり寝てくださいとか、ごゆっくり入ってくださいとか言います。④/Ｔ１　旅館のね。ごゆっくりどうぞ。/Ｔ２　お客さんに言ってくださったのね。/Ｃ６　はい。/Ｔ１　ひろこさん。/ひろこ　あのね、レストランで、あの、なんか、あの、なんかあげるとき食べ物ばあげるときに。⑤/Ｔ１　はいはい。/ひろこ　ごゆっくりどうぞって言う。⑥

ここでは、教師の発問に２年生が①から④のように「二次的ことば」でみんなにわかりやすいように答えている。こうした２年生の身ごなしを見ながら、入学してまだ幾日も立っていない１年生もたどたどしい言動ではあるが、⑤⑥のように発言をしている。

このように、１、２年生が話し合う活動の後に、「校庭探検」でどんな出来事があったのかを対話するという場が設けられていた。

まず、１年生と２年生が自由にペアになって校庭探検を紹介する練習を始めた（〈資料８〉）。ベランダに出てペアで自由に練習するという環境の設定が、それまで緊張気味であった１年生の表情に本来のその子らしさがのぞき始めた。こうした子どもたちから思わず言葉が開かれていくその瞬間が重要なのである。

〈資料８〉

そして、いよいよ１年生がみんなの前でお話をするという場が設定される（〈資料９〉）。

第5章　コミュニケーション能力の形成

〈資料9〉

〈事例7〉
　T1　じゃあ押しますよ、皆さん。今日はきっと校長先生がびっくりしてひっくり返るかもしれない。スイッチ、みんなスイッチオン言ってみて、さんはい。/C全　スイッチオン。/T1　どうぞ。/C1　花の俳句を言います。/C1．2　「ぱっとさく　しろいはなの　たんじょうだ」「ぱっとさく　しろいはなの　たんじょうだ」/C2　1年1組、うえのはる。C1　2年、かわなみしほ。/C全　（拍手）/T2　すばらしい。

　まだ1年生はみんなに向けて話すという「二次的ことば」の産出行為に慣れていない。そこで、橋本教諭はマイクを用いてみんなへ向けて話すという場を設定している。これも「二次的ことば」を誘発するための一つの入門期の工夫である。動作化しながら話すことの抵抗を少なくしていることも工夫の一つであろう。こうして1年生がみんなの前で自分の名前を言うということは、言葉は「わたし」という存在がみんなへ向けて発信するのだという意識付けになっているのであろう。
　このような対話体験をたくさん取り入れているからこそ、入学して間もない1年生も積極的に話し合い活動に取り組むことができるのである。
　こうした異学年交流が橋本学級のコミュニケーション能力の育成のうえで重要な位置を占めるのは、次のような橋本教諭の教育観からもたらされている。すなわち、「心が育てば学力が育つと信じて異学年交流をはじめ、子どもの教育を考えています。」（2005.11.12）という言葉が示すように、心の成長を第一の教育目標と考えて取り組んでいるのである。

第二部　入門期の学習指導に関する臨床的研究

　橋本教諭の教育観は、「子どもたちは様々な厳しい生活環境の中で生きています。親の愛情を知らない子ども、ゲーム漬けの毎日の中で心が置き去りにされてしまっている子ども、成績さえよければという社会の風潮でしょうか、自己中心的で、ほかの人のことなど考えることのできない子どもたちなど、私は、かかわりを大切に国語の授業をしたいと思っています。私の授業は国語じゃないってよく言われます……けど、特に低学年、入門期では、本当は生活の中で育てられなければならない心を、人や周りのことがらなど関係の中で育ててあげることが大切なんですよね。言葉ありきじゃないでしょ。国語ありきじゃなくって、人としてどう生きるかってことが大切だと思うんですよね。」(2005.7.26)という言葉の中にも窺うことができる。

　ここからわかる橋本教諭の教育観は、生活の中の人やもの・こととのかかわりの中で、子どもの心を育む言葉を育てるということである。そうした入門期の教育観は、4回にわたる1年生担任を通して、身をもって子どもの姿を通して学び取ってきたものであると言えるであろう。

　年々人とのかかわりが希薄になっていき、乱暴な言葉を他者に投げ捨てる傾向にある子どもたち。そうした子どもたちを前に、「自分は、いろいろな人とのかかわりの中で生きているんだ！という実感」(2005.11.12)を切実に味わってもらうために異学年交流は出発した。

4．国語科での取り組み

　国語科でのコミュニケーション能力の育成は、取り立て指導ではなく、「はる」「おはなしよんで」という絵を見ながら、子どもたちが気軽に隣の人と話し合うという形で開始されていることも特徴的である。子どもたちが保育園や幼稚園で自然に対話していたときの様子を再現するような形式である。

　〈事例8〉は入学当初4月における子どもたちの対話の様子である（〈資料10〉）。

〈資料10〉

〈事例8〉
C2　さるかに合戦。/C1　さるかに合戦でしょ。で、これは金太郎でしょ。/C2　金太郎で。/C1　で、これは、えっとあれ。/C2　三匹の、/C1　三匹の子ぶたで、/C3　つるの恩返し。/C1　でこれは。/C2　赤ずきん。/C1　赤ずきんでしょ。でこれは。/C2　おおかみの話。/C3　ねえねえ、なんで？ももちゃんも。/C1　違う。これは赤ずきん。これは赤ずきんでしょ。これが三匹の子ぶた。そして/C3　ねえねえ。（C1の腕を揺さぶる）/C1　（C2に向かって）これ、これなんだっけ。/C3　ねえねえ。/C1　（C2に向かって）うさぎとかめ。/T　うさぎとかめいた？/C3　（先生に向かって）これは？つるの恩返し。/T　知ってた！/C3　（先生に向かって笑う）/C2　はい。（手を挙げる）/C1　（C2に向かって）あっこれ。/C2　わかった。

5．国語科と他教科との関連

　以上のように、橋本教諭が用いたコミュニケーション能力育成のためのカリキュラムは、子どもたちのコミュニケーション能力の育成を入門期の学校生活全体で、家庭との関連を緊密に取りながら行われていることがわかる。
　それは、例えば、2月の国語科の「どうぶつの赤ちゃん」の学習が「自分の赤ちゃんのころについておうちの方にインタビューしてくる」という取り組みから始まり、「朝の会」での「自分の赤ちゃんの頃の話」と関連づけられ、後述するような道徳の「いのち」の学習と関連づけられながら進行されていることからも窺われる。子どもたちの内に話したくて仕方の

ない状況が準備され、学習が進められているのである。

ここでは、論理的思考力育成を目標にした1年生の説明的文章「どうぶつの赤ちゃん」の授業前に、道徳の学習でどのような家庭との連携が行われたのか記すこととする。

　(1)主題名　たいせつなあなた　　　　《3 −(2)生命尊重》
　・資料名「おかあさんになるってどんなこと」（ＰＨＰ研究所出版絵本
　　：内田麟太郎・文，中村悦子・絵）
　・本時のねらい
たくさんの愛情を受けながら生まれ育っている自分自身の存在に喜びを感じ、「いのち」を大切にしようとする心情を育てる。
　・本時の主な工夫点

> ○　題名やキーワード等を自分たちの具体的な体験と結びつけて話し合う等、自分自身と重ね合わせやすい内容の絵本を活用する。

○　絵本の世界に浸り、これまでの学びや体験等を出し合うことで、お互いをわかり合いながら、「自分は大切な存在なんだ。」ということを実感し合った。
○　保護者の話や手紙・五七五づくり・返事書きのどれもが自分と直結し、「いのちの大切さ」を感得できた。
○　この日の学びを親子で練り上げ続け、2年生になって詩や作文を書く子どもたちが多かった。

　1年時は、絵本「おかあさんになるってどんなこと」での道徳学習において、「大切な我が子へ」の手紙を綴ってもらい感動に浸ったり、「くまの校長先生（校長がくま役で協力）」で共に涙したりした。

　2年時、1学期は、絵本「おかあさんおめでとう（くまの子ウーフシリーズ）」を使った学習が展開され、子どもたちは、「おかあさんにとっての最高のプレゼントは、元気いっぱいの自分なんだ。」と実感した。2学期は、

第5章　コミュニケーション能力の形成

・学習の流れ

導　入	展開前段		展開後段		終末

導入：お母さんの気持ちになって「ラヴ　ユー　フォーエバー」♪を歌おう。

展開前段①：おかあさんになるってどんなこと。

展開前段②：「ぎゅっとだきしめられたこと」等みんなあるよね。

展開後段①：○○さんのお母さんのお話を聞いて感想交流をしよう。

展開後段②：お母さんからの手紙のすてきな言葉や感想を発表し合おう。

今日の心の学習を振り返って、五七五に表現しよう。

終末：連絡帳で心に残ったことを聞こう。

事前：保護者に、自分の子どもに手紙を書いてもらい、内緒にしておいてもらった。

「がんばったね。」って抱きしめてくれるよ。通知表を見てお母さんは「成長したね。」って泣いたんだよ。

「ぎゅっ」は「大切なあなた」のしるしだね！

☆「ぼくたちは　おかあさんたちの　たからもの」
☆「ぎゅぎゅっとね　いのちと心　つながるよ」

事後：夜、おうちの人と五七五をもとに「大切な自分（いのち）」について対話を深めた。翌日、おうちの人へ返事を書き、参観日に手渡した。

お母さんからの
手紙に大感激

僕の名前は、おなかの中にいた僕の生命(いのち)を救ってくれた病院の先生の一字をもらったんだって。

僕の前におなかの中の赤ちゃんが亡くなって、その後僕が生まれたから、僕は二人分の「いのち」です。

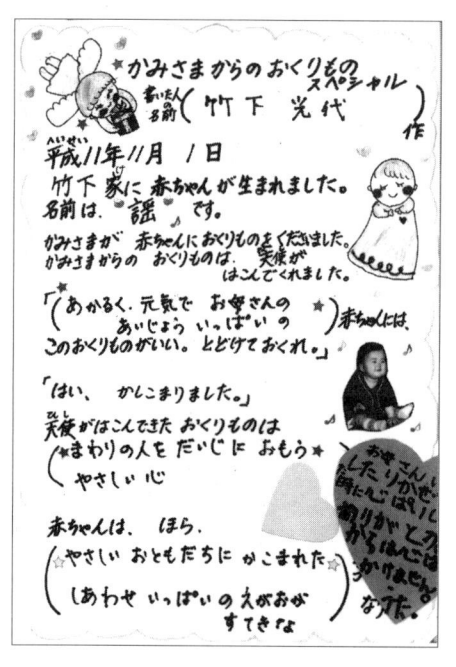

第二部　入門期の学習指導に関する臨床的研究

絵本「かみさまからのおくりもの」のスペシャルバージョンとして「かみさまからの我が子へのおくりもの」を子どもたちが創作し、「生命尊重」の授業に活用した。その他「ごめんねともだち（校長が狼役で協力）」「ぽんぽん山の月」等の絵本による道徳の時間の学び合いを親子で共有する授業が行われた。また、橋本学級ではどの公開授業等でも、保護者等（参観者）との対話が積極的に取り入れられ、価値の共有化と広がりが図られている。

　３年生になってからも（橋本教諭は2006年……１年生、2007年……２年生、2008年……３年生と同じクラスを持ち上がっている）、１学期は、「耳の聞こえないお母さんへ」で家族の強い結びつきについて子どもたちは学習し、終末でお母さんへ詩のプレゼントをした。また、「よかったなあ」（まど・みちお）を親子で一緒に読み合いながら、その場で収穫した胡瓜の「いのち」を感じながら味わった。２学期は、「ぼくの生まれた日（ドラエもん）」とそれぞれの「命名」の話を通して、「家族の願い」を知る学習をした。

第5章 コミュニケーション能力の形成

親子で
インタビュー探検

親子で五七五作り

イ その他の、家庭との連携を図った授業や集会等

　低学年時の生活科の町探検、3年になってからの総合的な学習の時間における「いのちを大切にする本荘の町」インタビュー探検、「牛のいのちのつながり」探究・体験活動、学級活動（健康教育、性教育、人権教育等）、心の声集会、わくわく集会等々、あらゆる教育活動において、可能な限り、家庭との連携が図られている。

6．まとめ

　以上、橋本教諭の入門期のコミュニケーション能力の育成には、第1部で見てきたような入門期の以下の指導原理が息づいていることがわかる。

1．教室内での教師と子どもの対話、子ども同士の対話というマイクロシステムレベルの環境のデザイン
2．子どもが参加している家庭と学校という相互関係としてのメゾシステムレベルでの環境のデザイン
3．子どもを媒介にしながら教師と保護者をつなぐ学級通信などのエクソシステムレベルでの環境のデザイン
4．社会と自己を結び、どう変革を目指すのかを視野に入れたマクロシステムでの環境のデザイン

第二部　入門期の学習指導に関する臨床的研究

以上の四つのレベルに見られるように、子どもの言語発達を社会的文化的文脈の中で切り結ぶ環境デザインとして機能させようとしているところに特徴がある。

第2節　橋本学級の朝の会における言語発達

1．はじめに

本節では、2004年度から参与観察に入っている橋本学級の4月から9月という縦断的視点に立って、「朝の会」における子どもの言語発達がいかなるものかを究明していきたい。

研究方法としては、毎週金曜日に参与観察に入った朝の会の6月と9月段階の教師の発話機能の変化に着目して分析を行う。そして、入門期の子どもの言語発達にとって、言語環境としての教師の指導はどうあるべきかを探っていきたい。

2．朝の会を通しての子どもの変容

まず、教師の発話の機能カテゴリー[1]を〈表1〉のように設定し、6月と9月の変化を見てみよう。

表1

カテゴリー	基　　　準	発　話　例
説　　明	内容や意味をよくわかるように話す。	まさとさんのおかあさんは文化委員なんです。6．13
指　　示	次に行うべき子どもの発言や行動を、直接的に示す。	日直さん、前に出て。6．13
促　　し	次に行うべき子どもの発言や行動を直接的な指示をせずに間接的に示す。	さあ、日直さんどうぞ。6．13
代　　行	子どもが発言すべきことを代わりに発言する。	無言の子どものかわりに「ようすけにいさんですね。」6．13

繰り返し	子どもの発言をそのまま繰り返す。	子どもが「ありがとうございます。」といったあとに同じ言葉を繰り返す。6．13
修　　復	子どもの発言を、文法的に正確な形に直したり、内容を補う形で繰り返す。	「サッカー」と子どもが言ったあとに、「サッカーをしました。」6．13
精緻化	子どもの発言について、内容的により深める。	「ゲームオーバー」の子どもの発言の後に、「一人では使えないってことでしょ。」9．29
質　　問	質問形になっている発言を全て含む。	「どこにやりましたか？」6．13
注　　意	子どもの発言や行動について気をつけるように言う。	「それはだめです。」6．23
賞　　賛	子どもの行動や発言をほめる。	「すごいですね。」6．13
コメント	子どもの発言に対して、教師の個人的な感想を言う。呼びかけ。応答を含む。	「さあ、しっかり聞きましょう。」6．13
そのほか	教師の独り言や指名	「つかまえることはしなかったのね。」9．29

　この発話機能のカテゴリーについて、6月と9月とを比較したのが〈表2〉である。

　橋本学級の朝の会は、係りの挨拶→日直の紹介→日直の一言→健康観察（子どもたちが次の人へつないでいくスタイル。子どもたちは自らの健康状態について報告し、一言感想を言う。それに他の子どもが関わって自然な発言が生成される）というスタイルが基本であり、それに先生の特別な話が加えられたり、子どもたちの特別な発言が加わったりする形で進行する。

　6月と9月とで、発話数が大きく異なるのは、橋本教諭が、入門期のクラスづくりの主眼を人と関わることにおいており、その関わりの中で子ども側からの言葉が生み出されることが重要であると考えているからである。したがって、6月中旬くらいまでは、朝の会がどの子にとっても自分の居場所を見出せるための子ども相互の関わり合いの場であった。そして、

第二部　入門期の学習指導に関する臨床的研究

表2

発　話	6月13日		9月29日	
説　　明	11.8%	(45回)	12.1%	(7回)
指　　示	1.8%	(7)	0%	(0)
促　　し	5.0%	(19)	19%	(11)
代　　行	2.4%	(9)	0%	(0)
繰り返し	2.9%	(11)	6.9%	(4)
修　　復	7.6%	(29)	3.4%	(2)
精緻化	6.6%	(25)	10.3%	(6)
質　　問	22.6%	(86)	17.2%	(10)
注　　意	0.8%	(3)	0%	(0)
賞　　賛	4.7%	(18)	1.7%	(1)
コメント	32.4%	(123)	27.6%	(16)
そのほか	1.3%	(5)	1.7%	(1)

　その朝の会で、どの子どもも表現できる場を保証していた。そのために4月～6月中旬くらいまで朝の会の時間を長くとっていたために、発話の数も多くなっている。
　次に、〈表2〉から、橋本教諭の発話の特徴として、6月と9月を比較して変化が顕著に見られる以下の3点に着目して考察を行う。
① 発話に多用される「質問」の意味
② 発話に見られる「促し」の増加の意味
③ 発話に見られる「修復」の減少と「精緻化」の増加の意味

(1)発話に多用される「質問」の意味
　4月段階では、橋本教諭が子どもたちの名前を呼び、一人ひとりに関わる時間が持たれた。前述のような朝の会のスタイルが形式化されていったのは5月の末くらいからであった。
　朝の会の参与観察で気づかされた橋本教諭の特徴的な発話の一つとして、多用される「質問」をあげることができる。ここで一つ説明をしておく必要があるのは、橋本教諭の場合、この「質問」は教師から子どもへ向

けての一方向の機械的な質問ではなく、子どもに語りかけていくような問いかけ、そこに子どもの応答を期待し、実際に応答が促されていくような「質問」であるということである。

例えば、4月19日では、「今日はおうちの方たちがみなさんの授業を見に来られます。楽しみですね。」というふうに子どもに語りかけている。

こうした発話は次第に子どものものとなり、6月13日には、〈事例9〉の傍線①に示すように、「今日は天気がよくてよかったですね。」という発話が子どもから発せられている。子どもたちの言葉を橋本教諭が受け止め、その子どもの言葉から教師が質問し、話題を子どもたちに投げかけ、子どもたちの言葉が生成される契機をひらいているのである。

こうした教師主導の取り組みのあとに、朝の会が子どもの司会によって進行するスタイルがとられるが、まだまだ子どもたちは十分に自分の力で進行することはできない。そういうとき、橋本教諭は次のように子どもと子どもを教師がつなぐ役目をしながら朝の会を子どもの側に次第にゆだねていこうとしている。6月13日の段階を例に述べる。

〈事例9〉
T　今日は3、4で行きます。はいじゃあ。あやのさん、朝の会をお願いします。/T　はいじゃあ一番はようこさん/あやの　ようこさん……え？ようこさん、今日の反省を話してください。/ようこ　はい。/T　さあ日直のようこさんどうぞ。/ようこ　今日は6月13日の火曜日です。日直はあやのさんです。みんなでいいましょう。/T　さんはい。/ようこ　さんはい。/C　今日は……/C　6月。/T　「今日は」から、さんはい。/C　今日は、6月13日火曜日です。日直はあやのさんです。/T　がんばってください。/C　か～め～は～め～は/ようこ　今日は、てん、今日は忍者ごっこがありますよね。今日は天気が良くてよかったですね。①/T　はい。楽しみです。今日は忍者ごっこ何に挑戦したいですか。②昼休み。

ここでも、4月の頃から橋本教諭が貫いてきた姿勢が見られる。傍線①の子どもの言葉を、教師は②のように受け、それを受け止め、さらに、子

第二部　入門期の学習指導に関する臨床的研究

どもに質問の形で返している。

　このように橋本学級の子どもの言語発達は、教師が子どもの言葉を受け入れ、それを質問の形で子どもたちに返し、それに子どもたちそれぞれの反応が話し言葉で返ってくるという往還的な取り組みの中で行われている。

　さらに、〈表２〉から窺えるように、橋本教諭の発話で特徴的なことは、指示や注意という教師側からの一方向の発言行為が少なく、コメントが多発されている点にある。

〈事例10〉
ようすけ　ようこさんどうぞ。/ようこ　やる気まんまんです。だって、今日ようすけさんと同じでさちこさんとサッカーをしたからです。/T　あーサッカーしたんですね。①昨日サッカーの試合があったの、皆さんは見ていないよね。/C　見てません。みよこさんが見たって言ってます。/みよこ　お兄ちゃんが見てた。/T　お兄ちゃんが見てたの。残念ながら負けちゃったんですよね。/Cあっそれ、お父さんから聞きました。/C　ママから聞きました。ママから。日本負けたって。/C　１－３だって。/T　そうなんですよ。②でも、一回ぐらい負けてもそこであきらめちゃいけないよね。まさとさんね。

　〈事例10〉の傍線①②のように、橋本教諭は必ず子どもの発言を受け入れ、それにコメントを発しているのである。

　以上、橋本教諭の発話の特徴として、「質問」を多発し、返ってきた子どもの言葉に「コメント」という形で受け入れている様子を見ることができる。

　こうして６月段階では、子ども→教師→子どもというように、子ども同士の間に言葉が生成するために教師がその橋渡しをするような発話が多く発せられていたのが、９月になると〈事例11〉のように子ども同士の発話のつながりが多く見られるようになっていった。

第5章　コミュニケーション能力の形成

〈事例11〉
C　みよこさんどうぞ。／みよこ　今日は9月29日金曜日。日直はさちこさんです。がんばってください。／C　（みんなで復唱）／みよこ　今日は晴れです。(次に何を言おうか考えているらしく、しばらく沈黙が続く。橋本教諭はその様子をじっと見守っている)①ようすけ　自分で考えたことを言ったらいいよ。②／みよこ　いっぱいあせをかいて元気に遊びましょう。／T　汗がでるまで遊びましょう。今日、体操をした人。／C　はあい。／T　このごろ先生が一番遅いくらいにみんな早くなりましたね。／さちこ　今から健康観察をします。ようこさんお願いします。／C　はあい。／ようこ　今日の体の調子はどうですか。／C　ベリーベリーベリー。／ようこ　心の調子はどうですか。／C　ベリーベリーベリー。／ようこ　みちさんからどうぞ。／みち　はい。スーパースーパーやる気満々です。だって昨日の話でもいいですか。③／C　はい。④／T　はい、いいですよ。どうぞ。⑤／みち　昨日。なかやまみこに行ってすいとうを忘れたとき、やまびこに帰るとき蛍を見たからです。／T　えっ？　光っていましたか。／みち　（無言でいいえ）／T　蛍ほんものをみたことある人。／C　はあい。／T　きのうは二回も見ましたか。よかったですね。／C　本物見たことある。／T　見ましたか。つかまえることはしなかったのね。では、まだそのへんにいるかもしれませんね。では蛍さんに一言どうぞ。

〈事例11〉の①で、みよこが次に何を言おうかと迷っているとき、②のように、ようすけが促すことばを発している。

さらに、9月になると、③のように子どものほうからみんなに問いかけ、それに④のように他の子どもが応じ、話が進展している。こうした子どもと子どもの関わりが、〈事例12〉の①②③④⑤⑥のような子ども同士の言葉の連鎖へとコミュニケーションとしての言葉が形成されていっていることが窺われる。

〈事例12〉
みよこ　さちこさんどうぞ、／さちこ　はい。スーパーやる気満々です。理由は二つあります。言ってもいいですか。①／C　はい。どうぞ。②／さちこ　今日、みよこさんとじゃんけんをしながら来たからです。③／C　何回

勝ちましたか。④/さちこ　7回。⑤/T　ああ。数えたんですか。楽しかったですね。/C　楽しかったですね。⑥/さちこ　二つ目は、昨日のことでもいいですか。/C　はい。/さちこ　昨日は、やまびこでようすけさんやはやてさんとかるたをしたからです。/C　よかったですね。/T　何のかるたをしたんですか。/さちこ　ひらがなが出るの/T　ひらがなが出るの。/C　ひらがなができるのは面白いですよね。

(2) 発話に見られる「促し」の増加の意味

　また、6月と9月の違いとして「促し」が6月よりも9月のほうがずいぶん増えていることがわかる。これは、〈事例11〉の⑤「はい、いいですよ。どうぞ。」のように、子どもの次なる言葉を誘っていくうえで効果的に働いており、6月よりも9月のほうが教師が子どもの言葉を待つ姿勢が見られる。

(3) 発話に見られる「修復」の減少と「精緻化」の増加の意味

　さらに、「修復」が6月よりも9月が減り、「精緻化」が6月よりも9月が増えているのは、子どもの言語発達が進行していることを示していると考えられる。

　例えば、6月では、〈事例13〉の①のように子どもたちが単語でものごとを指し示し、それに対して教師が②のように文章として補足するという発話状況が見られた。

　〈事例13〉
　さちこ　ふたつめは、ふたつめは朝からポテトサラダを食べてきたからです。/T　おいしそうですね。おいしかったですか。/ようすけ　まえ、ぼくポテトサラダを食べたいって言った。/れん　ぼくも。/さちこ　にんじん入ってる。/T　にんじん入ってますか。にんじん。/さちこ　はい。/まさと　きゅうりも。①/T　きゅうりも入ってた。②/C　ポテトも入っていた。

　こうした発話状況であったのが、9月になると、〈事例14〉のような発話が見られるようになった。

第5章　コミュニケーション能力の形成

〈事例14〉
　　ひろし　二つ目は。/T　二つ目は。/ひろし　二つ目は、遊びゲームを思いつきました。/T　説明できますか。/ひろし　(前に出ながら)あのね。フルーツバスケット。/C　フルーツバスケット。/T　そう？/ひろし　うん。/T　わかる人。/C　はあい。/C　知ってる。/ひろし　椅子を。①/T　椅子を一個？②/ひろし　椅子を一個はずして、③/C　はずして。/ひろし　残りがなくなったらゲームオーバーです。④/T　ゲームオーバー。一人では使えないってことでしょ。⑤/C　そうです。

　ここでは、フルーツバスケットについて説明しているひろしの発話③について、教師が④のように教師なりの解釈を加え、説明を精緻化している。
　ひろしは、4月に韓国から来たばかりでまだ日本語が十分ではない。したがって、①のようにひろしの発言は単語で終わりがちであった。こうしたひろしの発話状況のもと、教師が思わず②のように促しの言葉を入れている。
　このように、教師の促しの言葉によって、子どもたちに「二次的ことば」としての説明の言葉が9月までに浸透していった。それだけ教師の言葉は入門期の子どもにとって、信頼し得る、内面化されやすい言葉であると考えられる。
　橋本学級において、こうした朝の会は日常的な言葉の生成の場であり、子どもの言語生活を耕す場であったことが分かる。
　もちろん、読み聞かせや国語の授業における教師の誘いが子どもたちの言語発達に関して重要な働きをしていたことは言うまでもない。次に、その実際について見ていくことにしたい。

注
(1)　清水由紀・内田伸子(2001)「子どもは教育のディスコースにどのように適応するか——小学1年生の朝の会における教師と児童の発話の量的・質的分析より——」(『教育心理学研究』49, 314-325)の教師の発話のカテゴリーを参照している。

第二部　入門期の学習指導に関する臨床的研究

第3節　コミュニケーション能力（レベル1・2）育成のための足場づくり

1．研究の目的

本節では、入門期の教室談話に焦点をあて、子どものコミュニケーション能力の発達のあり様を明らかにするとともに、その育成のための要件を考察することが目的である。

なお、研究の前提として、先にも述べたように、コミュニケーション能力を他者との関係性の中で育成されるものであるという社会文化的アプローチによる発達観をとる。特に、近年のヴィゴツキー理論の捉え直しによる足場づくり、媒介・援助された学習として入門期のコミュニケーション能力の発達における教師の役割の重要さに注目することにする。

入門期1年間のうち、教室コミュニケーションの基盤となる時期であり、教師が子どもと子どもをつなぐ関係づくりの時期である4月から7月をレベル1とする。そして、レベル1を基盤として教室コミュニケーションの形成へ向かう発話の連鎖を生み出すために、教師が子どもの発話と発話をつなぐ9月から12月をレベル2とし、それ以後を発展としてのレベル3と位置づける。

以下では、入門期の教室コミュニケーションの形成において重要だと考えられるレベル1とレベル2における子どものコミュニケーション能力の発達と足場づくりとしての教師の役割について考察を加えることとする。

2．研究の方法

参与観察を行った橋本須美子学級（熊本市立本荘小学校1年1組）の教室談話を分析する[1]。

まず、3では、レベル1の段階における国語科の学びの様子（「名人の席」による「二次的ことば」への移行）について考察する。

次に、4と5では、レベル1・2の教室談話を分析するための視点とし

て、ミーハン（1979）の「ＩＲＥ連鎖」の枠組み[2]を用いて、5月、6月、7月、9月の本の読み聞かせ（本書では「読み聞かせ」を読み手と聞き手の相互作用によるコミュニケーションと捉える）及び10月の「じどう車くらべ」の授業における「ＩＲＥ連鎖」の縦断的な分析と考察を通して、教師の談話の特性とそこから育成された入門期の子どもの認知の発達のあり様を看取ることにしたい。国語科の授業だけでなく、なぜ読み聞かせをコミュニケーションの分析対象とするかというと、声を出して子どもに本を読むという活動は、社会的に作られた相互作用的な活動であり、この行為そのものがコミュニケーションとして捉えることができるからである。さらに、橋本教諭自身も、読み聞かせを子どもとの対話的な場であり、対話的コミュニケーションを広げる場として捉えているからである。この際、マーサー（1996）が提示した話し合い過程全体を特徴づける話し合いの類型として、低学年で見られる「累積的会話」の概念をもとに分析を行う[3]。

3．国語科の学びを通した子どもの言語発達

(1)「二次的ことば」[4]を誘う4月、5月、6月段階の取り組み

　4月、5月と橋本教諭の国語科授業では、絵を見て、あるいは言葉遊びを通して、あるいは、詩との出会いを通した身体を通した読みによって、実感として言葉に出会うという工夫が行われていた。そして、子どもと言葉との出会いに、子どもの表現活動が随所に取り入れられていた。

　5月になって教科書の絵を見ながら語彙を増やす学習が始まった。教科書では、「あおい」「うえ」「え」「あう」「あいうえお」という文字が書かれ、その背景に、青い空に飛行機が飛び、その下には女の子が家の窓から外を見ている。そして、外では男の子と女の子が行きかっている。

　橋本教諭は、その絵をもとに、子どもたちの語彙を増やす学習を進めた。まず、橋本教諭はクラスの中で言語発達が上位であり、他者へ向けて物怖じせずに説明することもできるようすけを指名した。

　このころになると、橋本教諭の国語科授業では、子どもたちが他の子

もたちに向かって説明するという「二次的ことば」を誘う手だてをとるようになった。

　４月まで、子どもたちは席についたままで、橋本教諭に誘われるように発言をしていた。ともすれば橋本教諭と子どもとの対話になりがちな子どもたちの実態を捉え、４月段階で橋本教諭は、子どもたちが発言する際にマイクを活用し、他者へ向けて言葉を引き出そうという状況づくりを行っていた（87頁も参照）。子どもたちはマイクを差し向けられると、自然に大きな声で説明するという言語行為が引き出されていった。しかし、そこでは、単語の羅列や子どもたちの生活言葉「一次的ことば」[5]による表現が多かった。４月段階では、橋本教諭は、まずは子どもたちが自分の声を発することのできる状況づくりに努力していた。

　それが、５月を迎える頃には、子どもたちの発言が教室という場を共にしている他の子どもたちへの説明行為として成立するような言語発達を他者とのかかわりを通して具現化しようとしていた。

　ようすけを指名した橋本教諭は、「今日は名人の席で発表してもらいましょうか」と前の椅子の席にようすけを誘った。ようすけはその席に座るなり、教師や他の子どもたちへ向かって〈事例15〉のように発言を始めた。

〈事例15〉
ようすけ　あおいそら　　　/C　あおいそら
ようすけ　やねのうえ　　　/C　やねのうえ
ようすけ　えんとつのえ　　/C　えんとつのえ
ようすけ　りんごのえ　　　/C　りんごのえ
ようすけ　家が建つ　　　　/C　家が建つ
ようすけ　ともだちとあう　/C　ともだちとあう

　ようすけの発言の後に、〈事例15〉のように、他の子どもたちの発言が続いた。それまで他の子どもたちの発言は単語にとどまっていたのだが、ようすけは文を発表し始めた。その様子をすぐに橋本教諭は、次のような問いで子どもたちへ返していく。

第5章　コミュニケーション能力の形成

「どんなところがすごかったか、わかった？」
　この橋本教諭の問いかけに、愛子が「友だちに会うといったのがすごかったです。」と答える。「ただ会うというのではなくて、友だちに会うというふうに文にして答えたのよね。すごいね。こんなふうに答えることができるようになってきました。では、次はひろこさんどうぞ。」と、今度は、まだ他者意識も、そして言語行為も心もとないひろこを指名し、ようすけと同じように名人の席に誘った。
　橋本教諭のこうした行為は、何気ない行為のように見える。しかし、橋本教諭の子ども理解の確かさとどの子どもも教室の中で、自分の存在感を持たせ、自信をもって自己表現できるようにするための教師としての力量のなせる業であると思われる。
　どの子どもも表現することを望んでいる。しかし、どのように表現すればよいのかという術がわからずに、あるいは、自信のなさが表現する機会を失わせ、その結果が豊かな言語発達を阻害していることがある。橋本教諭がようすけをまず指名したのは、ようすけがこれからしようとする学習において、みんなを先導してくれる存在であるという捉えがあったからであろう。そして、ようすけの発言をみんなへ広げていくような考える場が設定され、子どもたちの表現は「単語」から「文」へと広がっている。さらに、ようすけのあとに、言語発達にまだ問題を抱えているひろこを指名し、ようすけと同じように「名人の席」へと誘っている。
　橋本学級では、他者へ言葉を開くための装置として「名人の席」を設けている。それは、どの学習者にも自分の存在感を確かめられるような安心した場で話せるようにする座席である。そこに座って話すことは自然に他者に説明する行為を促すことになる。
　「名人の席」という場所。まだまだみんなへ向けての言葉が十分に発達しきれてはいない未熟な言語行為者ではあるが、どの子も発言したい、表現したいという意欲にあふれている1年生。そのどの子にも表現する機会を安心した場、学習者が自分の存在感を確かめられる場の中で達成させようとしている配慮は、言語発達をもたらす場の工夫として注目したい。

105

第二部　入門期の学習指導に関する臨床的研究

　5月のこの日の国語の授業時間、橋本教諭は言語発達にまだ問題を抱えているひろこを指名し、「名人の席」へと誘っている。
　ひろこは発言を始めた。もちろん、ようすけのようにはいかない。言っては口ごもり、沈黙の時間が来る。その時間、橋本教諭はけっしてあせらせない。その待ちの姿勢が子どもたちにも友達の言葉をじっくりと待ち浸る時間の大切さを、体を通して味わわせていく。それでも言葉がひろこの口から出てこないと、傍に寄り添うように座っている橋本教諭がひろこに、〈事例16〉の傍線①のように「直接的対話」[6]で尋ねる。ひろこは、教室の中でも一番安心して受け入れてくれる存在である橋本教諭の問いかけに思わず答えていく。しかし、ひろこのまなざしは、橋本教諭のほうにのみ向けられ、橋本教諭のみに言葉を返していった。そのひろこから返された言葉を、橋本教諭はひろことみんなの両方に向けて応答していく。その言葉が他の子どもたちに伝わり、傍線②のようにみんなからの応答がひろこに響いていく。

　〈事例16〉
　ひろこ　空の上。/T　空の上には何があるんでしょうか？①/C　ひこうき。②/ひろこ　上を見る。/T　いいこと言いますね。/ひろこ　家に入る。/T　家に入る。/C　あっ、えんとつ。/ひろこ　えんとつからけむりが出る。/ひろこ　歩いているときに、人に会う。/T　ひろこ先生、たくさんでましたね。/ひろこ　りんごのえがかざられている。/ひろこ　あおいそらからみるひこうき。③/T　青いのは空かな？　ひこうきですか？④/C　そら。⑤/T　じゃ。ひこうきからみるあおいそらって言ったほうがよさそうよ。⑥/ひろこ　ひこうきからみるあおいそら。⑦

　まだ言語発達が十分ではないひろこは、傍線③のように構文上の誤りをおかす。それを橋本教諭は傍線④のように、ひろこと他の子どもたちに尋ねる。すると、他の子どもたちが傍線⑤のように応える。それを受けて橋本教諭は傍線⑥のように、正しい構文を対話的に発している。この対話的に発せられている言葉はひろこに抵抗なく受け入れられ、傍線⑦のように

第5章　コミュニケーション能力の形成

〈資料11〉〈名人の席〉の学習環境のデザイン

ひろこの言葉として発せられていく。こうして、橋本教諭を媒介にしながら、ひろこは最後には笑顔で他の子どものほうを見ながら言葉を交わすようになっていった。

　「名人の席」という場所、そして、安心して話ができる橋本教諭の存在。名人の椅子に座っていることによって、ひろこは自然にみんなに対して発言している位置が保障されていた。そして、橋本教諭を媒介にしながら、最後にはニコニコと笑顔で他のみんなと言葉を交わすようになっていったのである。この数分の中での出来事は、先に述べたキャズデン（1988）の三つの機能を合わせ持っているものであり、自分の言葉で語り始めた「存在証明」としての言葉は、教室における他者との社会的関係性を橋本教諭の援助のもとに構築したことによって、「二次的ことば」という認知面を促進したことになる。

　橋本教諭が入門期の子どもたちの言葉を開くために教室に設置していた「名人の席」。そこで行われた教師と一人の子どもとの「直接的対話」[6]は、「名人の席」を取り巻く他の子どもたちにとっては、その対話を聞く活動を促し、さらに、他の子どもたちへ説明しようという「間接的対話」[7]を自然に引き起こす作用を引き起こしていた。

　入門期の言語発達を促すためには、この自他関係を捉え直す営みがなければ、自らの言葉を他者との関係性の中で発達させていくことはできない。橋本教諭の教室では4月から7月まで、この「名人の席」がいろいろな子どもの言葉を他者へひらくために役立っている。この「名人の席」から、

第二部　入門期の学習指導に関する臨床的研究

子どもたちの生活体験を起点とした言葉の交流がなされていくのである。子どもたちは他の子どもの生活体験を聞き入りながら、他の子ども理解を促進している点も橋本教諭の営みの中で重要な点である。

　以上、レベル１である４月から７月の段階は、子どもたちの生活体験を起点とした言葉を、橋本教諭が子ども一人ひとりを他者とつなぎながら、教室コミュニケーションの土台となる関係づくりの中で表出させる「一次的ことば」を起点とした「二次的ことば」への誘いの段階ということができる。

４．「読み聞かせ活動」を通した言語発達
──発話の連鎖を中核として──

(1)読み聞かせの絵本の選出

　読み聞かせにおいては、その絵本の種類によって対話に変化が見られるという横山（2004）の研究結果に基づいて、橋本教諭との共同研究における読み聞かせの絵本は、小松崎・平川（2003）のブックリストの中から、低学年向けの絵本でパターンの繰り返しが見られるものとストーリーのある絵本を任意で選んだ。

(2)読み聞かせの絵本と時期

　平成18年４月から９月（夏休みは除く）にわたって、月に１回、読み聞かせの参与観察に入った。

　読み聞かせの絵本と時期は以下の通りである。

4月24日	『キャベツくん』（以下「キャベツ」）
5月1日	『はじめてのおつかい』（以下「おつかい」）
6月2日	『かいじゅうたちのいるところ』（以下「かいじゅう」）
7月7日	『のでのでので』（以下「ので」）
9月14日	『ろくべえまってろよ』（以下「ろくべえ」）

(3) 分析の枠組み

1 対話の始発……誰が対話を始めているか。
2 発話対象……対話開始発話が参加者の誰に向けたものか。
3 発話の連鎖パターン

「Ⅰ（対話の始発）-R（Ⅰへの反応）-E（Rへの反応）」の連鎖が読み聞かせの各過程にどの程度見られるのか、全ての対話を発話に分けた上でⅠ（応答のない始発発話のみの対話）、Ⅰ-R（始発発話にのみ応答のあるターン交替1回の対話）、Ⅰ-R-E（ターン交替2回の対話）、Ⅰ-R-E＋（以下、＋）（Ⅰ-R-E以降も発話が連鎖している対話）に分類した。発話は原則として、1人の発話者がターンを交替するまでのひとまとまりの言語行為と定義した。ただし対話の定義同様、言及する対象が変わったときは新たな発話の開始と捉えた。

4 発話機能

発話がどのように連鎖しているのか、ⅠREの発話機能を調べた。ニストランド（2003）によると、ⅠREの枠組みをくずしたところに教室コミュニケーションの対話的な育ちをみることができることとなるので、その特性を見出すことにした[8]。カテゴリーの作成には、鹿毛・上淵・大家（1997）、横山（2004）を参考にした。

Ⅰ（始発）……指示・発問・説明
R（Ⅰへの反応）……指示応答・発問応答・説明応答（否定・訂正）・説明応答（情報付与）・説明応答（繰り返し・問い返し・言い換え・受け止め）
E（Rへの反応）……その他・情報付与・繰り返し・問い返し・言い換え・受け止め

以下、発話分析を量的分析、質的分析の両面から進め、入門期のコミュニケーションの形成に関わる教師の役割と子どもの認知面の発達の両面から解明を行う。

(4) 発話分析：教師の発話の特性とそこから促される子どもの認知の発達

① 発話の対象
表3：発話対象

発話者	教師			児童				
発話対象	全体	児童	計	全体	教師	児童	自己	計
キャベツ	83 (71)	34 (29)	117	0	65 (70)	2 (2)	26 (28)	93
おつかい	97 (84)	19 (16)	116	2 (2)	88 (91)	3 (3)	4 (4)	97
かいじゅう	84 (72)	32 (28)	116	0	85 (89)	3 (3)	8 (8)	96
ので	70 (83)	14 (17)	84	0	70 (94)	1 (1)	3 (4)	74
ろくべえ	79 (63)	47 (37)	126	25 (21)	78 (64)	6 (5)	12 (10)	121

注：（　）は全発話数に対する割合（％）

〈教師の発話の特徴〉

　発話対象を見ると、教師は4月、5月、6月の段階では、全体に対して発話していることが多いことがわかる。これは、〈事例17〉のように、まだ教室における聞くというようなルールが身についていない子どもたちに読み聞かせができる教室状況などをつくるために全体への声かけが必要だったことがわかる。

〈事例17〉
　T　聞きましたか。はるとさんの。/はるな　（不明）/T　忘れてしまいましたか。困ったね、それは。はるとさん、教えてあげてください。何の野菜が好きですか。/はると　ぼくはね、ピーマンとね、えっと。/T　はい（相槌）/おと　ななちゃん、聞く時間だよ。/T　あ、聞く時間よねー。はるとさんのを聞いといてください。ピーマンと？/はると　きのことね、/T　きのこと！（全員を向いて）/はると　……（ほかの子どもたち隣同士で話している）/T　二つでいいですよ。ピーマンときのこが好きなのね。

第5章　コミュニケーション能力の形成

（T立ち上がる。）

〈子どもの発話の特徴〉

　子どもの発話対象については、4月と9月を比べてみると、9月になって全体への発話がぐんと増えていることが窺える。これは、入門期の子どもたちの言動がこの9月段階から急速に伸びていくこととも関わりが深く、身近な人との「一次的ことば」から多くの人へお話するという「二次的ことば」への以降が4月5月6月にじっくりと行われ、9月頃に急速に発達することが窺われる。

　子どもの発話は教師の発問に対する返答が多いが、誰という対象はなく、読み聞かせの中で思ったことをそのまま口にするような「自己中心語彙」の発話も見られた。4月段階が一番多く、次第に減少傾向をたどったが、9月では10%の現出率をみた。しかし、その質が異なることに注目したい。4月では、Table 1-1のように個人がばらばらに表出している状態であった。それが9月ではTable 1-2のように絵本の文脈に向けて意味ある発話を行っている。

Table 1

1　キャベツ	2　ろくべえ
T「そうですね。かめみたいですね。」 C「けろっけろっけろ」 C「さんびき」 C「かめだあ」	T「ところが、クッキーが降りて行っちゃったんです。どうしましょう。」 かいり「クッキーだめだろう。」 はると「かいだんだったら。」

② 始発発話の発話機能

　始発発話を分析してみる（グラフ1）と、入門期の時期は、教師の始発発話が多いことに気づかされる。教師の始発発話は、4月5月段階で指示が多い（Table 2-1、Table 2-2の傍線①②）。これは、Table 2-1、2のように、子どもたちに友だちの発言に注目させ、聞く力を高めるためのものである。

111

第二部　入門期の学習指導に関する臨床的研究

グラフ1：始発発話（I）の発話機能

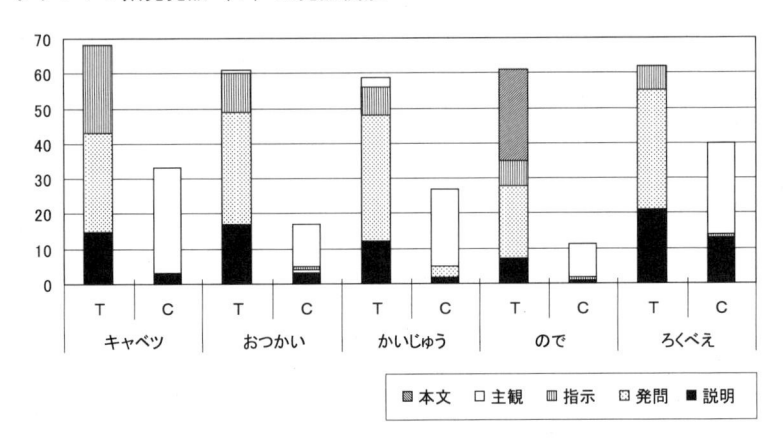

■本文　□主観　■指示　□発問　■説明

Table 2

1　キャベツ	2　おつかい	3　かいじゅう	4　ろくべえ
T「はいじゃあ、教えます。座ってください。①はい、ちゃんと座って。もうちょい下がって。ぶきゃっ。ぶたやまさんはびっくりしてしまいました。空には何にも見えません。空だけです。キャベツくんは、のみは小さいので見えません。と、いいました。あんまり小さいから見えないね。たぶんここら辺にちょこっと。ちょこっ。ちょこっ。」	T「この女の子は、この女の子はですね、名前を教えます。おとさん、座ってください。②」 C「だれ？」「あ、わすれた」「あ、しってる」「みえちゃん？」 T「あ、読んだことある人は（不明）」 C「あ、みいちゃんだ、みいちゃん」 T「よく覚えてますね、みなさん」 C「せんせい、これ見ましたよ、保育園で」	T「みんなどうする、夕ごはん抜きではいもう寝なさいって言われたらどうする？耐えれそう？」 C「いや」 かいり「あのー、泣くのを我慢して、開けろーって言う。」 T「あ、あけろー、と開けてくれーって言う。食べさせてくれーって。」 りょう「でもかぎが、かかっとる」	T「何てろくべえ心の中で思ってると思う？」 なな「何かがんばる」 かいり「ロープだよ。何か上り棒上る」 T「がんばるぞーって言ってると思う？」 れいじ「だれか、ひとり落ちて、でろくべえをつれてロープを出してっていって上る。」 T「ロープを下ろしてっていってると思う。」 おと「(不明) がん

なな「どれ～？せんせいわかりません。」		ばる」

（ゴシック体は、本文の読み聞かせを表している。以下同じ。）

　一方、どの月も同じような高い割合で発問が多用されている（グラフ1）。この発問は、Table 2-3、4のように、子どもの主観を問う発問が多い。
　子どもの認知の発達は教師の発問によって促される面があると考えられる。したがって、教師が発問の形で働きかけることは、必然的に子どもに対して認知の発達を促すことになると言える。
　そこで、教師の発問のあり方について考察を進め、子どもの認知の発達を看取ることとした。
　分析のために、発問内容カテゴリーを次のように分類した。

1　発話における発問の特性

<u>発問内容カテゴリー</u>

---
① 絵本の内容（本文・絵）に書かれてあることを問うもの。
② 絵本の内容を予測するようなもの。
③ 子どもの既有知識（体験）を表出させるもの。
④ 子どもの主観や感想・意見を問うもの。
⑤ その他

　上記の項目による教師の発問の分類結果は表4及びグラフ2のようになった。
　表4、グラフ2から、4月5月は既有知識を問う発問が最も多くを占めているが、6月9月になると、子どもの主観や感想・意見を問う発問が最も高い割合を占めていることがわかる。ここでは主観や感想・意見を問う発問の推移を見ていくこととする。

第二部　入門期の学習指導に関する臨床的研究

表4：発問内容別の量的変化

	①	②	③	④	⑤	計
4月 キャベツ	12 (20)	6 (10)	15 (25)	22 (37)	5 (8)	60
5月 おつかい	15 (23)	3 (5)	29 (45)	15 (24)	2 (3)	64
6月 かいじゅう	9 (18)	5 (10)	7 (14)	26 (52)	3 (6)	50
9月 ろくべえ	4 (8)	13 (28)	6 (13)	21 (45)	3 (6)	47

注：（ ）は合計に対する割合（％）

グラフ2：発問内容別の割合変化

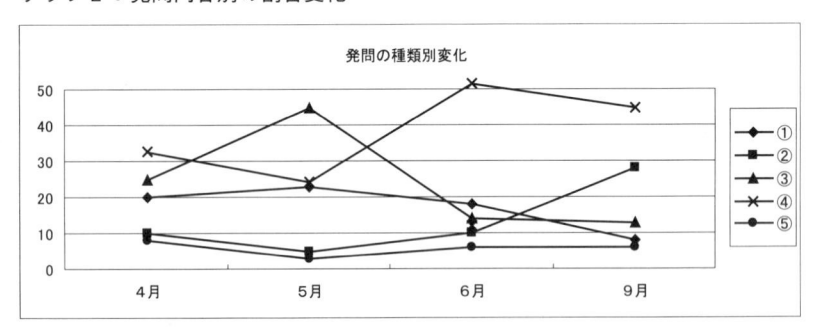

発問の種類別変化

注：グラフの数値は表1の（ ）内の数
〇囲みの数は発問内容カテゴリーに対応

　「子どもの主観や感想・意見を問う」とは、読み聞かせの中で子どもの考えや意見、思いや感想などを問うという意味である。6月、9月になると、子どもの主観や感想・意見を問う発問が断然多くなっていることがわかる。この子どもの主観や感想・意見を問う発問も、4月から9月では、そのやりとりはTable 3のように変わっていった。4月段階のTable 3-1では傍線部①のように、直接子どもの主観を問う発問である。それが、Table

114

第5章 コミュニケーション能力の形成

3-2、3では、傍線②のように「みいちゃんやりょうさんの思いに対してみんなはどう思うのか？」という問いになっており、Table 3-4の傍線④は物語の主人公である「ろくべえ」の思いを問いかけている。このように橋本教諭の発問は子どもの主観や感想を問う発問が多いのだが、②③④のような他者の視点や思いを問いかける発問が多いことに気づかされる。

B・バックレイ（2004）は、他の人々と関係を作る基盤である能力として「心の読み取り（マインドリーディング）」という概念を用いて、これを他者の視点や見え方から状況を考えるときの基盤と捉えている。コミュニケーション能力の基盤としてこのような他者の視点や見え方から捉えることができるからこそ、入門期のレベル2以降、他者の発言を受け入れ、そこから意見をつないだり、重ねたりすることができるようになると考えられる。橋本教諭の発問の特徴は、とくに4月から7月段階、教室での子どもと子どもをつなぐために、「～さんは～だが、みんなだったらどんなふうに思う。」という「心の読み取り（マインドリーディング）」を育てるコミュニケーション能力育成のための基盤づくりを発問によって行っていると言える。この際、橋本教諭は子どもの主観、つまり子どもの既有の知識である生活体験に根ざした子どもの思いを起点として子ども同士を関係付けることによって、子どもたちの「存在証明」としての言葉を育てていることが特徴的である。

Table 3

1　キャベツ	2　おつかい	3　かいじゅうたち	4　ろくべえ
T「たべられたい？①」 C「やだ」 「食べられたくない」	T「つよいね。みいちゃんね。りょうさんね。みんなだったらね②、ここで泣いたかもしれん。ど～お？」 なな「泣きなが	T「このかいじゅうって。マックスも負けずに、お前を食べちゃうぞ。すごい、すごい人。みなさんお母さんから怒られた時に、あばれちゃだめよ、怪獣み	T「何てろくべえ心の中で思ってると思う④？」 なな「何かがんばる」 かいり「ロープだよ。何か上り棒上る」 T「がんばるぞーって言ってると思う？」

第二部　入門期の学習指導に関する臨床的研究

| | らとりに行く」
T「泣きながらとりに行きますか、ななさん。」
もえ「なきません」
なな「ハンカチ持ってったらね、血とかふいてから、起き上がって、とる」 | たいじゃない、ってマックスみたいに言われた時に、お前を食べちゃうぞ、と（言ったりしますか）③。」
C「いやだ」「いわない」
T「じゃあ、すごい元気なんだ」
れいじ「おかあさんは大事なお母さん」 | れいじ「だれか、ひとり落ちて、でろくべえをつれてロープを出してっていって上る。」
「ロープを下ろしてっていってると思う。」
おと「(不明)がんばる」
T「がんばるぞって言ってると思う？あいさんどう思う？」
あい「ろーぷをおろして」
りょう「えっと、だれかきてーって」 |

　4月段階では、教師は、子どもの主観に直接尋ねる形でTable 3-1のように「たべられたい？」と尋ねる。それに対して子どもは単発に感情を発しているような反応である。5月6月段階では、「みんなだったら？」という問いに対して、自分の思いを文章として返そうとしている。それが、9月になると、教師の問いも「物語の登場人物に気持ちを問う発問へと高まり、子どもたちも登場人物の気持ちを想像しながら発言を重ねている。

　以上のように、4月、5月では、子どもたちの既有の知識を契機に子どもたちから発話が発せられている。子どもの生活的な実感から話が始まるように工夫が成されているのである。こうした子どもにとって、「わたし」のことから話すことができる経験が話す力を高めることにつながるし、聞き合うという興味や意欲を持たせることになると思われる。

　このように、本実践におけるⅠ発話は「発問」機能を中心に、子どもとの活発なやり取りが行われていることがわかった。

③　R・Eの機能における教師の発話の役割と子どもの認知の発達
　Ⅰに対するRの反応で特徴的なのは、グラフ3からもわかるように、4

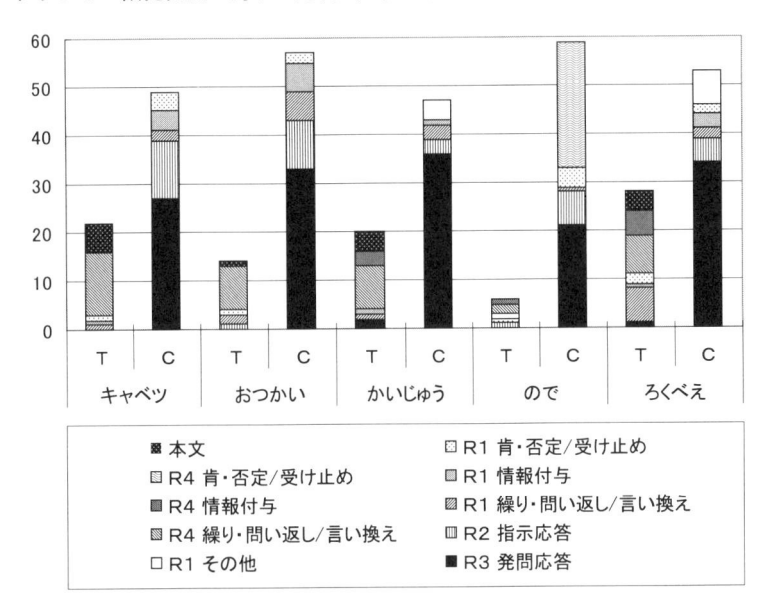

第5章　コミュニケーション能力の形成

グラフ3：始発発話に対する応答（R）の発話機能

- 本文
- R1 肯・否定/受け止め
- R4 肯・否定/受け止め
- R1 情報付与
- R4 情報付与
- R1 繰り・問い返し/言い換え
- R4 繰り・問い返し/言い換え
- R2 指示応答
- R1 その他
- R3 発問応答

Ｒ１は情報や意見に対する応答　Ｒ２は指示に対する応答　Ｒ３は発問や質問・疑問に対する応答　Ｒ４は感想や気付き、また既有知識や想像の表出に対する応答

月から９月まで教師は常に子どもの発言を肯定的に受け止めようとしている点である。さらに、子どもの発言を繰り返したり、問い返したりする発話が高い割合を占めることがわかる。４月段階では、子どもの発話は自己中心的な主観を吐露するようなものも多かったが、それらに対しても、教師はＲ４のように、子どもの思いや意見を、受け止め、繰り返し、問い返し、発話の連鎖を生もうとしている。Table 4を見ると、４月段階では、子どもの文脈には関係のない独り言のように放たれた発言「キャベツになる」というＩ発言に対しても、教師は「へびがキャベツになる？②」と繰り返すような応答を行うことによって、次なる子どもの言葉が生成されている。Table 4-3の６月では、「ちがうちがう。この、これたぶんさかあがり。このままくるっと③」の子どものＩ発言に、一端は子どもの発話を「あー

117

第二部　入門期の学習指導に関する臨床的研究

Table 4

1　キャベツ	2　おつかい	3　かいじゅう	4　ろくべえ
C「キャベツになる。①」 T「へびがキャベツになる？②」 りょう「どこがキャベツになるのかな。」 T「どこがキャベツになるのかな。」 りょう「ていうか、とぐろを巻いたら（不明）キャベツになったり。」	T「じゃあ、おつりがでるんですね。みいちゃんはままに百円玉をふたつもらって、」 おと「二百円だ。」「二百円。」 T「計算ができる!?」 C「にひゃくえん。」	りょう「ちがうちがう。この、これたぶんさあがり。このままくるっと。③」 T「あーこれね、いや、もっとね、いばってる。みてよ、ほら（めくる）。これ、肩車かな？④」 りょう「なんかさ、」「おんぶ？」 T「おんぶとかたぐるまのあいのこみたいな。」 りょう「ちがう、なんか馬に、王様が、（片手を挙げる）馬に乗って王様がそうやってるみたいな。」 T「あ、王様が馬に乗ってるときの馬の代わり。」 りょう「うん、馬の代わり。」	れいじ「あの、ジャーンプってたっかーくしてから。骨のにおいで飛べばいい。⑤」 T「骨のにおい出す？ここまで飛べるかな。⑥」 かいり「おならは（不明）」 りょう「ドックフードをつり上げたら。」

これね、いや、もっとね、いばってる。みてよ、ほら（めくる）」と受け止め、「これ、肩車かな？④」と異なる方向へさらなる考えを深めようとしている。Table 4-4の９月では、子どもの発言「骨のにおいで飛べばいい⑤」をもっと深める方向へと「骨のにおい出す？ここまで飛べるかな⑥」と促す応答を行っている。

　Eの機能としては、グラフ４からわかるように、教師は子どもの発話を新たな情報を付与しながら言い換えたり、繰り返したりする機能が多かった。橋本教諭のEの発言の特徴は、こうした言い換えや繰り返す発言が、新たな情報を付与しながら次なる発問へとつながることによって、次なる

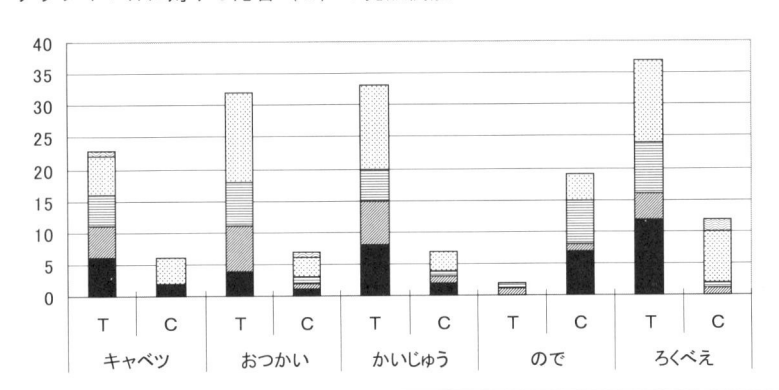

第5章　コミュニケーション能力の形成

グラフ4：Rに対する応答（E）の発話機能

	キャベツ		おつかい		かいじゅう		ので		ろくべえ	
	T	C	T	C	T	C	T	C	T	C

□ 否定・訂正・拒否　　■ 情報付与　　目 肯定・受け止め　　目 言い換え・補足　　■ 繰り返し・問い返し

子どもの発話を生み出そうとしている点にある。こうした発言の特性が教室コミュニケーションの基盤として働き、発話の連鎖を生み出していると言える。

〈事例18〉では、①のＣ１の子どもの発話に対して、橋本教諭は全体へ「どうなると思う？②」と問い返している。それに対して子どもは「おなかがキャベツになる③」とＣ１の発話を繰り返す発話をしているが、そこで、さらに橋本教諭は④のように問い返すことで、Ｃ１から⑤のように新たな意見が出てくる。それをさらに、橋本教諭が⑥⑦のように広げることで次はＣ２から、そして子ども一人ひとりへと発話が連鎖していく。

橋本教諭の発話Eは、発話を全体へ広げつつ、子ども個人の考えを言葉にさせるような働きかけを行っている。このような働きかけにより、はじめはＣ１の発話を繰り返すだけだった子どもが、次第に自分独自の考えを述べるようになっている。

〈事例18〉

T　ぶたやまさんが、じゃあ、たぬきが食べたらどうなる、と聞きました。

第二部　入門期の学習指導に関する臨床的研究

> （本文）
> Ｃ１　おなかがキャベツになるんじゃない、たぶん。①
> Ｔ　<u>ね、どうなると思う？②</u>
> Ｃ　（何人かが口を揃えて）おなかがキャベツになる。③
> Ｔ　<u>おなかがキャベツになると思う？④</u>
> Ｃ１　それか顔もキャベツになる。⑤
> Ｔ　<u>顔がキャベツになると思った？そうなるかもしれないね。⑥</u>
> Ｃ２　しっぽ。
> Ｔ　<u>しっぽもキャベツになりそう？どうなるでしょうね。⑦</u>
> Ｃ　（口々に色々話す。）

また、教師が子どもの発話を深める対話として〈事例19〉のようなものも見られた。

> 〈事例19〉
>
> Ｔ　じゃあ、かえるが食べたら、と聞きました。（本文）
> Ｃ１　かえる最初っから緑だよ。
> Ｔ　ねえ、じゃああんまり変わらないかな。
> Ｃ２　あ、かえるにね、キャベツみたいに線ができていく。①
> Ｔ　あー、かえるはもともと……
> Ｃ３　足がキャベツになる。②
> Ｃ４　あ、ここが……③
> Ｔ　<u>Ｃ２の言ったことわかった？　かえるはね、もともと緑色だから、かえるにキャベツみたいに線ができるんじゃないって。④</u>どうでしょう。
> Ｃ５　あ、はい。なんかねー、かえるっていつもグエッグエッて、グワッグワッていう時、ここらへんがボールみたいなのができとって（「はいっはいっ」）そこら辺がキャベツになる。⑤
> Ｔ　（手を挙げる子を制して）ちょっと待って。Ｃ５気づいたよね。ここら辺が……
> Ｃ　はいっはいっはいっ‼

第5章　コミュニケーション能力の形成

> T　<u>ちょっと待って。C5いいこと気づいたんだよ⑥</u>。(中略) どう思う？
> C3　ううーん、なんか。⑦
> C4　そう思う。⑧

　これは、〈事例18〉より後の場面である。子どもは、自分の想像したことを自由に発言できるようになり、話したくてたまらないといった状況が見てとれる。しかし、ここで橋本教諭は〈事例18〉の時のように全員に考えを言葉にさせるやりとりではなく、次々と話そうとする②C3や③C4に対しては応えず、C2の発話を全員に広めるよう、傍線④の「C2の言ったこと分かった？」と一人の子どもの発話を取り上げ注目させる働きかけを行っている。こうした働きかけが入門期の子どもたちに、他者の発言に対して考えを深めながら連鎖していくコミュニケーション能力を身につけさせていくと考えられる。

　また、その後の⑤C5の発話に対しても、同様に、すぐ次に発言しようとする子どもを制して、C5の発話を繰り返している⑥。このように個人の意見について問い返すことで、子どもは自分が話したいばかりでなく、他の子どもの考えについて考えることができるようになるのではないだろうか。このことは、①C2の発言のあとの②C3・③C4の発話と、⑤C5の後の二人の発話⑦⑧を比べるとその変化が感じられる。

　このように、教師のR・E発話は、本実践では「繰り返し・問い返し」の機能により、一人の意見を全体へ広げたうえで各自の意見を引き出したり、一人の意見について考えを深めたりする発話であることがわかった。そして、そのような教師の働きかけにより、子どもが自分のイメージを言語化できるようになったり、自分が述べるだけではなく、周りの言葉を聞き、それについて考えることができるようになったりするのではないかと思われる。

　こうした子どもの言葉を受け入れ、促し、繰り返し、問い返す教師の応答が子どもの発話の連鎖を生成するようになっているといえる。

表5

始　発	キャベツ（4月） T	C	おつかい（5月） T	C	かいじゅう（6月） T	C	ろくべえ（9月） T	C	じどう車（10月） T	C
I	16 16	12 12	5 6	2 3	12 14	8 9	9 9	12 12	0 0	0 0
I-R	26 26	15 15	25 32	8 10	14 16	13 15	14 14	18 17	18 25	0 0
I-R-E	22 22	1 1	21 27	3 4	23 26	4 5	29 28	3 3	10 14	2 3
+α	2 2	5 6	10 13	4 5	10 11	3 3	10 9	7 7	36 49	7 9
計	99		78		87		102		73	

注：各欄の下は合計に対する比率（％）

④　発話の連鎖

　以上のような教師側の発話特性が、どのような教室の発話の連鎖を生成しているのかを見てみよう（表5）。

　4月、5月では、IおよびI-R連鎖が半数以上を占めていたが、6月、9月では、I-R-E連鎖の伸びが大きく、I-R-E+αも含めると全体の50％以上を占めるようになっている。それだけ連鎖のある発話によるコミュニケーションができるようになったことを示している。そして、10月になると、I-R-E+αという発話の連鎖だけで58％を占めている。

⑤　子ども同士の関わりから見る認知の変化

　では、上述のような教師のかかわりが子ども同士の発話をどのように促進したのかを見ていこう。本項では、子ども同士の水平的な関わりを切り口に、それがどのように変化しているのかについて見ていく。

　子ども同士の関わりを読み聞かせの対話の中に見ると、そのかかわりは非常に少ないことがわかる（表6）。

第5章　コミュニケーション能力の形成

表6

	4月「キャベツ」	5月「おつかい」	6月「かいじゅう」	9月「ろくべえ」
導入	1	3	1	1
読み	1 (1)	1	1 (2)	4
読後		1		1 (1)

（　）の数字は間に教師の発話を挟んだもの。

表7

	指　示	質　問	否定・訂正	情報付与	支　援
キャベツ	1	1	(1)		
おつかい		1	1	2	1
かいじゅう			1 (2)	1	
ろくべえ			2	3	1 (1)
じどう車くらべ				24	5

（　）の数字は教師の発話をはさんだもの。

　しかし、縦断的に見ると、子ども同士の対話数は増えている。子ども同士の発話はどのような内容で行われているのか。表7に子ども同士のやりとりを対話内容別に示す。

　表7からわかるように、子ども同士のやりとりを時期別に見ると、その内容が4月5月段階では、「指示」や「質問」のような「発話―応答」という単純な形式のやりとりから、6月、9月段階では「情報付与」や「支援」という対話を広げるような形式のやりとりへと変化していっていることが分かる。そして、10月実践の「じどう車くらべ」では情報付与が一気に増えている。

　また、「指示」や「質問」は不注意な子どもに注意したり、子どもの弟の年齢を聞いたりというような、絵本の内容とは関係のないやりとりであった。

123

第二部　入門期の学習指導に関する臨床的研究

Table 5

1 キャベツ（4月）	2 おつかい（5月）	3 かいじゅう（6月）	4 ろくべえ（9月）
C1　（次のページを見て）やっぱりおなかのへんが変わってない。 T　ぶきゃっ。ぶたやまさんはびっくりしてしまいました。 C2　（C1に対して）ちがう。(不明)①	（買い物経験を聞くやりとり） C1　そこで、折り紙とかテープとか、 C2　ちがう、シール。②。 C1　シールとかを買ったそうです。	C1　なんかこの怪獣てんぐの怪獣みたいだ。 T　天狗の怪獣みたいですね。 C2　ちがう、これサイだよ。③	C1　だったら隙間とかにマスクをかぶっていけばいいんじゃ。④ T　あー。人間がね。そんなマスクが手に入ればいいですけどね。 C1　酸素もたっぷり。⑤ C2　息が吸えないじゃん、そしたら。⑥

　では、対話を広げるやりとりの中で子ども同士はどのように関わり、また、読み聞かせの継続によって、その関わりはどのように変化しているのであろうか。

　以下、子ども同士のやりとりを具体的に見ていく。

　子ども同士のやりとりではどの時期においても、前の子どもの発言を否定・訂正するやりとりが見られた。

　Table 5-1のやりとりでは子どもは自分の意見と違うC1に対して①のように「違う」と否定し、自分の意見を述べている。このとき、C2はC1の意見を「自分と異なる考え＝ちがう」と捉えているため、前の子どもの発言を「ちがう」という一言で全否定している。このような「自分の考えと異なる＝ちがう」という思考は他の子どもの発言に対しても働いており、Table 5-2のように「シール」を「テープ」と自分の伝えたこととちがう言葉で表現したことに対しても②「ちがう」と否定している。

　このように前の発言に対して否定の意思を表す子どもの実態としては、4月段階では、自分の意見・言葉に固執して、他の意見を自分の中に吸収することができないということが考えられる。また、他の意見が自分の考えと「どう」違うのかを説明することができないため、「ちがう」という

第5章　コミュニケーション能力の形成

言葉でしか表せないということも考えられる。

　入門期のこの時期には、他者の視点から物事を捉え、表現していくコミュニケーション能力は十分には発達していない。それが、教師の発問の工夫などにより、他者の視点や状況の中で他者のまなざしで考えることができるようになったとき、コミュニケーション能力として、他者の考えにつなげられる言葉が育っていくと考えられる。

　しかし、前述したようなやりとりはTable 5-4の9月になると見られなくなる。9月になると、その否定意思の表現の形が変化している。Ｃ２はＣ１の意見を「ちがう」と否定し、自分の考えをぶつけるのではなく、Ｃ１の意見を受け入れたうえでそれに対する「批判」の形でＣ１の意見を⑥のように否定している。また、言葉も「ちがう」とただ否定をするのではなく「(マスクをしたら)息が吸えない」と「どう」違うのかを説明する形でやりとりが行われている。このように、9月になると、子ども同士の関わりが「他の意見対自分の意見」と意見をぶつけるものではなく、他の意見を受け止めて返すというものに変化している。こうした発話の連鎖が生成されるのは、4月から7月段階で「名人の席」を用いた自他関係の形成やマインドリーディングである他者の視点から思いを捉える活動を取り入れた教師の子どもと子どもを繋ぐ関係性づくりがあったからであると考え

Table 6

1　キャベツ	2　おつかい	3　ろくべえ
(ペアの子どもの買い物経験を発表する) Ｃ１　はるなさんが、行ったところは、ニコニコドーだそうです。① Ｃ２　あ、そこ行ったことある。②	本文「すごい目玉をぎょろぎょろさせて」に対して) Ｔ　目玉を大きく大きく。 Ｃ１　ぼく目を回せました、前。③ Ｃ２　(わたしは)今も回せるよ。④	第一場面「きょゅーんわんわん」と字の書かれた絵についての対話で) Ｃ１　落とし穴？⑤ Ｃ２　そしたら、あのう、(ろくべえが)落としてる(落ちてる)ってことになる。⑥

125

られる。こうした自他関係を捉え、相手を受け止めるという発達がコミュニケーション能力の発達を促すために欠かせない。

さらに、子ども同士の関わりには、前の子どもの発話を受けてそれを広げるようなやりとりもみられた。

Table 6-1、2ではＣ２の応答から、それぞれＣ１の発言中の「ニコニコドー①」「目を回せました、前。③」という言葉を発言の中心と認識していることがわかる。また、その情報をＣ２は思考の中で「自身の経験」と結びつけて②④のように応答の言葉として構築していることが窺える。

ここで、Table 6-2の発話に注目してみよう。Table 6-2では導入の活動内容から自らの既有知識と結びつける反応は当然といえるが、「Ｔ：目玉をぎょろぎょろさせる→Ｃ１：以前目を回せた③→Ｃ２：今も目を回せる④」という発話の連鎖から、Ｃ２によって対話内容が絵本の内容から自身へと転化してしまっていることがわかる。このような応答となるのは、子どもの思考の中で結びつく情報の優先順位として「自身の経験」がまず浮上してくるためではないかと推察する。そのため、外部からの情報をまず自身の経験を結びつけ発言した結果、上の例のようなやりとりになったと考えられる。

このような子どもの発話を促す思考も、９月になるとその優先順位に変化が見られるようになった。

Table 6-3ではページが縦方向に黒く塗られたページの絵を見たＣ１の「落とし穴？⑤」という発話に対してＣ２は「そしたら、あのう、（ろくべえが）落としてる（落ちてる）ってことになる」という応答をしている。これは、その黒く塗りつぶされた部分に書かれたろくべえの鳴き声と、「落とし穴」というＣ１の発言をＣ２が思考の中で一つの状況として結びつけた結果表出した発言であるといえる。したがって、９月には、子どもの思考の中で情報を結びつける際、自分の経験を最優先にするのではなく、前の発話と今までの対話の内容を踏まえ、そこから思考を発展させることができるようになったと考えられる。つまり、文脈に沿った応答ができるようになっているのである。

第5章　コミュニケーション能力の形成

Table 7

1　おつかい	2　ろくべえ
（子どもへの注意の後、教師の「もう一回言って」に続いて）① Ｃ１　えーと。② Ｃ２　おっきな声でも、小さな声でも。③	（読後の続き話を考える活動で） Ｔ　はい、Ｃ１どうぞ。 Ｃ２　どうやってすればよかったか教えて。④ Ｔ　なんて書こうかなここ（最後の場面）に。⑤ Ｃ２　太ペンで何とかかんとか何とかかんとかって。⑥

　これは、子どもが対話において、他の意見を一つの意見として受け止められるようになったこととともに、それに対して自身も客観的な視点から思考し発話することができるようになったことを示していると考えられる。

　子ども同士の関わりには前述したような水平的な関わりに加えて、子ども自身が教師の代行者となるような「支援者」としての関わりも見られた。

　Table 7のＣ２は同じ子どもである。この子どもはクラスの中でもリーダーシップをとり、学習場面では真っ先に答えを発表するような子どもである。

　Table 7-1では子どもはＣ１が先に発言した「小さな声でも、大きな声でもがんばって──以下略──」という発言を覚えていて、教師に再度①のように発表するように言われ戸惑っているＣ１に、③のように冒頭を示すことで発言を潤滑にさせるような支援をしている。橋本学級では、日ごろから発言に行き詰った子どもに対して、他の子どもが「ヒント」として情報を提示したり、「△△や□□とかを話せばいい」と子ども同士で支援したりするような場面が多く見られる。そのような日ごろの活動が、Table 7-1の③Ｃ２のような関わりを生み出したといえる。

　さらに、Table 7-2での④のＣ２はその支援の仕方に変化が見られる。Table 7-1では発話が潤滑に行われるように前に言ったことをそのまま繰

127

り返す形での支援を行っていた。しかし、Table 7-2では、教師の発話に続いて④のように「どうやってすればよかったか教えて」と発問の意味を説明し、語りかけるように話している。また、考えるＣ１への教師の「なんて書こうかな〜」⑤という発話を⑥「太ペンで〜」とより噛み砕いた表現で繰り返している。このように、Ｃ２は他の子どもに対する支援的関わりの中で、答えを教えるという指導的なものから、話を聞くという受身の態度へとその支援の形を変化させていることがわかる。

また、この⑥の「太ペンで〜」とは、以前読み聞かせで続き話を考えた時、その考えた続き話を橋本教諭がペンで本に書き込んだことを想起しての発言と思われる。このような発言から分かるように、Ｃ２の支援の見本には、橋本教諭の日ごろの子どもとの関わりが大きく影響している。このように、子どもたちは、日頃の活動や教師を見本にしながら子ども自身の発話へと内面化していることが窺われる。教師の言動は、子どものコミュニケーション能力獲得のうえでの足場づくりの役割を果たしているのである。

こうしたコミュニケーションの発達の結果、10月では、次のような情報付与が可能となる。

〈事例20〉では、①のひろしの発話に対して、れいじが②のように異なる角度から発言を行っている。

〈事例20〉
ひろし　パトカーはあの、あれ。あの泥棒とかを捕まえてから、あの……①
れいじ　いや違うよ。子どもも捕まえるんだよ。②
Ｅ　　　ええ？
Ｔ　　　本当ね。
ひろし　うそ!?
れいじ　本当だよ。えっと車に乗っててね。シートベルトをはめんかったらね、捕まるってお母さんが言いよったもん。

また、〈事例21〉では、前の発話につなげる②④⑦のような発話が生成し、③⑤のような仮定の論理的思考による発話の連鎖が生まれ、様々な可能性の中で物事を捉え、考える思考が発達し、それによってコミュニケーションの発話に連鎖が生成されていることがわかる。この間、教師の発話は挟まれているが、子どもの言葉の繰り返しなどによって子どもの発話の連鎖を待っていることが窺われる。

〈事例21〉
あいこ　なんで、校長先生の車ではいけないかというと。少しれいじさんに似ていて。②動いたとき、すぐ水がこぼれてお洋服とかがびしょぬれになって。/T　校長先生のかっこいいスーツがぬれちゃうのね。（りょうた挙手）あ、他にもあるのね。ちょっと待って、あいこさんが言ってから。/あいこ　えっと、いっぱい水をためられないといけないから、いっぱい水を汲んでおくじゃないですか。その時もしこぼれたら、車の中にこぼれたら、えっと、沈むから。③/T　ああ、本当よね。火事を消すためにはいっぱい水がいるものね。はい、じゃあかずおさん、りょうたさんと行きましょう。りょうたさんが言いますか。はい。/りょうた　れいじさんとあいこさんとよく似ていて。④えっとたぶん、えっとなんか、火事のときに消防車はバーってマッハで行くんですけど。だからそのマッハのスピードのせいでドジャーンて水がこぼれて車の中に広がっていると車の中に、すき間に入って、車が故障して困ってしまう。/T　水浸しになると車も故障しちゃうのね。分かった、じゃあちょっと待ってね。（かずおを指名）/かずお　もしもマンションの高いところが燃えていたら、かけれないじゃないですかね。⑤/T　校長先生が頑張ってこうしたって届かない。/かずお　だから、消防車はいる。⑥/T　絶対いりますよね。かずおくんね。（挙手多数）はい、はなこさんのところは？/はなこ　えっと、あいこさんたちと似ていて⑦、水をいっぱい持って行ってても、曲がったときに全部こぼれて、また注ぎに行かないといけない。

(5)入門期の子どものコミュニケーションの発達状況と育成のための要件

入門期の子どものコミュニケーション能力の発達のためには、レベル1

（4月から7月）の時期に、自他関係を捉える力の育成が欠かせない。自他関係が芽生えるからこそ、人に向けて話すというコミュニケーション能力が芽生えるのである。

橋本教諭は、「名人の席」などの装置を導入したり、他者の視点や見え方から状況を考える基盤としての「心の読み取り（マインドリーディング）」の活動を取り入れたりしている。こうした取り組みが言葉は人へ差し向けられ、その言葉を受け入れ、受け入れられることによって、コミュニケーションは形成されるのだという体験を積み上げていく。

このように他者との関係性の中で自他関係が芽生えていく入門期前期のレベル１の関係づくりの段階を経て、レベル２の入門期中期（9月から12月）段階から、コミュニケーション能力が飛躍的に伸びていく段階（特に10月からの伸びが大きい）がやってくる。しかし、このレベル２の段階において重要なのは、子どもの発達に即した教師の適切な「足場（scaffolds）」としての支援である。

入門期の場合、4月の自分の主観を吐露する段階から、5月6月段階から、それを共有してもらうために、自己中心的発話から脱して、文脈を捉えて言葉を発する段階がくる。はじめは文脈の中で自分の言いたいことを羅列的に言い足していく段階である。このとき子どもは発話のつながりを意識しているわけではない。したがって、そこでの発話は「拡散的」である。その後、その発話を整理し、繰り返し、問い返す、情報を付与しながら新たな話題へと問い返すという子どもの発話のつながりを見出そうとする教師の発話の誘いの中で、他者との相違に気づき始めながら他の可能性を模索し、付け足す「連鎖的」発話ができるようになる（山元2007）。

このように、拡散的話し合いから連鎖的話し合いに至るためには、教師が文脈を整理し、つなぐという「足場」としての役割を果たすことが必要であることが確かめられた。こうした体験の積み重ねによって、自立した連鎖的話し合いが可能となる。

最後に、橋本教諭の入門期のコミュニケーションの育成に欠かせない要件として、子どもの生活体験から得られる子どもの主観を重視している点

第5章　コミュニケーション能力の形成

をあげておきたい。子どもの生活体験に根ざした子どもの思いは他の子どもと共有化されやすい。しかも、キャズデンの言う「存在証明」としての「私のことば」を育てていくこととなる。こうした「私のことば」でコミュニケーションがなされていくことが重要であると考える。

(6) 子どもの変容
　　——自己・他者・存在証明の言葉とコミュニケーション能力の発達——
　「存在証明」としての言葉はどのように認知面を促進していくのだろうか。何人かの子どもを抽出して、その認知の発達状況とコミュニケーションの変容について個別に見ていきたい。

① れいじの変容
　入学してすぐ（平成18年4月20日）の朝の会での出来事である。プロトコルを示す。

　　〈事例22〉
　　れいじ　はい。元気です。（元気のない様子で下をじっと見たままである。）/T　れいじさんはね。今日、とっても悲しいことがあったんだって。①（みんなに向かって教師が語りかける）/C　えっ？　どうしたの？②（れいじはまだ下を向いたまま黙っている）/T　れいじさん、言ってみますか？/れいじ（うなずく。しかし、下を向いたまま）/T　今日ね。お兄ちゃんがお休みなんだって。/C　ああ、いつも一緒に来ているのにね。/C　どうしたの③。/れいじ　かぜをひいたので、ぼく一人できた。④/C　ああ、かわいそう。⑤/C　がんばったね。

　はじめ、ただ下を見るのみで自ら発言することができなかったれいじだが、教師がれいじの心の状態をみんなに伝え①、みんなからの言葉が返ってくることによって②③、みんなに伝えたいという思いがれいじの中に溢れてきたのであろうか、まだ十分に「二次的言葉」にはなり得てはいないが、自分の心を受け止めてくれた友だちに向かって④のように言葉を発し

131

第二部　入門期の学習指導に関する臨床的研究

ている[9]。入門期の子どもたちは自分の存在を受け入れてくれる存在があって（心の触れ合い）はじめてコミュニケーションを開始していくことができる。

一方、橋本教諭の学級の朝の会では、〈資料１〉の年間カリキュラムにもあげられているように、朝ごはんのこと・昨夜のこと（テレビ、団欒等）・登校時、発見したこと・今日の楽しみ・すきすきゲーム（自分の好きな人・もの・こと）から語ることができるように考えられている。子どもの生活（エピソード）を物語る活動が重視されているのである。ここで注目したいのは、生活を物語る活動には子どもたちの生活の文脈での悲しみや喜びなど感情が含まれるということである[10]。（ただし、このとき、りょうは落ち着かないふうで椅子を前後に揺すりながら、我関せずという態度をとっていた。）

入門期の学級において、子どもたちの側から言葉が生まれようとするクラスには、〈事例22〉のような子どもの心情や出来事を共有する雰囲気が存在する。そうした中で、話すことが苦手な子どもが思わず他者へ向けて言葉を発する瞬間がある。こうした情動での関わりの中で自己が揺さぶられる瞬間[11]が「存在証明としての言葉」が発露するときであり、その瞬間には必ず、人・こと・ものとの切実な関わりが存在する。

以上、橋本学級の朝の会は、教師や子どもたち相互が受け入れる「心の触れ合い」を重視した初期コミュニケーション状況が大切にされている。

次に、読み聞かせを通したれいじのコミュニケーションのあり様を捉えてみる。れいじは、４月当初の読み聞かせでは、教師の働きかけなど状況や文脈に関係ない指さし行動や自己中心的言語[12]による発話がほとんどであった。Table 8-1、2のれいじの発話は、教師の問いかけとは関係ないところでつぶやかれたものである。

こうしたれいじの発話に対しても、橋本教諭は〈事例23〉のように、他の子どもたちと結ぼうと支援を行っている。

〈事例23〉
　れいじ　あっ、はい（手を挙げる）。なんかねー、かえるっていつもぐえっ

第5章 コミュニケーション能力の形成

Table 8

1 キャベツ	2 おつかい	3 かいじゅう	4 ろくべえ
T「ぶきゃっ。ぶたやまさんはびっくりしてしまいました。」 れいじ ちがう。 （不明） T「ぶきゃっ。ぶたやまさんはびっくりしてしまいました。」 れいじ からだがキャベツになってる。 T ねえ。	れいじ せんせい、夏はね、お兄ちゃんね、お使い行く時ね、 T 自転車で行きましたか。 れいじ 自転車で行った。	T じゃあ、すごい元気なんだ。 れいじ おかあさんは大事なお母さん。① T あ、大事なお母さんだから食べられない。（C「はい」）たべたくない。 れいじ お料理するから。② なな 怒ってもすき。 T 怒っても好き。あーもうその言葉をマックスに届けてやらなんね。大事なお母さんだから食べちゃだめよって。とうとうマックスは夕ごはん抜きで、寝室に放り込まれた。寝室っていうのは、ベットやお布団があるおへや。夕ごはん抜きだって。 れいじ きつそう。③ T みんなどうする、夕ごはん抜きで、はいもう寝なさいって言われたらどうする？耐えれそう？	れいじ（絵を指して）せんせい、なんか、ちょっとここらへんがくろーい。 T あ、暗い？だから、暗いとこみたい？ れいじ だから、こわいと思う。① T こわい。暗い。何かれいじさん今日すごいことに気づいてるよ。

ぐえっって、ぐわっぐわっていうときここらへんがボールみたいなのができとって（ほかの子「はいっ」と手を挙げ始める）そこらへんがキャベツになる。/T （手を挙げる子を制して）ちょっとまって。れいじさんきづいたよね。ここらへんがぐわっぐわってなる……/C はいっはいっはいっ!!/T ちょっとまって。れいじさん、いいことに気づいたんだよ。ぐわっぐわってなるときここがボールみたいにふくらむから、そこがキャベツになるんじゃないって、どう思う？

133

第二部　入門期の学習指導に関する臨床的研究

　4月当初のれいじの発話は教師にさえも差し向けられておらず、自己中心語が思わず教室空間の中で出されているという感じであり、教室コミュニケーションの中にれいじの発話は自立的に位置づけられてはいなかった。

　それが5月になると、Table 8-2のように先生との応答が可能となっていった。

　4月段階では、自己の素朴概念や素朴な世界観でのみ絵本に対して発話を行っていたれいじが、6月になると、Table 8-3のように、始発の発話は傍線①のように自己のつぶやきで始まるが、教師の発話に対して、絵本の事柄に対して傍線②のように理由を言ったり、傍線③のように感想を言ったりできるようになってきた。自己中心的な発話から脱文脈化した認知発達が見られるようになってきたのである。

　Table 8-2、3の発話は、自分にとって大切な兄や母との日常体験のエピソードが土台になっている。新学習指導要領では、「身近なことや経験したことなどから話題を決め、必要な事柄を思い出すこと」(小学校1・2年)となっているが、それが単なる事柄にとどまっていては他者へ向けて話す意欲は促進されない。子どもにとって切実な出来事や人・ものとの関わりがあってはじめて言葉は他者へ向けて表出されるのである。

　そして、9月には、Table 8-4の①のように、文脈に沿って理由を述べるところまで認知面の発達を見ることができる。

　ところで、れいじの言語発達の過程で見逃せないのが指差し行動であった（Table 9の下線部を参照）。

　このように、れいじの指差しとそこに関連する発言から、彼が読み聞かせにおける情報を絵本の絵から得ていると思われる。また、れいじは、読み聞かせの際に発話ではなく、「指差し」という行為によって、教師の問いかけに応えている。これは、彼が読み聞かせのやりとりに参加しようという意志の表れであり、絵本の道具としての特徴を捉えた最も端的でわかりやすい意思表示の方法であるといえる。しかし、この時点のれいじには説明するための言語知識が不足していたと思われる。

第5章　コミュニケーション能力の形成

Table 9

1　キャベツ	2　おつかい	3　かいじゅう	4　ろくべえ
T　『キャベツくん』この人（表紙の絵を指さして）です。見えますか。 C1　はい。 C2　ちっちゃい。 れいじ　（絵を指差す）	T　一つは道の端に落ちていました。どこにあるね？どこに？ れいじ　（絵を指差す）ここ。	れいじ　かいじゅう。（絵を指差して） れいじ　あそこに飛行機みたいなの。（"かいじゅうおどり"の場面の絵を見て） れいじ　おもしろい。この（絵を指す）	れいじ　（絵を指して）先生、なんか、ちょっとここらへんがくろーい。 T　あ、暗い？だから暗いとこみたい？ れいじ　だから、こわいと思う。

　そして、彼のこの「指差し」という行動は、読み聞かせを続ける中で、単にやりとりにおける応答という働きだけではなく、そこに彼の発見や解釈を表すものになっていく。

　Table 9-2では、指差しにれいじの主観が込められている。絵を見て自分が発見したものや、感じたことを指差しによって提示し、自分の伝えたいことを補っているのだ。ここでの彼の指差しは、コミュニケーションというやりとりの中での意思表示でなく、彼の自己中心的語彙の発露のようなものであり、伝える相手を意識したものではない。

　しかしTable 9-4からは、れいじが言葉では表せないが、絵から切り取った情報と自分のイメージを結び付け、説明しようとしている様子が見て取れる。ここでは、れいじは絵を見て「こわい」と漠然と感じたのだろう。しかし、絵から受け取れる情報は「黒く塗りつぶされた部分」であったのだ。そこで、れいじは、まず、自分が絵から切り取った情報を指差しで教師に伝えたのであろう。そこで、教師によって「だから」という概念が補足されたことで、自分の感じた「こわい」というイメージと、絵から得た「くろい」という情報がかみ合い、「だからこわいと思う。」という発言となったのであろう。

135

第二部　入門期の学習指導に関する臨床的研究

　このように、れいじは、当初、やりとりにおいて自分の意見を言葉として発言することが難しく、結果「指差し」という行為によってその困難を克服したと考えられる。また、その内容からは「指差し」が、初めは周囲のやりとりの一部だったのが、次第に自分の主観を出そうとするものになり、さらにはその主観を相手に伝えようという意識の表れへと変化していったことがわかる。

　このような変化から、集団の中でのやりとりで、れいじが何とか自分の意見を示そうと獲得した指差しという手段に、次第に彼の意見が込められていくようになり、さらに教師の支援により、指差すものと自らのイメージを言葉によって結び付けるという、集団でのやりとりの中での彼の言葉の獲得プロセスの一端を見ることができる。

　こうした発達は、〈事例24〉の取り組みなどを通して促進されたと考えられる。それは、5月12日。国語科の授業が始まり、校長先生が入って来る。ちょうど、れいじが橋本教諭の誘いのもとに話を始めようとするときであった。

　〈事例24〉
　　れいじ　これは、かめ虫といいます。/校長先生　へえ、かめ虫というんですか。すごいなあ、校長先生は知りませんでした。/T　校長先生、れいじさんは虫博士なんですよ。①/C　すごいですね。②/校長先生　そうかあ。すごいですね。どこにいるんですか。/れいじ　この辺ではあまりみられません。/校長先生　ああ、山とか自然がいっぱいのところではみられますか？/れいじ　はい。山とか自然いっぱいのところでたくさん見られます。/C　なぜかめ虫っていうのかな。/C　かめに似ているのかな。ぼくはちがう虫を知っています。/校長先生　おお、そうですか。れいじさんとはちがう虫ですか。/C　ほたるです。/れいじ　ほたるはきれいな川でないと生きていません。

　この校長先生とれいじとの対話が始まると、橋本教諭はれいじを前へ手招きをし、れいじは校長先生に話しかけるという行為を通して、みんなの

前に立って、みんなに話しているという状況が作られていた。すると、校長先生とれいじの対話を聞きながら、他の子どもたちもれいじの話を聞き、今度は他の子どもたちと、校長先生の対話が始まっていった。

　以上の国語科授業での取り組みを通して、これを「存在証明としての言葉」の育成の面から考察を加えてみたい。

　〈事例24〉に見られるような、れいじと校長先生との「直接的対話」は、校長先生という子どもたちにとって尊敬すべき存在、その先生にお話しするという場であり、強烈に子どもたちに他者意識を働かせたと考えられる。どうすれば大好きな尊敬すべき校長先生へぼくの言いたいことを伝えることができるかという他者のまなざしをとっさに子どもの中に内在化させることになったであろう。さらに、そこにもたらされる校長先生の子どもの言葉を大切に受け入れ、返そうとしている豊かな人柄から引き出される言葉がれいじに返されたその瞬間、橋本教諭の「れいじさんは虫博士なんですよ。」という解説も加わり、れいじは自己を強烈に認識したのではないだろうか。他者とは異なる自己を他者に伝えようとし、それを他者が受け入れてくれたとき、自己を再認識するようなその瞬間に「存在証明としての言葉」が育てられるのであろう。話すのが苦手なれいじではあったが、尊敬する校長先生に知ってほしい、知らせたいという心の働きが、「直接的対話」を越えて「二次的言葉」を生成させた。そして、この「二次的言葉」は②のように校長先生とれいじの「直接的対話」を聞いていた他の子どもからの声を生成させた。この声はれいじに届き、れいじに自己を強烈に意識させることとなったであろう。

　一方、校長先生とれいじとの直接対話を他の子どもたちは目を輝かせながら聞いていた。おそらくその瞬間、他の子どもたちは「ぼくだったら」と校長先生へお話したいことを心に描いていたであろう。校長先生とれいじとの「直接的対話」のあとに続く子どもと校長先生の「直接的対話」は、「聞く」という営みの中で、他者のまなざしを内在化させながら活動をしていた子どもの心のうごきを彷彿させる。

　入門期の橋本教諭の取り組みには、他者のまなざしを内在化させる手だ

てがいくつも準備されている。先にあげた「名人の席」もそうである。まだまだみんなへ向けての「間接的対話」ができない子どもたちを橋本教諭は「名人の席」に誘う。はじめ、子どもたちは自分のつぶやきを受け入れてくれる橋本教諭へ向けて「直接的対話」を行う。そこから生成された言葉を橋本教諭はほかのみんなに伝える。それを受け取った他の子どもたちから、「名人の席」にいる子どもに言葉が返っていく。すると、子どもは自らの言葉を他者が受け入れてくれた実感を得て、次第に、みんなに向けて「間接的対話」を行うようになっていくのである。こうした体験が切実に他者のまなざしを内在化させていく。

こうした自己の二重化を引き起こす働きかけとともに、橋本教諭の教室でのコミュニケーションの育成に大きな働きをしていると考えられる要素として、心は人によって異なるものなのだという体験の積み重ねの重視をあげることができる[13]。

10月の朝の会の様子をとりあげる。

〈事例25〉
みやこ　今日は10月12日水曜日。日直はようすけさんです。がんばってください。/みやこ　今日は晴れです。いっぱいあせをかいて元気に遊びましょう。/C　はあい。/さちこ　今から健康観察をします。ようこさんお願いします。/ようこ　今日の体の調子はどうですか？/C　ベリーベリーベリー。/ようこ　心の調子はどうですか。/C　ベリーベリーベリー。/T　ちょっと待って。れいじさんの様子がちょっとおかしいですね。/れいじ　うつむいて立ち上がる。/T　心が病気になってしまったのかな？どうしたのかな？（れいじのところに行って座り込む）/C　勇気の心で話してみてください。/れいじ　まだうつむいたまま。/T　どうしたのかな？/れいじ（橋本教諭に向けて）おにいちゃんがね。お休みで一人で来た。①/T　ああ大好きなお兄ちゃんが病気になってしまいましたか。/さちお　ぼくのお兄ちゃんは昨日お休みしました。/T　さちおさんのお兄ちゃんもお休みしましたか。/ようすけ　れいじさんは強くなったからもう泣かなくていいよ。②/あきら　ぼくはいつも一人だよ。れいじさんももう一人でも来れるよ。③/ようこ　友達がいるから一人でもいいよ。④/さちお　だかられいじさ

んは今日一人で走ってきてたんだね。⑤

　4月当初の〈事例22〉のときには、れいじの①のような発言に対して「かわいそう」とかいう単語を発するだけだった子どもたちであったが、10月になると、②③④⑤のような発言を交わしている。このれいじの事例をもとに、お兄ちゃんが病気になって一緒に学校にいけなかったという話題にも様々なベクトル（〈事例25〉の②③④）があることを知っていく。そして、共通の話題にも異なる「心」があることを知っていく。お兄ちゃんと一緒に学校に来ることができなかったという自分の悲しみをれいじは自分自身の意味相貌とは異なる他者（〈事例25〉②③④）が存在することではじめて悲しみを悲しみとして自分の心に気づくことができるのである。

　入門期の子どもたちには先にも述べたように、自分を受け入れてくれる存在が必要である。しかし、これだけでは豊かなコミュニケーションは育まれないのではないだろうか。共通の話題に対しても自己と他者の心は異なるのだという心の理解が必要であると考える。共通の話題であっても、この自他の心の違いを体験することによってこそ、私は「わたし」であり、「あなた」とは異なるのだという「存在証明としての言葉」の育成が図られるのであると考える。このことが中学年以降の私と他者の間で、両者の捉え方、見方を対立させたまま、しかし相互理解を図る話し合いを可能にしていくのであろう。

　橋本教諭の取り組みには、単に子どもを受け入れるだけではなく、それぞれの子どものかけがえのない存在を強調する取り組みが随所にみられる。〈資料1〉のカリキュラムには、10月に金子みすゞの詩を読んで一人ひとり違っていることが大切なのだという学ぶ活動も入れられている。

　さらに、〈事例25〉を分析してみると、れいじの語りを中核に橋本学級の子どもたちが織りなす新たな物語が生成されていることに気づかされる。こうした共同の物語構築には個人個人が自己の語りをモニターし、小さな物語を構築する力がまず備わっていなければできない[14]。一人の子どもの生活から派生した物語を学級みんなで共有化させようとする橋本教諭

の働きかけが、実は話し合い活動に必要な自己二重化の活動を促進していると言えるのである。この自己二重化の営みが前述した相互理解のコミュニケーションを深めていくという関係にあると考えられる。

② はるとの変容

はるとはおとなしく、授業では読み書きにおいて他の子どもより時間がかかる子どもである。しかし、感受性が豊かで、読み聞かせではあまり発言はしないものの、いつも楽しそうに聞いており、気に入った場面では声を上げて笑う姿も見られた。

はるとのプロトコルから考察される認知の発達状況
Table 10

1　おつかい	2　かいじゅう	3　ろくべえ
T 小さな声で牛乳くださいって言ってみましょう。さんはい。 C 牛乳くださーい！ T それ（小さな声）で聞こえるかな？ C1 聞こえません。 はると 先生、そこにパンて書いてある。	T ねえ、マックスは何て言ってるでしょう？（怪獣に）乗って。 C1 フォー。 T フォーっていいよる。フォーって言いよるかもしれんね。 はると 先生なんか書いてないの？	T 何これ？ C1 落とし穴。 はると 落ちたらどうする？もう。① C2 やっぱり落とし穴だ。 T この先どうなってる？この先。 C3 落とし穴。 はると ろくべえが。② T そんなマスクが手に入ればいいんですけどね。 C1 酸素もたっぷり。 C2 息が吸えないじゃん、そしたら。 はると 意味あるたい。 T おかし。それをかごの中に入れて落とすの？ C1 そしたら途中でひっくり返って落ちるかも知れん。 はると 落としたらもう食べれん。

第5章　コミュニケーション能力の形成

　はるとは、絵本との関わりとして主に絵を中心に見る子どもであった。ただし、れいじとは違い、Table 10-1、2からも窺われるように、読み聞かせの際も教師の発問に応えるというやりとりは行っていた。しかし、積極的なかかわり方としては絵本の絵に対するものが多かった。Table 10-1、2からは、彼がその場面でのやりとりとは関係なく、独自の視点で絵本を見て、発言をしている様子が窺える。はるとは、読み聞かせとその中での対話を聞きながらも、自身の視点は常に絵本に向けられており、その絵をつぶさに観察している。また、そのかかわりは、はるとと絵本との対話であり、その中に他の子どもの存在は感じられない。これは、彼があまり言葉に対して熟達していないがゆえのことではないかと考えられる。彼は言葉に対して未熟であるがゆえに、読み聞かせを聞きながら常にその思考が絵に向けられ、絵本と対話していたのではないだろうか。

　しかし、このようなはるとと絵本の関わりは、Table 10-1、2ではまだ表面的なものである。はるとは、絵本から直接受けるイメージだけを受け取っており、そこに彼の主観はない。しかし、このような関わりは9月になると変化が見られるようになる。

　Table10-3は、「ろくべえ」で子どもが穴の底を覗き込んでいる場面である。穴は黒く塗りつぶされて画面をはみ出し描かれており、底は描かれていない。ここでの対話は、教師の「これ（塗りつぶされた部分）は何か？」「この先はどうなっているか？」という二つの発問によって、ろくべえが置かれた状況の理解を促すやりとりが行われている。

　しかし、Table 10-3の①から、はるとにとってこの絵が全てを説明するに十分なものだったことがわかる。はるとはこの絵を見て、「落ちたらどうする？もう。①」と穴の深さを感じ取り、ろくべえの置かれた危機的状況を把握していることがわかる。また、教師の「この先どうなってる？」という発問に対して、当然のように「ろくべえが（いる）。②」と応えている。このように、絵を中心に物語を理解していたはるとは、絵を注意深く見るうちに、その絵から物語を解釈する形で読解をするようになっていった。

141

第二部　入門期の学習指導に関する臨床的研究

さらに、それまで、発話対象は教師であり、その内容は絵を見ての感想や、疑問であったが、9月になると、その関わりにも変化が見られた。

Table 10-3の②から、はるとが他の子どもとのやりとりに加わっている様子がわかる。他の子どものやりとりに対して自らの意見を言ったり、さらに対話を広げたりするような発話が行われている。このように、最初は絵に対する発話しか見られなかったはるとだが、他の子どもとの関わりの中で、読み聞かせにおけるやりとりの対象を広げている。

これは、読み聞かせの中で、はるとが絵だけでなく、他の存在とのやりとりに意義を見出したからではないかと考える。はるとは、読み聞かせを通して、他の存在とのやりとりの中に、絵本からだけでは見出せなかった発見があることを知り、それをおもしろいと感じたのだろう。それが、はるとの読み聞かせにおける関わりを「絵本と自分」というものから「絵本を媒介とした他者とのかかわり」へと無意識のうちに変化させていったのではないかと考えられる。この自他関係の関わりが、認知面の発達をもたらしている。

③かいりの変容

かいりは、入学当初から利発でクラスの中でも早くから教師の発話に反応し、また、他の子どもとの関係性の中で言葉を紡いでいた子どもである。

かいりのプロトコルから考察される認知の発達状況

かいりは、4月当初から、Table 11-1のように、話の文脈を捉えながら発言する力を備えている。

Table 11

1 キャベツ	2 おつかい	3 かいじゅう	4 ろくべえ
C　かえる最初っから緑だよ。	T　エブリワンでパン買ったことある人	C　（口々に）走ってのぼる。上る。①	T　ロバと思いますか。ろくべえ。どうして。 かいり　えっと、ロバは最初に

第5章　コミュニケーション能力の形成

T　ねぇ、じゃああんまり変わらないかな？
なな　あ、ここが。
かいり　あ、かえるにね、キャベツみたいに線ができていく。
T　あ〜かえるはもともと、りょうあしがキャベツになる。
なな　あの、ここが、
T　かいりさんの言ったことわかった？かえるはね、もともと緑色だから、かえるにキャベツみたいに線ができるんじゃないって。どうでしょう。

いますか？（数名手をあげる）おいしいよねー。
C　いまおしいパンあるよ。
T　ねー。今食べ物がいっぱい出ましたね。
C　はい。はい。
T　はい、じゃあそこの二人組どうぞ。どっちからでもいいですよ。
かいり　ななさんが行ったところは、ニコニコドーだそうです。
もえ　あ、そこ行ったことある。
かいり　そこで買ったところ、買ったものは、牛乳だそうです。
T　うしさん。
C　はいはーい。
C　ななさんお返し。
T　今度なな

T　そうそう、駆け上るってかいりさんどういうこと？
かいり　走って上ること。②
T　みんなどうする、夕ごはん抜きではもう寝なさいって言われたらどうする？耐えれそう？
C　いや。
かいり　あのー、泣くのを我慢して、開けろーって言う。

ろがつくじゃありませんか、そこ（黒板）にも最初にろがつくからロバと思う。①
T　あぁ、ロバと思ったのね。動物の名前です。難しいですね。
おと　まつて。
かいり　まっ。まつてろよじゃない。②
T　何てろくべえ心の中で思ってると思う？
なな　何かがんばる。
かいり　ロープだよ。何か上り棒上る。③
T　ここまでとびあがれる？ちょっと無理そうね。「だれかがロープをつけて、したにおりていけばいいのでしょうが、」そういったのね。「それは　いちねんせいに　むりです。」みんな一年生だったのね。「こうがくねんのこは、まだ、がっこうです。きょうは、にちようびでは　ないので、おとうさんはいません。」
C　あとおじいさん。
れいじ　パトカー呼んできたら。
かいり　あと救急車。④
T　でもはるとさんはかいじゅうのバラードがいいって言ったの。どっちも先生いいと思うよ。怪獣のバラード最初のところだけろくべえに聞かせて。さんはい。
全　まっかーなー太陽……♪
かいり　犬にはちょっと怪獣の歌は合わないと思う⑤。
れいじ　ああやってすればいい

143

第二部　入門期の学習指導に関する臨床的研究

	さんのお返し。みんな何か一言言ってあげるとうれしいよ。 なな　かいりさんがニコニコドーで買ったものは、おすしだそうです。		のに。 T　はい、れんさんどうぞ。 かいり　どうやってすればよかったか教えて。 T　なんて書こうかな、ここに。 かいり　太ペンで何とかかんとか何とかかんとかって。 れいじ　えっと、これで、ろくべえは、やっと助かりました。 T　これでろくべえはやっと助かりました。 かいり　れいじくん、どうやって思いついたと？⑥

　教師も、かいりの発言をもとに、教室に対話的なコミュニケーションを広げようとしている様が見てとれる。

　5月になると、Table 11-2のように、教師は子どもたちの話し合いが滞ったりした場合には、かいりを指名し、それにかいりは適切に応じて説明する力を持っている。

　9月になるとTable 11-4の①のように、理由づけもでき、Table 11-4の②のように他の人の発言をただして発言を付け加える累積するような発話、Table 11-4の③④のように前の人の意見とは異なる観点から考えを付け加える発話、Table 11-4の⑤のように前の意見に意義を申し立て新たな意見を述べる発話が見られるようになってきた。また、Table 11-4の⑥のように、他者に向けて明確に尋ねたりする発言も生成されている。

④　りょうの変容

　りょうは、言語発達には注目すべき点が見られる。しかし、その言語発達は他者とのかかわりの中で生み出されたというよりも、本などから知識として得たものが多いことが特徴的である。入学当初多動が目立ち、発言はするけれども他者とのかかわりの中で交わされる言語発達の点に問題を

残していた。

りょうのプロトコルから考察される認知の発達状況

　りょうは認知発達には見るべきものを持っている子どもである。Table 12-1①のように4月当初から初発の発話を積極的に発するのもりょうであった。文脈に添った適切な反応応答の説明ができる。しかし、Table 12-1②のように、その応答は教師にのみ向けられていることが特徴的である。他者意識はあるのだが、Table 12-2②のように、教師以外の誰かに向かって発話されるというよりも、宛名のないまま、みんなへ向けられ、みんなへ向けられた後に他者の反応に向き合うという志向はない。

Table 12

1　キャベツ	2　おつかい	3　かいじゅう	4　ろくべえ
りょう　どこがキャベツになるのかな。① T　どこがキャベツになるのかな。 りょう　ていうかとぐろを巻いたら（不明）キャベツになったり。 T　ねえ、どうなるんだろう、みたいでしょう？キャベツくんがこうなる、といいました。（ページめくる）「ぶきゃっ!!ぶたやまさんはびっくりしてしまいました。」どう、へびが？みえる？	T　きっといらしゃいますよね。店が開いてるんもん。みいちゃんは、大きな深呼吸を一つしました。はい、皆さんどうぞ。（C深呼吸）それから、深呼吸して言ったんだよ、牛乳くださーいって言ったんだよ。ね、うんと大きな声を出そうと思ったのに、小さ	りょう　なんか、牛ににてない？れいじ　や、だけどかわいい。① T　かわいい？ りょう　でもなんか、うしににてない？② C　やぎとかなんか。（不明）牛じゃないよ。 T　牛に似てる？なんかみんなかわいいとか言ってるみたいに、なんか怖そう人間を食べそうじゃないよね。ねえ。	①T　そうねえ。誰かが助けに来てくれればいいなとろくべえ思ったかもしれませんね。さあ、どうなるんでしょう。（めくる）こんな感じです。しかし、がんばれとさけぶだけでは、どうにもなりません。だいいち、ろくべえはなにをがんばったら、いいのでしょう。はると　眠ってる。れいじ　あの、ジャーンプってたっーくしてから。骨のにおいで飛べばいい。 T　骨のにおい出す？ここまで飛べるかな。かいり　おならは（不明）りょう　ドックフードを

りょう　とぐろがキャベツになってる。キャベツだんごだ。
T　キャベツ団子？ねえ。「おだんごみたいなキャベツのへびが空に浮かんでしたをぺろぺろやっています。」ね、へびがこんなきゃべつ蛇になるんですね。「ぶたやまさんが、じゃあ、たぬきが食べたらどうなる、と聞きました。」
りょう　おなかがキャベツになるんじゃない、たぶん。
T　「おなかがキャベツになったたぬきが」
もえ　あたまも。
T　空に浮かんでいます。
りょう　耳もだあ！
T　耳もキャベツみたいですねえ。ぶたやまさんは考えました。次に聞いたことは、
りょう　（不明）おれキャベツ……。②

な声しか出てきませんでした。どのくらいの声だったんでしょうね。初めてのお使いだもん。小さな声。
りょう　けがをしていたから。①
T　いたからね、けがをしてたし。じゃあ、小さな声で牛乳くださいって言ってみましょう。さんはい。
C　ポケットから手をださなんよー。
T　ねえ。
りょう　でもさあ、たばこをいれてるんじゃない？②

かいり　かわいい。（人形に手を伸ばす）
T　かわいい？
かいり　握手して。
りょう　ぼくも。
③僕も握手。かわいい。
T　はい。いいですよ、（ほかの人形も渡しながら）握手していいですよ。はいどうぞ。後ろの人に回してあげて。握手したあと。これ、あきらさん後ろの人に回してあげて。
かいり　なんかこの怪獣てんぐの怪獣みたいだ。
T　なんかそんなこと言いそうですね。木に登ったらさ。（次のページを除いて）わっ。次は、わー、マックスが威張ってる。
りょう　えー、いばってる？なに？④
T　だってー、

つり上げたら。①
T　はるとさん、ろくべえが大変なのに、笑うところじゃないよ。「みんなで　そうだんをして、おかあさんをひっぱってきました。のぞきこんで、おかあさんたちは、わいわいがやがや　いいました。『むりよ。』と、しろうくんの　おかあさんは、いいました。『そうだわ。こんなことはおとこでなくちゃ。』と、かんちゃんのおかあさんも、いいました。かんちゃんは怒りました。『けち。』おあかさんのけちって。『ぼくがおりていく。』かんちゃんは、おとこらしくいいました。でもお母さんは言いました。『ゆるしません。そんなこと。』かんちゃんのおかあさんは、こわいかおをして、かんちゃんを怒りました。」どうしてかんちゃんは行っちゃいけないの？
りょう　だってまだ子どもだから。②
T　子どもだから。危ないもんね。しかもね、しかもね。「ふかい　あなのそこには、ガスが　たまっていて、それを　すうと、しぬこと　だって

第5章　コミュニケーション能力の形成

T　今日はね、授業参観があるんでいつもと違うんです。ほら消えちゃった。聞こえたね、みんなの声が。じゃあこっち向いてください。キャベツゴリラってどんなゴリラ？
もえ　（手をたたきながら）うがが一。
あい　わからーん。
りょう　キャベツってこうなるんだよ。
T　さあ、いいですか。さあ、キャベツゴリラは、（次のページをのぞく）わっ。

ここ、まだマックス木に登ってるよね。こっちは一緒に踊ってるよね。何と次のページ威張ってるよ。どうしてだろう。
C　かたぐるま。
T　かたぐるま？
りょう　ちがうちがう。この、これたぶんさかあがり。このままくるっと。⑤
T　あーこれね、いや、もっとね、いばってる。みてよ、ほら（めくる）。これ、肩車かな？
りょう　なんかさ、おんぶ？⑥

あるんですよ。」あなの底にガスがたまって、その毒ガスで、死んでしまうことがあるんですって。だから子どもは降りちゃいけないってお母さんは言ってるんですよ。どうする？てことはろくべえも、死んでしまうかもしれないってことなのよ。ろくべえどうする？
かいり　はやく助けてー。
T　って思うよね。何かこの辺（子どもを指して）元気なくなってきたね。
りょう　だったらさ。③
T　だったらどうする？
りょう　だったら隙間とかにマスクをかぶっていけばいいんじゃ。④
T　あー、人間がね。そんなマスクが手に入ればいいですけどね。
りょう　酸素もたっぷり。⑤
なな　息がすえないじゃんそしたら。

　すでに5月の時点でも、Table 12-2のように文脈にそって、しかも友だちの発言に左右されることなく自分独自の考えを持って発言できる子どもである。Table 12-2の①のように他者の発言を受けて、問いを返し、②のように自分なりの発言をさらに付け加えるという累積的な発話が生成し始めている。

147

第二部　入門期の学習指導に関する臨床的研究

　4月5月は、読み聞かせにおける始発発話はどちらもりょうであった。6月になっても、やはりりょうの始発発話によって読み聞かせは行われている。しかし、このころになると、Table 12-3の傍線②のように他者へ向けての発言が生成し始めている。そして、③のように他者に付け加えるような累積的発言が生み出されている。

　さらには、Table 12-4の②のように、話し合いの中で他者の意見を踏まえながら自分なりの解決策を見出し、発言を累積し始めている。また、かいりと同様に理由づけの発言が多くなっている。

　こうしたりょうに対して、橋本教諭は〈事例26〉のように、他の子どもにはないりょう独自の捉え方を大切にして、その違いを明確にみんなに提示していった。その結果、傍線①のようなりょうに関わる他者の声を生成させ、りょうらしさを認める。これもまた「存在証明としての言葉」を子どもに意識させることになるであろう。こうした取り組みがりょうに発話の宛名性を認識させるようになっていった。

〈事例26〉　（9月30日）
　れいじ　魚に似ているので魚にしてください。/りょう　ぼくはさよりという魚にしよう。/T　さよりっていう魚を知っているんですね。/りょう　さよりというのは、川の魚で塩焼きが一番おいしいといわれています。/ようすけ　ええ？　さよりって知らない。先生、休み時間にみてたらね。風にあたったらいわしのような雲の真ん中の骨みないなのはなくなって、まわりの小さな骨たいのが残っていました。/T　風によって雲は動くんですね。/C　<u>りょうさん、さより見せて。①</u>

　こうした取り組みの結果、10月になると〈事例27〉の傍線②のように、りょうの発話が他者の発言に積極的に意見を述べる発話の連鎖が見られるようになってきた。しかも、よりみんなにわかってもらおうという志向が身体を通した実感的発話を生成している。これも、橋本教諭が常に知識優先の発話に終始してしまうりょうに対して、「例えば？」「身体を使って説明してください」という発話を投げかけ続けた成果である。

〈事例27〉
かいり　じょうぶなうでがないと重いものをつりあげるときに、すぐ落ちてしまうからじょうぶなうでがいります。①……中略……／りょう　かいりさんに付け加えで、ちょっと体でやってみます。例えばこの二つの筆箱、あいこさんと僕のを重ねた筆箱がありますよね。じょうぶなうでじゃないと、ここにあるとします。これをそのまま、うーん……ガンってなります。②……中略……／浩　あしは、しっかりしたあしがなかったら、もしもつりあげているとき、しっかりしたあしじゃ…⑤／

⑤　はるなの変容

　はるなは、遊びのときには活発に遊び、他者とのかかわりもあるが、授業場面などではおとなしく、言語発達も未発達な部分が目につく。

はるなのプロトコルから考察される認知の発達状況

　はるなはおとなしく、ともすればその存在感の薄くなりがちなところが

Table 13

1　かいじゅう	2　ろくべえ
T　はるなさん、どんな踊りとおもいますか？① はるな　木に、ぶらさがる。 T　枝にぶら下がると思いますか。木が生えてたもんね。 T　ふかふかって言ってる。ふかふかしそうですよね、これね。 C　きもちー。 りょう　たかいー。 T　高いなーって言ってますか。はるなさん、なんて言ってると思いますか、マックス。 はるな　……。 T　みくさん、なんて言ってると思いますか。	T　帰るよってことか。なるほどね。（板書） かいり　なんかほらあなとかに落ちた時に言う。 T　うん。ね、もうすぐ帰るよ、とか助けるからね、とか。助けるのは洞穴の時も言うのね。なるほど。 なな　あのー はるなさんがどっちの"カエル"って。」① T　どっちのカエル？はるなさん。② はると　みどりかえる。 はるな　おうちに帰る。③ T　おうちにかえるの帰るね。そうね。こういう時使いますよね。

第二部　入門期の学習指導に関する臨床的研究

ある。4月、5月と読み聞かせ場面においてはるなの発話を見ることはできなかった。そういうはるなに対して橋本教諭は、6月、Table 13-1の①のようにはるなに問いかけ、促し、はるなから言葉が表出される機会を持とうと努力している。

常に受身だったはるなに変化が見えたのは、9月の読み聞かせにおいてである。Table 13-2の先生の問いに、はるなはきっとつぶやいたのであろう。それに対して、①のように、なながはるなに変わって発言をしている。このななの問いかけを橋本教諭はすぐさま②のように受け止め、はるなに返している。その結果はるなから③のような応答が返ってきている。

⑥　おとの変容

おとは、遊びのときには活発に遊び、他者とのかかわりもあるが、授業場面などではおとなしく、言語発達も未発達な部分が目につく。

おとのプロトコルから考察される認知の発達状況

4月、5月のおとは、日常会話になると、〈事例28〉の①のような他者への思いやりを見せ、その発言も自然な発話ができているが、読み聞かせ場面での教師の発問に対しては、教師へ向けての発話にはなっているけれども、Table 14-1、2の①②のように紋切り型の発話にとどまっている。

　〈事例28〉
　もえ　ここが痛い。/T　あとでいこうね。だいじょうぶよ。/おと　だいじょうぶ。①

Table 14

1　キャベツ	2　おつかい	3　かいじゅう
T　どんな音するの？ぱしぱし。なんていう	T　じゃあ、おつりがでるんですね。「みいちゃんはままに百	①T　うん。この前みんな踊ったい、運動会で。 T　違う？

第5章　コミュニケーション能力の形成

の？ぱさぱさ。なんていうの？しゅしゅ。あ、みずがでてくる。なんていう？かさかさ。なんていう？たんたん。なんていう？どうしましょう。こまちゃった。じゃあ、おとさんに教えてあげて。さんはい。
（みんなが思い思いの音を言う）
なな　ななもそう思う。
T　そう思いましたか？はるとさんどうおもいましたか？
C　僕もそう思う。
T　そう思いましたか。はい、じゃあおとさん。
おと　ここが（頬をさして）キャベツになる。①

円玉をふたつもらって、」
おと　二百円だ。二百円。②
T　こわそう。「誰かが、ごはん、といいました。」
おと　せんせい、てがでてる。
T　「振り返ってみると、黒いめがねをかけたおじさんが立っていました。めがねおじさんは、『たばこ』とどなりました。お店の奥でごとごとがさがさおとがして、エプロンで手を拭きながら出てきました。はいはい、たばこですね。おばさんからたばこをうけとると、めがねおじさんは行ってしまいました。」ちょっと感じが悪いおじさんですね。なんかこわいですね。あいさつもしないし、それにもうひとついかん。
T　待ってくださいな。
おと　十円十円。

おと　あのなんか棒にぶらさがったりしています。①
T　怪獣の踊りはそんなんじゃない？みなさんが踊ったペコリナイトとちょと違う？
T　てんぐの怪獣みたいですね。
C　ほっほーほっほー。
T　ねえ。とても喜んでいるみたいですね。ちょっと図書室じゃなかったら踊りたいところですね。
おと　あ、せんせい見てこれ。ぶら下がってる。②
T　ほんと。（めくる）あらほんとだ。木にぶら下がってまーす。はい、木にぶら下がってなんていってるでしょう。
T　だってー、ここ、まだマックス木に登ってるよね。こっちは一緒に踊ってるよね。何と次のページ威張ってるよ。どうしてだろう。
おと　抱っこされてる。③
T　「一週間過ぎ、二週間過ぎ、一月二月日が経って、一年と一日航海すると、（めくる）いつの間にやらお母さんに放り込まれた自分の寝室。ちゃんと夕ごはんが置いてあった。」
おと　それってスープ？④
T　スープと思いますか？（C子どもたちはなし始める）「いいにおいが届いたので、そのゆうごはんはまだほかほかとあったかかった。」さ、マックスなんて言ったと思いますか。夕ごはんを見て。

第二部　入門期の学習指導に関する臨床的研究

　それが6月になると、Table 14-3のように、教師へ向けての①のような「二次的ことば」と直接的対話としての②③④のような「一次的ことば」が混在している。また、教師とは応答関係ができているけれども、それが他者へ向けての言葉へと開かれていない。
　Table 14-3の④の質問も、みんなへ向けてというよりは、絵本と先生へ向けて何気なく発せられた宛名のない質問に受け取られる。

5．10月「じどう車くらべ」の実践での話し合いの考察

　前述した読み聞かせを通して学習者の中にどのような認知面の発達を見ることができるのか、10月に行った「じどう車くらべ」の発話分析を通して考察を行いたい。

(1)「じどう車くらべ」における量的分析
表8〈発話の連鎖〉

始発	キャベツ T	キャベツ C	おつかい T	おつかい C	かいじゅう T	かいじゅう C	ので T	ので C	ろくべえ T	ろくべえ C	じどう車 T	じどう車 C
I	16 (16)	12 (12)	5 (6)	2 (3)	12 (14)	8 (9)	2 (3)	5 (7)	9 (9)	12 (12)	0	0
I−R	26 (26)	15 (15)	25 (32)	8 (10)	14 (16)	13 (15)	40 (55)	4 (6)	14 (14)	18 (17)	18 (25)	0
I−R−E	22 (22)	1 (1)	21 (27)	3 (4)	23 (26)	4 (5)	14 (19)	2 (3)	29 (28)	3 (3)	10 (14)	2 (3)
+α	2 (2)	5 (6)	10 (13)	4 (5)	10 (11)	3 (3)	5 (7)	0	10 (9)	7 (7)	36 (49)	7 (9)
計	99		78		87		72		102		73	

注：（　）は合計に対する割合（％）

分析の枠組み
(1)　対話の始発……誰が対話を始めているか。

(2) 発話対象……発話者が参加者の誰に向けたものか。
(3) 発話の連鎖パターンⅠ（対話の始発）－R（Ⅰへの反応）－E（Rへの反応）の連鎖がどの程度見られるか。発話は原則として、1人の発話者が順番を交替するまでのひとまとまりの言語行為と定義した。ただし、言及する対象が変わった時は新たな発話の開始と捉えた。
(4) 発話機能　発話がどのように連鎖しているのか、その特性。Ⅰ（始発）……指示・発問・説明／R（Ⅰへの反応）……指示応答・発問応答・説明応答（否定・訂正）・説明応答（情報付与）・説明応答（繰り返し・問い返し・言い換え・受け止め）／E（Rへの反応）……情報付与・繰り返し・問い返し・言い換え・受け止め

「じどう車くらべ」の学習での話し合い活動では、Ⅰ-R-E＋αの連鎖が急速に増えていることがわかる。このことから、教室コミュニケーションに連鎖の高まりを見ることができる。また、Ⅰ単独の発言が見られなかったのは、今回は読み聞かせという自由な発話状況から授業での話し合いとなったので、問題解決型の話し合いが必要となり、その分教師主導で話し合いのターンを形成することになったと思われる。

(2)「じどう車くらべ」における質的分析
① れいじの認知発達のあり様
　10月になるとれいじの発話は、〈事例29〉の傍線①のように、前の発言者に対して、自分なりの考えを述べる積極性をみせ、さらに、傍線②のように、多くの人にわかってもらえるような情報付与による説明発話が行われている。

　〈事例29〉
　　T　これがパトカーね。（名前の紙を貼る）／ひろし　パトカーはあの、あれ。あの泥棒とかを捕まえてから、あの……／れいじ　いや違うよ。子どもも捕まえるんだよ。①／E　ええ？／T　本当ね。／C　うそ!?／れいじ　本

第二部　入門期の学習指導に関する臨床的研究

<u>当だよ。えっと車に乗っててね。シートベルトをはめんかったらね、捕まるってお母さんが言いよったもん。②</u>

さらに、〈事例30〉の①〈事例31〉の①②のように、前の発言者に対して自分の考えを付け加えて述べようという累積的認知の発達が見られるようになった。

〈事例30〉
T　まだありますか。/れいじ　<u>まだあります。ヒントを言っていいですか？①</u>/T　いいですよ。/れいじ　悪い人がいて、すぐ来るもの。/C　パトカーだよ。/C　パトカーじゃないの？/T　えー？/C　じゃあ最初の言葉だけ言って。/T　皆パトカーだと思っているから、れいじさん教えてあげて。警察の乗る車を言いたいのかな？/れいじ　あのパトカーの形と違うパトカー。/T　パトカーなんだけど。皆が言っているパトカーじゃないパトカーがあるそうです。そんなの知っている？

〈事例31〉
K　はしごも付いていません。/T　付いてませんねー。みんなよく分かりましたね。やっぱりちょっと校長先生だけの車じゃだめみたいですね。はい、れいじくん何か言いたいことがある？/れいじ　<u>えっと、付け加えがある。①</u>（黒板に進み出る）/T　付け加えがあるの？付け加えが多いですね。/T　ね、みんな物知りになるね。/れいじ　<u>助けてといっている人がいたら、早く消防車が来ないと人は命を失ってしまう。②</u>/T　ねえ、命が危ないよね。そうよね、消防車は命に関わるから絶対にいるって言いたいのよね。そうね、じゃあ消防車は命を守る車ですって説明してください、どうぞ。/りょうた　ハーイ、また救急車の……/れいじ　<u>消防車は命を守る車です。③</u>/T　だからとっても大事な車のようですね。はい、じゃあちょっと待ってね。（プリント配布）まずプリントに名前を書いてください。ね、みんながとってもいるって言ったよね。ちょっと名前書いてて。ひろしさんは何か言いたいことがある？　どんなことが言いたい？うん、じゃあまたあとでね。

第5章　コミュニケーション能力の形成

　また、〈事例32〉のように、自分なりに理由づけして説明する発話も見られるようになった。

　　〈事例32〉
　　T　どうして？これ便利よー、校長先生は便利だって。どうして駄目なんだろう。/れいじ　<u>一人だったらさびしくなるから。</u>/T　ああ、いろいろあった方がいい？車は。

　また、〈事例33〉の①のように、他の可能性を「もしも」と仮定して述べる述べ方などは、これまでのれいじの発話にはない新たな認知の発達を示す発話である。

　　〈事例33〉
　　T　じゃあいるんだね。じゃあほら。消防車の代わりに水運ぶってよ。/K　運ぶ、運ぶ。いっぱい運ぶ。じゃ、じゃって。（水をかける動作）/E　はい、はい……/T　じゃあ、れいじさん。/れいじ　高いところまでできない。/T　高いところまでできない？/K　校長先生、屋根に登る。/T　登るってよ？はい、じゃあ、れいじさん。/れいじ　<u>もしも、校長先生の車で運転しているとき、水を後ろに載っていたら、車に見つかりそうで、カーブをしたら、カーブをしたら……①</u>/T　カーブって分かる？みんな。/C　曲がったら。/T　曲がったら？/れいじ　<u>カーブをしたら、水が、水がジャバーってなる。</u>/T　水を運びよんなはるとき校長先生がカーブをしたら、運んでいる水がこぼれちゃうって。（りょうた挙手）じゃ、じゃあ、消防車の水はそんな風にカーブしてもこぼれないんですか？

② 　りょうの認知発達のあり様
　10月になると〈事例34〉の傍線②のように、りょうの発話が他者の発言に積極的に意見を述べる発話の連鎖が見られるようになってきた。しかも、よりみんなにわかってもらおうという志向が身体を通した実感的発話を生成している。これも、橋本教諭が常に知識優先の発話に終始してしまうりょうに対して、「例えば？」「身体を使って説明してください」という発話を

155

第二部　入門期の学習指導に関する臨床的研究

投げかけ続けた成果である。

　〈事例34〉
　かいり　じょうぶなうでがないと重いものをつりあげるときに、すぐ落ちてしまうからじょうぶなうでがいります。①……中略……/りょう　かいりさんに付け加えで、ちょっと体でやってみます。例えばこの二つの筆箱、あいこさんと僕のを重ねた筆箱がありますよね。じょうぶなうでじゃないと、ここにあるとします。これをそのまま、うーん……ガンってなります。②……中略……/浩　あしは、しっかりしたあしがなかったら、もしもつりあげているとき、しっかりしたあしじゃ…⑤

③　かずおの認知発達のあり様

　かずおは、10月になると、〈事例35〉の①②のように、探求型の累積的な発言を行い、クラスの話し合いを深める役割を果たすようになっている。

　〈事例35〉
　T　水を運びよんなはるとき校長先生がカーブをしたら、運んでいる水がこぼれちゃうって。（りょうた挙手）じゃあ、じゃあ、消防車の水はそんな風にカーブしてもこぼれないんですか？/かずお　だけどマンションで火事があったら……①/りょうた　はい、はい、はい……！/T　ちょっと待って。ちょっと待って。消防車のことで言いたいことがある人？はい、じゃあ二人（りょうたあいこ）どうぞ。あいこさんから。/あいこ　なんで、校長先生の車ではいけないかというと。少しれいじさんに似ていて。動いたとき、すぐ水がこぼれてお洋服とかがびしょぬれになって。/T　校長先生のかっこいいスーツがぬれちゃうのね。（りょうた挙手）あ、他にもあるのね。ちょっと待って、あいこさんが言ってから。/あいこ　えっと、いっぱい水をためられないといけないから、いっぱい水を汲んでおくじゃないですか。その時もしこぼれたら、車の中にこぼれたら、えっと、沈むから。/T　ああ、本当よね。火事を消すためにはいっぱい水がいるものね。はい、じゃあかずおさん、りょうたさんといきましょう。りょうたさんが言いますか。はい。/りょうた　れいじさんとあいこさんとよく似ていて。えっとたぶん、えっとなんか、火事のときに消防車はバーってマッハで行くんで

156

すけど。だからそのマッハのスピードのせいでドジャーンて水がこぼれて車の中に広がっていると車の中に、すき間に入って、車が故障して困ってしまう。／T　水浸しになると車も故障しちゃうのね。分かった、じゃあちょっと待ってね。(かずおを指名)／かずお　<u>もしもマンションの高いところが燃えていたら、かけれないじゃないですかね。</u>②／T　校長先生が頑張ってこうしたって届かない。／かずお　<u>だから、消防車はいる。</u>／T　絶対いりますよね。かずおくんね。(挙手多数)　はい、はなこさんのところは？

(3)発話の連鎖からわかる子どもの認知の発達に関する考察

　次に、入門期の4月から9月にわたる読み聞かせと、10月の「じどう車くらべ」の発話の連鎖の違いについて考察を行う。

　4月5月段階では、教師の発問に自分自分の思いの発言を重ねているのみで、まだ発話の連鎖を明確に確認できるのはIRがほとんどの状態であり、IRE連鎖になると〈事例36〉〈事例37〉のような自分の思いをランダムに述べている状態にとどまっている。そして、〈事例38〉のように教師の子どもの声を受け止め、さらに問いかけてくることばに誘われながら、子どもたちの発話に連鎖のようなものが見えはじめていく。

　〈事例36〉　4月「キャベツくん」
　T　ほっぺたがキャベツになりそう！さあどうなるでしょうか。ぶきゃっ。ぶたやまさんはびっくりしました。きゃべつのかえるが空に浮かんではねています。今度は一匹じゃないんですよ。何匹いますか？／C　さんびき！／C　かめににてる！／C　かめだよ。／T　そうですね。かめみたいですね。

　〈事例37〉　5月「はじめてのおつかい」
　T　どうして、壁にくっついたの。／C　こわいから。／T　自転車がびゅーて走ってきたでしょう、みなさん。／りょう　ひかれるから。／C　はい。／T　ありますよね。／もえ　あとね、／C　よけたとおもいます。／T　さあ、次のページに行きますが、(もえ「せんせい」)自転車の、(もえ「せんせい」)ベルの音はなんていう音だったでしょう。

第二部　入門期の学習指導に関する臨床的研究

〈事例38〉
T　つよいね。みいちゃんね、りょうさんね。みんなだったらね、ここで泣いたかもしれん。ど～お？①/れいじ　泣きながらとりに行く。②/T　泣きながらとりに行きますか、ななさん。/もえ　なきません。/なな　ハンカチ持ってったらね、血とかふいてから、起き上がって、とる。/T　でも痛そうよ、みてごらん、ほら。こんなになったことありますか。/もえ　はい。/T　ありますよね。/なな　いまなってますよ、ほら。/T　もうみなさん一年生だから、泣かないでしょ。/りょう　でもだんだん回復してきてる。

　その要因は教師の発話①にあると考えられる。この「みんなだったら」の問いに、れいじは②のように自己の体験を想起しながら言葉を発した。①の発話によって他者の視点や見え方から状況を考える基盤が育てられる。また「みんなだったら」という発話は子どもに生活体験を想起させ、語らせることになる。「存在証明としての言葉」は、このように、自己の切実な体験を基盤とし、それによって他者の立場や思いを受け入れる体験を通して育てられる。

　6月のかいじゅうたちのいるところあたりから〈事例39〉〈事例40〉のような教師の子どもの発話をつなぐ促しや支援を得ながらではあるが、自分たちの文脈の中で発話がつながり、話し合いに連鎖が生み出され始めている。ここにも①のような教師の発話がその契機となっていることに注目したい。

〈事例39〉　6月「かいじゅうたちのいるところ」
T　みんなどうする①、夕ごはん抜きではいもう寝なさいって言われたらどうする？　耐えれそう？/C　いや。/かいり　あのー、泣くのを我慢して、開けろーって言う。/T　あ、あけろー、と開けてくれーって言う。食べさせてくれーって。/りょう　でもかぎが、かかっとる。/T　かもしれん。

第5章　コミュニケーション能力の形成

〈事例40〉
Ｔ　はるなさんどんな踊りとおもいますか？／はるな　木に、ぶらさがる。／Ｔ　枝にぶら下がると思いますか。木が生えてたもんね。／Ｃ　あたしもそう思います。／かいり　ぼくも木にたおす。／Ｔ　木をたおすような踊りと思う？／れいじ　ばーんばーん。／りょう　僕はー、この島を荒らした（不明）。／かいり（りょうと同時に）　あとー、怪獣が暴れたから、マックスも、踊り、踊ったからー。

　そして、9月になって〈事例41〉の傍線①②③部分のような、子どもたちによる自立した発話の連鎖が生み出されている。

〈事例41〉　9月「ろくべえまってろよ」
Ｔ　こわそうですね。ここどこなんでしょう、いったい。／りょう　でも助けを呼んだらいい。／はると　お化け屋敷。／れいじ　これ（題名の文字）がちょっとこわい。／Ｔ　こわく見えてきた？　ろくべえまってろよていう字までこわく見えてきたって。どこなんでしょうね、ここ。／かいり　ほらあな！／Ｔ　洞穴と思う？／れいじ　なんか、コラーッて言ったらこわいなんか。／なな　なんか病院の（不明）と思う。／Ｔ　ヒントいいます。洞穴だったらこう（本を横に）なってたら洞穴になる気がするけど。／Ｃ　え？／れいじ　トンネルみたい。／Ｔ　ねえ。でもこれこうだもん。／かいり・みく　おとしあな？①／なな　そしたら、あのう、落としてるってことになる。②／はると　あ、落とし穴に似てる！③／Ｔ　ね、こんなふうに下に、／かいり　何か下のほうに穴があるから下の方にあって。

　それが10月になると、〈事例42〉に見られる「〜さんに似ていて①」、「〜さんと〜さんとよく似ていて③」、〈事例43〉の「ほかにもあります①」、〈事例45〉の「付け加えがある①」というようなつなぐ言葉、〈事例42〉の②のみんなに問いかけ、語りかける発話、〈事例42〉の④の「もしも〜いたら、じゃないですかね」や〈事例42〉の⑤の「だから〜」と結論づける言葉などを用いながら、発話の連鎖が探究的に進展するようになっている。

159

第二部　入門期の学習指導に関する臨床的研究

〈事例42〉
T　ちょっと待って。ちょっと待って。消防車のことで言いたいことがある人？　はい、じゃあ二人（りょう、あいこ）どうぞ。あいこさんから。/あいこ　なんで、校長先生の車ではいけないかというと、<u>少しれいじさんに似ていて①</u>。動いたとき、すぐ水がこぼれてお洋服とかがびしょぬれになって。/T　校長先生のかっこいいスーツがぬれちゃうのね。（りょう挙手）あ、他にもあるのね。ちょっと待って、あいこさんが言ってから。/あいこ　えっと、<u>いっぱい水をためられないといけないから、いっぱい水を汲んでおくじゃないですか②</u>。その時もしこぼれたら、車の中にこぼれたら、えっと、沈むから。/T　ああ、本当よね。火事を消すためにはいっぱい水がいるものね。はい、じゃあかずおさん、りょうさんといきましょう。りょうさんが言いますか。はい。/りょう　<u>れいじさんとあいこさんとよく似ていて③</u>。えっとたぶん、えっとなんか、火事のときに消防車はバーってマッハで行くんですけど。だからそのマッハのスピードのせいでドジャーンて水がこぼれて車の中に広がっていると車の中に、すき間に入って、車が故障して困ってしまう。/T　水浸しになると車も故障しちゃうのね。分かった、じゃあちょっと待ってね。（かずおを指名）/かずお　<u>もしもマンションの高いところが燃えていたら、かけれないじゃないですかね④</u>。/T　校長先生が頑張ってこうしたって届かない。/かずお　<u>だから、消防車はいる⑤</u>。/T　絶対いりますよね。かずおくんね。（挙手多数）はい、はなこさんのところは？

〈事例43〉
T　どうして？/あいこ　その中で治療ができるから。/T　ああ、そこの中でいろいろしてくれるの。/りょう　はい、はい……/T　それは。/K　がんばって治療するよ。/T　じゃあ、そういう仕事もやっているんだ？（挙手多数）じゃあちょっと待って。校長先生もがんばるけど、救急車の中には校長先生の車には無いものが入っているのね、あいこさん。/あいこ　うん。/K　ええ!?/あいこ　<u>ほかにもあります①</u>。/T　まだありますか。/あいこ　校長先生だけ乗っているときは、校長先生が運転しないといけないから、治療とかもできない。/T　じゃあ一人じゃないんですね、救急車は。

第5章　コミュニケーション能力の形成

〈事例44〉
れいじ　もしも、校長先生の車で運転しているとき、水を後ろに載っていたら、車に見つかりそうで、カーブをしたら、カーブをしたら……①/T　カーブって分かる？　みんな。/?　曲がったら。/T　曲がったら？/れいじ　カーブをしたら、水が、水がジャバーってなる。②/T　水を運びよんなはるとき校長先生がカーブをしたら、運んでいる水がこぼれちゃうって。（りょう挙手）じゃあ、じゃあ、消防車の水はそんな風にカーブしてもこぼれないんですか？/かずお　だけどマンションで火事があったら……

〈事例45〉
T　付いてませんねー。みんなよく分かりましたね。やっぱりちょっと校長先生だけの車じゃだめみたいですね。はい、れいじくん何か言いたいことがある？/れいじ　えっと、付け加えがある①。（黒板に進み出る）/T　付け加えがあるの？/?　付け加えが多いですね。/T　ね、みんな物知りになるね。/れいじ　助けてといっている人がいたら、早く消防車が来ないと人は命を失ってしまう。/T　ねえ、命が危ないよね。そうよね、消防車は命に関わるから絶対にいるって言いたいのよね。そうね、じゃあ消防車は命を守る車ですって説明してください、どうぞ。

　これは「じどう車くらべ」の学習の一場面である。ここにきて、りょうとれいじは〈事例42〉の③〈事例45〉の①のように明確に他者と発言を結ぼうとしている。自動車の仕組みと働きの関係を理由付けによって読み取ることがねらいである本授業においても、橋本教諭は子どもの身近な事例（校長先生の車）から考えさせようとしている。その結果、子どもたちは自らの既有知識をもとに自己の問題として自動車の仕組みと働きを関連づけて読み取っている。
　このように、子どもが生きている現実社会と学ぶべき教科内容とを切実に切り結んでいくことによって、子どもは単なる「命題機能」としての言葉（教科内容を認知し伝達する言葉）を超えて、「存在証明としての言葉」を発し、それが教室に連鎖のあるコミュニケーションを生成したと考えられる。

第二部　入門期の学習指導に関する臨床的研究

　では、「存在証明としての言葉」がなぜ生成されたのであろうか。〈事例42〉の②のような「二次的ことば」と〈事例44〉の②のれいじの言葉に代表されるような「一次的ことば」が混合して使われていることが分かる。れいじの発言は、校長先生の車からクラスのみんなが自動車の仕事と働きの関係について語り始めたその語りの文脈の中で、自分の生活場面を想起しながらの語りである。この生活実感を伴った語りが「存在証明としての言葉」として表出されるからこそ、れいじのような認知的に遅れがちである子どもも実感を伴いながら教科内容である「命題機能」としての言葉を理解しているのであろう。橋本学級のコミュニケーションの発達には、生活から派生した子どもの語りが中核を占め、そこに「命題機能」としての言葉が語られているのである。
　こうした発話の連鎖は、翌年7月には、〈事例46〉のように、お互いの考えを深め合うコミュニケーション能力へと発達していった。

〈事例46〉
かいり　だれか一人だけが黒かったら他の小さい魚から、あの魚だけ仲間はずれだって言われそうだから。①/T　言われそう、いやな感じがする、いやだから言われそう。/あや　そういうことじゃない。まぐろに食べられて、仲間が減るのが悲しい。②/かいり　それがどうして悲しいか。③/あや　えっと、だって、他の魚たちは赤いのに一人だけ黒で、あの、赤い魚たちは一緒に食べられたりして、一緒じゃないですか。でも、黒いのは、真っ黒の魚と色が似てるから。④/T　ああ悪いまぐろとにているのがとてもいやなんじゃないかって、ああなるほどね（納得の表情）/りょう　まぐろのとりこみたい。かいり　まぐろの子どもみたい。/C　とりこってなに？/T　とりこっていうのは、まぐろの、なんか仲間みたいな。なるほどねえ。/かいり　だから、それがいや。/T　それがとてもいやだと思う、だよね。兄弟たちや仲間の命を奪うまぐろと同じいろっていうのはね。つらいかもしれないね仲間はずれのことは、なんかりょうさんいってたようだけど、どう？/りょう　例えば、みなさんがもし、えっと。本庄小ではいないとおもうんですけど、他の小学校にいって他の小学校でみなさんが、みんなが体の特徴と合わなかったら、合わないときにそのときに入れてといっても

第5章　コミュニケーション能力の形成

<u>追い出されてしまう。⑤</u>/T　あ、体の特徴ね。こうたさん、言ってたよね。何だっけ、こうたさん、ね、前の学校でとても悲しいことがあったよね。みんなの前で、もう泣きながら言ったじゃない。覚えてる？/りょう　名前をばかにされた。/T　されたり？/C　ちびって言われた。/T　<u>そうそう、前の学校で名前をばかにされたりちびって言われたのが悲しいっていったよね。覚えている？みんな。涙が出たよね。ね。体がちっちゃいとそんな風にしてこうたさん、つらいことがあったよね。⑥</u>/こうた　（涙を拭きながらうなづく）⑦/りょう　<u>体が小さくてもみんな仲間だからいいんだよ。⑧</u>

　ここでは、「スイミーは一人だけ真っ黒でどんな気持ちだったのかな？」という教師の問いに、概念的にこたえる①の発言から始まった。それに「違う」と表明する②の発言があり、そして、その発言に質問を投かける③の発言が続く。それに対して、あやが④のように発言をしている。さらに、あのりょうが⑤のように自分たちだったらという枠組みでの発言を行っている。概念的な理解、他者とのかかわりが希薄であったりょうからこのような発言が生成されているところに、生活の文脈を起点にした橋本教諭のコミュニケーション育成の視点が息づいていることがわかる。こうした生活の枠組みからの発言が子どもにとっては「存在証明としての言葉」であり、この「存在証明の言葉」は教師の⑥によって一人の子どもを起点にそのちがいを共有化し、その結果、りょうから⑧のような他者の存在を認める発言が生成されている。ここにきてコミュニケーションは探求的コミュニケーションの芽生えを示していると思われる。

6．まとめ

　先に見てきたように、4月当初における教師と子どもとの一問一答式のコミュニケーション状況が、10月段階では発話の連鎖が生成されるようになっている。この段階でかなり累積型コミュニケーションの様相が見え始めている。

　入門期の子どもの認知発達は、こうした累積型の様相が見え始める前に、

ひろこやれいじの事例からも窺えるように、子ども自らが子どもの内に自他関係を捉える力を育むことが欠かせないことがわかる。この自他関係が芽生えるからこそ、人に向けて説明する、話すというコミュニケーション能力が芽生えていくのである。橋本教諭の場合には、「名人の席」などの装置を導入し、また教師が子どもの発言を受け入れ、問い返すという対話的な対応によって、入門期の子どもの中に、言葉は人へ向けて差し向けられるのだという体験を積み上げることとなる。この体験が実は聞くという態度形成に影響を与えていくと考えられる。

　他者との関係性の中で子どもの中に自他関係が芽生えていくと他者へ向けての言葉が発達していく。そのときに子どもたちが語りたい、語り合いたいと思え、かかわりあえるのが共通基盤としての生活体験である。それゆえに、この時期に、子どもたちが生活体験を基軸とした思ったことや感想をしっかりと述べ合い、共有することが大切なのであろう。

　次に、主観を吐露する段階から、自分の主観を共有してもらうために自己中心から脱文脈化していく段階があり、そして、文脈を捉えて言葉を発する段階が来る。はじめ文脈の中で自分の言いたいことを羅列的に言い足していく段階が訪れる。このとき子ども自体は発話の連鎖を意識しているわけではない。本研究での量的・質的調査の結果からは、文脈の中で他の可能性を広げて考える拡散的コミュニケーションの段階があり、その次に、その発話を整理し、つながりを見出そうとする教師の発話の誘いの連続の中で、他者との相違に気づくときがやってくるのであろう。そして、文脈の中で今度は自分と対峙している他者と自分の相違点を捉えて、意見を累積的に述べる段階と他の可能性を探りながら言葉を発する段階がくるのではないかと考えられる。

7．総括――「存在証明としての言葉」という観点から――

　以上の考察から、橋本学級におけるコミュニケーション能力の発達にとって、「表現機能」である「存在証明としての言葉」の育成が不可欠であることが明らかとなった。そして、このことが「社会機能」を土台とし

て、「命題機能」としての認知と伝達の発達を促していることが明らかとなった。

　最後に、橋本学級におけるコミュニケーション能力の発達を促す機能の構造をまとめておく。

① 子どもの発言を受け入れようとする教師のかかわりを起点にして「心の触れ合い」を大切にした初期コミュニケーションが形成されている。
② 他者のまなざしを内在化し、自己二重化を図る工夫が随所に見られる。このことが話し合いの文脈の共有化を可能にする。
③ 子ども相互の関係においては、心の読みとり（マインドリーディング）の手だてが切実な対人関係を形成する基盤となる。
④ 自己は他者とは異なる心をもった存在なのだという体験を蓄積していくことが、まさにアイデンティティとしての「存在証明としての言葉」を育成していくことになる。このことによって「命題機能としての言葉」もより切実なものとなって発達していく。
⑤ コミュニケーションが子どもの生活文脈を基盤に展開していくために、話し手の話を支える感情、感性が聞き手をつなぎ、子どもの「存在証明としての言葉」が育成されやすい構造が備わっている。
⑥ 「一次的ことば」と「二次的ことば」が統合されたコミュニケーションによって、子どもは「一次的ことば」で「存在証明としての言葉」を語り、「二次的ことば」で「命題機能」が促進されることになっている。入門期において、「一次的ことば」から一気に「二次的ことば」の獲得を目指すのではなく、橋本学級のような「一次的ことば」と「二次的ことば」をいかに統合させるのかという視点が重要である。

　入門期において「存在証明としての言葉」は、子どもの生活体験を基盤にしたエピソードや生活を取り巻く人・もの・こととの関係を基盤にしながら、新しい学級という枠組みの中で、出会った人・もの・こととの関係性の中で育てられなければならない。そうした他者との情意面、態度面を含めた経験がなければ、中学年におけるメタ認知も十分に発達しない。さ

らに高学年において、形式知で言葉を操作する「命題機能」としての言葉だけが交わされかねない状況も引き起こす。これでは、他者との関わりを通して自己内対話を切実に行った結果としての「私の言葉」を育むコミュニケーション能力の育成は難しいであろう。

今後も様々な入門期の学びの参与観察を通して、コミュニケーション能力の発達のあり様を究明していきたい。

注
(1) 秋田（2002）は、教室の談話研究の成果を概観した論考のなかで、「学習を目的とする授業場面での談話において、どのような談話が学習をいかに深めるのかという談話と学習の関連を実証的に分析した研究はまだ多くはない。教育実践としての授業における集団での談話と学習の過程を検討していくことは、今後の期待される課題といえるだろう」(p.190) と述べている。
(2) ＩＲＥとは「開始（Intiation）――応答（Reply）――評価（Evaluation）」のことである。教室では、教師が発問・説明・指示などによって会話を「開始」し、生徒がそれに「応答」し、それを教師が「評価」する。

　佐藤（1994）は、教室会話の特徴を表すものとして〈E〉の機能に注目している。「教室のコミュニケーションの特殊性と教師の権力性は、最後の〈E〉において最もよく表現されて」おり、「教室の会話では、最後の〈E〉が介在することによって、対等な人間関係の対話の性格が剥奪されている」という (p.12)
(3) マーサーは、会話の様相を「論争的会話」「累積的会話」「探索的会話」の三つに分類している（Mercer, 1996）。分析の実際は、位藤紀美子（2007）『国語科教育改善のための言語コミュニケーション能力の発達に関する実験的・実践的研究』（平成16年度～平成18年度科学研究費報告書）を参照。また、それを参考にして、山元悦子（2007）「言語コミュニケーション能力の発達モデル」（前掲位藤書に同じ）は、話し合い状況を、低学年＝累積（拡散・連鎖）、中学年以降＝分離（対立・協調）、高学年以降＝組織化と捉えている。
(4) 岡本（1984）は書き言葉を学び始めてからの書き言葉と話し言葉を「二次的ことば」（現実を離れた場面で、言葉の文脈によって不特定の一般者に向けられる一方向的な自己設定）と呼んでいる。
(5) 岡本（1984）は「二次的ことば」以前の話し言葉を「一次的ことば」（具体的現実場面で、状況文脈によりながら親しい特定の相手に指し向けられる会話式の相互交渉）に分けている。

(6) 中田基昭（1996）によれば、「直接的対話」とは身体的対峙による一対一関係の対話であり、私の対話行為が他者に補完されることで確かになる自己の存在の肯いである。
(7) 中田によれば、「間接的対話」は事柄へのかかわり方を問題とする一対多関係の対話であり、自分自身をも含めた集団の論理を客観的に捉える営みである。「直接的対話」と「間接的対話」は、岡本夏木の言う「一次的ことば」と「二次的ことば」につながりそうであるが、そうではない。「二次的ことば」を用いた学者間の理論的な「直接的対話」も存在する。一方、教師を含めて仲良しになったなじみになった場合の教師の皆に対する語りかけなどは「一次的言葉」を用いた間接的対話と言える。
(8) ニストランドら（2003）は、25のミドルスクール、200以上の8・9年生の教室での観察データにもとづいて「対話的会話（dialogic discourse）」が生じるのに影響する変数を次のように抽出している（pp.135-198）。
　① 本心からの質問：質問者が前もって答えを決めていない質問——それは通常の教室での質問とは異なる——がどのくらい行われているか
　② 取り上げ：前の話者が話したことへの質問や言及がどのていどみられるか。
　③ 評価のレベル：評価において、単に正誤を評価するだけか（低いレベル）、応答を認めた上で応答を精緻化したり追加の質問をしたりするか（高いレベル）
　④ 認知的レベル：応答において、単に定まった答えを復唱するだけか（低いレベル）、一般化・分析・推量などを行っているか（高いレベル）
　質問する人：質問が教師と生徒のどちらによってなされるか。
(9) 岡田敬司（1998）は、「コミュニケーションの発達は一貫して、『心の触れ合いを保ちつつ事柄における一致を図る』なかで実現するのである。」（p.47）と述べ、初期コミュニケーションにおいて「心の触れ合い」の重要性を指摘している。
(10) 岡田敬司（1998）は、児童がクラス討論を遂行できるためには、児童は経験を物語に変換することが必要であることを指摘している。つまり、文脈が構築できることが必要であることを指摘している。キャズデンは、この転換の要として、原因、結果、動機、感じなどを語り出すこと、そして始まりと終わりを作ることを指摘している。これによって経験的事実は物語へと転換され、個人的世界の出来事は共同世界の出来事となっていく。そして、「物語は語り出されるやいなや、聞くものの感受性に訴えかける力を持つ。」（岡田敬司, 1998, p.88)
(11) 鯨岡峻（1997）『原初的コミュニケーションの諸相』ミネルヴァ書房）は、

「対面コミュニケーション」を「理性的コミュニケーション」と原初的コミュニケーションを含めた「感性的コミュニケーション」として捉えている。理性的コミュニケーションが行われるには感性的コミュニケーションが必要であることを指摘している。

(12) 伝達を目的としない非社会的言語（ピアジェ）。ヴィゴツキーはこれを外言から内言が分化する過渡期の現象であり、自己中心的言語の消滅が内言の形成であるとした。

(13) 中井孝章（2004）はこのことを「相互理解（アスペクト理解）」と呼んでいる。中井は、現在、学校現場で見られるコミュニケーションが成立しない児童たちの問題を「心」を持たない児童たちの問題として捉えており、そこには「アスペクト理解」が成立しないと考えている。そして、この児童たちには「私と他者とのあいだで、両者の捉え方・見方を対立させたまま、相互理解（アスペクト理解）のためのコミュニケーションがなされなければならない」(p.177) ことを指摘している。さらに、「アスペクト盲には、自分自身の捉え方・見方を穿つような、または否定するような、異質な他者は一切登場しない。アスペクト盲には、二人称としての汝（他者）とのあいだでなされるべき「心」に関するアスペクト理解のコミュニケーションは閉ざされたままである。」(p.181) と述べている。

(14) 内田伸子（1996）によると、四歳児は物語の一貫性に無関心である。これに対して、五歳児は物語を作る過程をモニタリングする機構が働き出し、これが個人的構想を打ち立てる場合でも、他者との協同語りでも、一貫した物語を可能にする。このモニタリングの手段として、内田は、相手への質問や確認、批評やヒント、促しなどを数え上げている。これらは広い意味でメタ会話と言える。言い換えれば、五歳児はメタ会話によって、個人的に、あるいは協同的に相手の構想を確かめつつ一貫した文脈、物語を構築するのである。

第三部
論理的思考力の発達
―― 説明的文章の読みの授業を通して ――

第6章　入門期の説明的文章の授業の現状と課題

第1節　なぜ説明的文章教材を学ぶのか

　なぜ、子どもたちは説明的文章教材を学ぶのか。
　この問いに切実に出会ったのは、私が教師になって赴任した二校目の学校であった。この子どもたちとの出会いは、私に、学びのパラダイムの転換を否応なく迫らせてくれた。社会的、文化的状況に恵まれず、温かな家庭に恵まれないがゆえに言葉を媒介にしながら他者とつながる術を知らない子どもたち。この子どもたちに、表現する力を、〈わたしの言葉〉を育てたい。学校で学んだことが、学校知としてとどまるのではなく、子どもたちが自ら生きている世界との関わりを通して、自分はどう世界と関わっていくのかという自分なりの見方、考え方、述べ方をもって生き抜いていける子どもに育ってほしいと願ったのである。人・もの・こととの関わりのなかでこそ人は学ぶのだということを、子どもの現実のなかで学んでいったのである。つまり、「子どもの側」からの授業を立ち上げていくために、私は、出会った子どもが置かれていた社会文化的な文脈や言語状況の中で学びを紡ぎ出すことをめざしたのである。
　こうした子どもとの関わりを通して、実践者であった私は、子どもの要求、子どもの姿からやむにやまれず、私の説明的文章の授業改革が進んでいったというのが実情である。
　それは、単に要点や要旨を読み取るということを超えて、説明的文章教材というテキストを媒介にして、子ども一人ひとりが持っている既有の知識をもとに、テキストに顕在化している表現・論理・構造という述べ方を手がかりにして、筆者の見方・考え方・述べ方に出会い、自分なりに解釈

し、自分なりにテキストの内容に述べられている世界を捉え直し、自分なりの見方・考え方・述べ方を形成することこそが、子どもにとって必要な「生きて働く力」ではないかと考えたのである。

　子どもは自分なりの既有知識をもとにテキストに出会う。そこに、筆者の見方・考え方・述べ方とのずれが生じてくる。そのことが子どもなりの「問い」として発せられる学び。こうした学びを「子どもの側」に立つ学びの出発点として考えた。さらに、教室を共にしている他の子どもたちとも「問い」を出し合い、考え合う。すると、他の子どもたちの問いや意見に触発されて、「納得できない」「ぼくは違うんだけど」という疑問や批判的な見方の芽が形成される。それがのちに「批評読みとその交流」、「筆者に『なる』こととその交流」という方法論として結実した[1]。こうした「子どもの側」からの授業を立ち上げたいと願い、工夫した説明的文章の授業改革が、現在、読解力向上プログラムとして注目されているＰＩＳＡ型読解力の育成に通じるものがあった。

　こうした子どもとの出会いを通して、私の中に説明的文章教材の学びを成立させる「学習者論」「教材論」「目標論」が確定されていった。

第２節　説明的文章教材の学びを成立させる学習者論

　従来の「教授型」の学習観では、授業は、テキストにある「正解」をどのように効率的に子どもに教え授けるかということに躍起になってきた。こうした学習観では、子どもは受け身的な受容器としてみなされることが多かった。しかし、最近の認知心理学などの研究によって、子どもには子どもの既有知識があり、新たな情報に出会い、その既有知識を再構成していくことができる能動的な存在であることが明らかになっている。つまり、子どもは与えられた知識を獲得する受容器としての存在ではなく、自らが蓄えてきた知識をもとに、それを新たに構成し、新たな知識を生成していく存在なのである。それは、入門期の子どもといえども同様であるはずで

ある。入門期の子どもたちも、それまでの家庭生活や幼稚園、保育園での生活を通して、様々な既有知識や既有経験を獲得してきているはずである。

その意味で、説明的文章教材の学習指導では、子どもが自ら既に持っている世界の捉え方、論理・構造の捉え方（特に入門期の場合には、「世界・論理を捉える技能」の育成が重要となる）を再構成することができるかが重要である。その結果、子どもは、新たに世界に対峙し直し、次なる学びの可能性が拓かれていくであろう。

そこで、このような学びを可能にするためには、自らの内なるものに揺さぶりをかけ、自らの内なるものを変容させていくような学びを実現していく必要がある。ここに、テキストに正解があるという従来の教材観とは異なる教材の捉え方の必要性が要請される。

第3節　説明的文章教材の学びを成立させる教材論

私は、究極的には、説明的文章教材を子どもが評価し、創造し、超えることのできるものとして捉える立場をとりたい。そのためには、筆者の世界の捉え方、論理・構造の展開の仕方を通して、子どもなりの世界・論理・構造の捉え方を育成していくことが重要であると考えている。つまり、説明的文章の学習指導において、子どもが教材に顕在化している表現や論理や構造を手がかりにして筆者の世界の捉え方を推論し、その結果、自らの世界を捉え直していく契機となるものとして教材を位置づけるのである。

入門期をはじめ、低学年の子どもたちは、おそらくテキストを通して、これまで素朴にもっていた概念や論理を精緻化したり組み替えたりしながら、文化に参入していく基盤としての世界・論理の捉え方を形成しはじめるのであろう。子どもたち一人ひとりの中に既にある既有の素朴概念などがテキストとの出会いを契機に、どのように「世界・論理を捉える技能」の形成を促していくのかに着眼しながら、説明的文章教材の学びを組織化していかなければならない。

すぐれた説明的文章教材は、本来、そうした力を持っている。筆者がある題材を選び、その題材をある切り込み口から切り込んで論じていくのは、筆者が、人間に、生活に、自然に、社会に、つまり、世界に、心が揺り動かされる何かを見出し、語らなければならない思いに駆られるからである。そして、それを読者に訴え、伝え、説明するために、言葉を選び、論理を研ぎ澄ませ、文章を構築していくのである。

第4節　説明的文章教材の学びを成立させる目標論

　それでは、なぜ説明的文章教材を読むのか。その目標を、私は次のように捉える。
　説明的文章教材の指導目標は、筆者が切り取った世界との出会いを契機にして、自らが対峙している世界を見つめ直し、捉え直し、自らの言葉（わたしのことば）で現実社会を切り取り、語り、表現し、行動することのできる子どもの育成である。このとき、教材に書かれてある論理や構造を概念知として理解するという学習ではなく、読み手である子どもが蓄えてきた世界の捉え方（世界を捉える技能）をはじめ、論理・構造の捉え方（論理・構造を捉える技能）を再構成することのできる学びを重視したいのである。
　ここで、少し、読みのメカニズムについて触れてみたい。
　本章では、説明的文章教材の読みに必要な論理・構造を、認知心理学の手続き的知識の知見を援用し、次のように定義する。
　子どもの認知構造には、長期記憶があり、そこには宣言的知識と手続き的知識が蓄えられている。宣言的知識は「何を」にあたる知識であり、手続き的知識は「どうする」に当たる知識である。そこで、説明的文章の読みに働く知識として、宣言的知識を「世界・論理・構造に関する概念知」、手続き的知識を「世界・論理・構造を捉える技能」と規定する。「世界」とは、自然、人間、生活、社会、歴史、宇宙などの現実を指す。「論理・構造に関する概念知」や「論理・構造を捉える技能」が機能しているとき

には、当然「世界に関する概念知」や「世界を捉える技能」が相伴って機能していることになる。

　私たちが、説明的文章教材に出会うと、まず、認知構造にある作業記憶が処理を行う。しかし、作業記憶の容量はわずかなので、長期記憶にある論理・構造に関する概念知及び論理・構造を捉える技能を検索し、ない場合には新たに再構成していく。このとき、既有知識の上位にあり、既有知識をアクセスしたりコントロールしたりするのがメタ認知である。しかし、メタ認知的知識が応じきれなくなると、新たなメタ認知的知識を再構成することになる。このメタ認知の働きが本格化していくのは、子どもの発達などとの関連から中学年以降であると言われている。メタ認知が中学年以降機能していくためにも、低学年の説明的文章の学習指導などを通して、子どもたちの内に「世界・論理に関する概念知」や「世界・論理を捉える技能」が豊かに育てられていなければならない。

　これまで、入門期の学習指導では何を教えなければならないのかということさえ明示的ではなく、読んで世界を知った喜びを味わうことで留まっていたり、語彙や文や文章の型を覚えさせたりするものなどが散見される。入門期や低学年での説明的文章の学習指導がその後の中学年以降の説明的文章の学習指導と豊かにつながっていくためには、入門期で何を教えなければならないのかということが明示され、それを教えるための豊かな方法が構想され、実践され、提案されなければならない。

　入門期をはじめとする低学年における説明的文章の学習指導では、子どもたちは、既に世界に対する素朴概念を持っていると考えられる。この素朴概念をもとに、テキストに出会い、新たな世界（「内容」をしめす。ここで言う「世界」とは筆者のものの見方・考え方で切り取られたものである。）や論理（筆者の見方・考え方を適切に表現するための認識方法）の概念的知識が形成される。そして、このとき、入門期の子ども特有の認識の精緻化へ進むプロセスを、教師など年上の人たちとの関わりで足場づくりを行っていくステップが重要となる。こうしたプロセスに「世界・論理を捉える技能」が形成されるための方法論が編み出されながら、入門期の子どもたちの内

に、生活に生きて働く「世界・論理を捉える技能」の形成が目指される。

「世界・論理に関する概念的知識」と、「世界・論理を捉える技能」の関係を「じどう車くらべ」を例に説明してみたい。

入門期の子どもたち（特に男の子）は車について、それまで図鑑や絵本などとの出会い、あるいはおもちゃ、身近な乗り物などを通して、興味を持ち、多くの知識を持っている。しかし、本テキストのように、じどう車を「仕事」と「つくり」という関係性（ある「仕事」をすることができるのはある「つくり」の工夫があるからだという認識と認識方法としての理由づけの論理）については初めての知識として出会うことになる。この知識を獲得するということが、自動車についての「世界・論理に関する概念的知識」を形成することである。こうして、ある「仕事」ができるのは、ある「つくり」の工夫があるからだという「世界・論理の捉え方」（理由付けの論理）がわかり、他のものをそのような関係として捉えることができるようになることが「世界・論理を捉える技能」が身についたということである。こうした「世界・論理を捉える技能」が形成されて初めて、生活に生きて働く力が育成されたと言えるのである。

これまでの説明的文章教材の授業では、テキストの世界・論理が所与のものとして教えられ、それらをただ覚えさせることになりがちであった。こうした学びでは、子どもの内面に揺らぎや葛藤を生じさせるような学習指導上の方法は不要であったわけで、世界・論理は子どもの外部から与えられるものとして捉えられてきた。したがって、このような学びでは、子どもが身体的、実感的なレベルで、「世界・論理を捉える技能」を再構成することは難しく、それがために生活に生きて働く力として獲得した「世界・論理を捉える技能」が機能しにくかったのである。

一方、子ども自らが自らの内なる世界の捉え方などを構成し直すということは、実感として、これまでの自らの世界の捉え方などを見直し、では、どのように世界と対峙しなければならないかという子どもの内なる営みとして学びが行われるということである。このように、子どもの内部から実感として再構成された世界・論理・構造を捉える技能は、子どもがこれか

第6章　入門期の説明的文章の授業の現状と課題

ら出会うであろう世界の中で、生活に生きて働く力として機能することが期待される。

　このことを、先に少し触れたＰＩＳＡ型読解力の育成に言及しながら論じてみたい。

　ＯＥＣＤの読解力テストの結果、日本の生徒の読解力低下の問題が大きくクローズアップされてきた。また、「キーコンピテンシー」の概念が提出され、生活に生きて働く読解力のあり方が模索されている。これが、現在、ＰＩＳＡ型読解力と言われる。読む行為のプロセスとしては、単なる「テキストの中の情報の取り出し」だけではなく、書かれた情報から推論して意味を理解する「テキストの解釈」、書かれた情報を自らの知識や経験に位置づける「熟考・評価」の三つの観点から捉え直されている。つまり、これまでテキストに正解があり、その正解を読み取ることが読解力と定義されていたことから、テキストと対話し、熟考、評価し、自分なりの解釈を形成し、表現することのできる力こそを、生活に生きて働く力として捉えるべきだという読解力の定義が新たに提出されている。

　こうした読解力を形成するためには、まず、子どもが自らの既有知識や既有体験を想起し、テキストに書かれている情報から推論し、解釈を生成する力が必要となる。次に、学校教育における学びでは、一人ひとりの中に生成された解釈を、異質なる者（子ども同士、教師）と交流し合うことによって、他者との相違を認識、熟考する機会が生まれ、「いや、ちがうぞ」「それは納得できない」という評価（批判的読み）を行うことによって、さらに、一人ひとりの解釈は深まっていき、自分なりの見方・考え方・述べ方が形成されていく。こうした読解力こそが、生活に生きて働く力として、子どもたちの身の回りにある世界を捉え直し、「わたくしのことば」で語ることのできる力が育成されていく。

　では、最終的に目指したい説明的文章教材の学びを以上のように考えた場合、入門期の子どもたちに必要な説明的文章教材での学びはどうあればよいであろうか。まず、先行実践から成果と課題を明らかにしたい。

第三部　論理的思考力の発達

第5節　入門期の説明的文章指導の現状

　私は、かつて低学年の説明的文章教材の学習指導の現状を、実践全体が見える実践記録を対象に、次の観点から実践事例ごとの分析を行ったことがある[2]。
①学習者観についての分析
　ア　引き出した子どもの既有知識や既有経験が、学習指導を経て、生活に生きて働く技能へと変換している。
　イ　引き出された既有知識や既有経験が、導入部分での活用に終始している。
　ウ　実践記録から子どもの既有知識や既有経験の活用への配慮が読み取れない。
②目標観についての分析
③方法についての分析
　ア　用いられた方法が、子どもの既有知識や既有経験を想起させ、子どもの既有知識を再構成している。
　イ　用いられた方法が、子どもの既有知識や既有経験を想起させるところまではいったが、既有知識を再構成するまでには至っていない。
　ウ　用いられた方法が、子どもの外発的な意欲喚起としては効果があったが、子どもの内発的な動機とはなり得ず、子どもに論理や文章構成を教え、与えることに終始している。
　エ　育てるべき論理・構造について、意識的に捉えていない。
以上の①〜③に基づいて、これまでの授業実践を概観・総括してみたい。

1．学習者観（学習者の既有知識、既有経験の活用の有無）

　低学年の実践事例においては、子どもの既有知識だけではなく、子どもの既有経験をも、教師が意識的に活用するための工夫を行っていることが

よく窺えた。これは特筆すべき点であると考えられる。このことは、教師が、言語能力が十分に育っていない低学年の子どもに対しては、既有知識や既有経験を想起させることが、言葉を起点にした実感としての認識力を育成することを経験知として体得していることに起因していると思われる。しかし、この子どもの既有知識や既有経験の活用が、学習の導入部分に留まっているところが改善すべき点である。

2．目標観

授業の目標から見ると、論理的思考力育成を読解によって達成しようとする学習、論理的思考力育成のために表現へと結ぶ学習、情報活用能力育成に力点をおく学習と大きく三つの流れがある。しかし、その学習の内実を探ってみると、論理的思考力の定着を図るようなワークシートを学習に導入するなど、論理的思考の型や文章構成の型を理解させることに重点を置いているものが多い。

つまり、子どもの既有知識や既有経験の活用を教師が意識しているにもかかわらず、その活用が学習のはじめの段階に限られているため、結局は、論理的思考の型や文章構成の型を教師側から教える目標設定に終始してしまっている事例が多い。

3．方法

論理的思考力を型として知識を教え込もうとするのか、活動型の学習方法をとりながら、子どもの論理を捉える技能を育成しようとしているのかの違いによって、授業の方法に違いがある。学習で育成した論理に関する概念知が、単なる知識として形成されるのか、生きて働く技能として形成されるのかという違いは大きい。

しかしながら、実際は、それぞれに異なった学習方法を取り入れているのだが、その方法が子どもの内発的な思いや世界の捉え方の変容に伴って形成されているのではなく、論理の型や文型を抽出し、教え、授けるという学習方法になっているものが多い。こうした方法では、知識を与えるこ

とに終始してしまい、生活に生きて働く技能の育成は難しい。

同様に、一見低学年の子どもが好むクイズをしようというような方法を取り入れた実践も、外発的な学習意欲喚起のための学習方法の導入のレベルにとどまっていては、子どもの「世界・論理を捉える技能」の育成にはつながりにくい。

総じて、小学校説明文教材の授業実践（低学年に限らず）では、論理的思考の型を教えるというような概念知の育成に終わった技能主義的な実践が多くを占めている。情報活用能力の育成を目標に掲げている実践も結局は論理の型を学ばせることに終始している。低学年の子どもであっても、これまでの生活経験の中で何らかの論理に関する概念知が蓄えられているはずである。このような子どもの既有知識を重視した活動は低学年から行われるべきである。低学年における形式的な知識の注入は、子どもに論理・構造に関する概念知のみを育成することとなり、現実世界を見つめ、考える技能の育成にはつながりにくい。低学年での論理・構造の育成のあり方は、その後の子どもの論理・構造の育成に大きな影響を与えることとなる。

生活に生きて働く読解力を身に付けさせるためには、入門期の子どもたちなりにテキストを媒介として、子どもたちの既有知識を呼び起こし、説明的文章教材で説明されている認識のあり方に出会い、世界（内容）を広げていくことが重要であり、その世界を説明する方法（論理）を再構成していくことが必要であると考えている。

では、そのような入門期の説明的文章の学習指導を実現するうえで、重要な視点は何であろうか。

第6節　入門期の説明的文章の授業改革の視点

入門期の説明的文章教材の学びで育てたい力は、「世界・論理に関する概念的知識」の形成と「世界・論理を捉える技能」である。こうした力を育てるために、次のことを解明していく必要がある。

第6章 入門期の説明的文章の授業の現状と課題

○入門期の子どもたちは、これから学ぶ説明的文章教材の内容に対して、既有知識としてどのような素朴概念を持っているのか。
　子どもたちの生活体験の違いが子どもたちの既有知識の形成に大きな相違点を生み出している。子どもの側からの授業を形成するうえで、こうした把握は重要である。
○入門期の子どもたちの既有知識はどのような手だてによって想起されるのか。
○子どもたちの内に想起された既有知識は、どのような人・もの・こととの関わりを教師がデザインすることによって、子どもたちの内なる既有知識を再構成することのできる子どもの側からの読みを可能にするのか。特に足場づくりとしての教師の役割は重要となる。教師はどのような学習のデザインを行えばよいのか。
　具体的には、次の視点へ向けての入門期の説明的文章の授業改革が必要である。
・説明的文章教材との出会いをどうデザインするのか。導入の工夫の究明。
・説明的文章教材との出会いを契機に、子どもの「世界・論理を捉える技能」を再構成することができるような方法はどう工夫されるべきか。
・子どもの疑問から出発し、子どもの側から「世界・論理を捉える技能」を再構成することができるような他者（教師・子どもたち）との話し合い活動をどのように仕組めばよいのか。

　以上の入門期の説明的文章の授業改革の視点に基づいて、次章以降では私自身の実践と橋本須美子教諭の実践を取り上げて考察を行う。

注
(1) 河野順子（2006）『〈対話〉による説明的文章の学習指導——メタ認知の内面化の理論提案を中心に——』風間書房を参照。
(2) (1)と同じ。

第三部　論理的思考力の発達

第7章　「〈対話〉による構成活動」による「世界・論理を捉える技能」の形成
―「とりとなかよし」と「どうぶつの赤ちゃん」の実践から―

　一年生の子どもであっても、それまでの生活の中であるいは幼稚園教育において、さまざまな説明的文章を読んできているはずであり、一年生なりの論理・構造を捉える技能を形成してきているはずである。そうした子ども側にあるものを考慮せずに、教材に描かれている世界・論理を与えても、子どもにとって、それは、身体的、実感的な世界・論理を捉える技能の育成に培うことは難しいと考えられる。

　そこで、私は、かつて、低学年の説明的文章の学習指導を、子どもの構成過程を重視した学習として展開してみた(1)。具体的には、低学年の説明的文章の学習指導に、子どもが自ら既有知識を再構成できるような表象化活動を位置づけ重視することにした。ここに、説明的文章の学習指導における「なる」ことの活動の一つとして、題材で取り上げられているあるものに「なる」などの方法を取り入れることにする。

　説明的文章の学習指導に表象化活動を仕組むことは、文章が規定する状況の中で子どもに想像を喚起させることになる。この想像のプロセスの中で、子どもたちがこれまでに蓄えてきた知識や経験が想起され、複合され、子どもの実感を伴った新たな意味が創造される。この活動の繰り返しが、「子どもの側に立つ」説明的文章の学習指導を実現すると考える(2)。

　この際、単に部分的な表象化活動に留めるのではなく、論理を捉える技能を育成するために、関係を捉える表象化活動を〈対話〉の形で導入し、重視したいと考えた。

　例えば、「とりとなかよし」のような共生関係による鳥と動物の関係を説明している教材の学習を、鳥（うしつつき）と動物（すいぎゅう）という二者による〈対話〉によって行う。低学年の説明的文章の学習指導の先行

第7章 「〈対話〉による構成活動」による「世界・論理を捉える技能」の形成

実践においても、子どもに実感を伴った読みを生成させるために、そのものになりきって読み取る方法が採られてきた。しかも、入門期ということを考慮して、説明的文章の第一教材では音声言語によるペアでの〈対話〉活動を重視し、しだいに書き言葉による自己内対話へと移行していくことができるように配慮した。このように、二者の〈対話〉を取り入れることによって、次のような成果が期待できる。

まず、関係づける、比較するなど論理に関する概念知を論理体験として体験させることによって、論理を捉える技能への変換を促す。しかも、他者の促しによる協同の読みが創造されることによって、意味を求める構成活動が促進される。このことは、中学年以降活発に働くこととなるメタ認知的活動を促す土台となる態度を養うことになる。

さらに、「なる」活動を取り入れることによって、筆者が説明している動物や植物などの特性を身をもって体験することになる。さらに、他者と〈対話〉を行うことによって、動物などに「なって」いた自分から、真の自分自身に立ち返り、筆者の説明に対して、自己の考えを生成させる働きを持つ。こうして、子どもは自分がなっていた動物や植物など自然に対して、命の不思議さやすばらしさを感動を持って読み進めることとなる。

以上で述べてきた表象化活動を取り入れた学習活動を「〈対話〉による構成活動」と呼ぶことにしたい。

第1節　「〈対話〉による構成活動」の年間計画

「〈対話〉による構成活動」は、次のような年間計画のもとに行った。なお、これら実践は、広島大学附属小学校において、私が1997年から1998年にかけて行ったものである。

　○1997年6月　単元名　なぜなぜクイズ絵本を作ろう！
　　　　　　　教材名　「とりとなかよし」光村図書　1年上

〈対話〉によるお話作りの構成活動
　　共生関係にある鳥と動物の〈対話〉劇　　例…きつつきとうし
○1997年11月　単元名　乗り物図鑑を作ろう！
　　　　　　　　教材名　「じどう車くらべ」光村図書　1年下
〈対話〉によるお話作りの構成活動、自動車とそれに関係する人による
〈対話〉　例…バスとバスの乗客
○1998年1月　単元名　動物の赤ちゃん事典を作ろう！
　教材名　「どうぶつの赤ちゃん」ますいみつ子　光村図書　1年下
〈対話〉によるお話作りの構成活動①
動物の赤ちゃんとその親との〈対話〉
例…ライオンの赤ちゃんとライオンのお母さん
〈対話〉によるお話作りの構成活動②　赤ちゃん同士の対話
例…ライオンの赤ちゃんとしまうまの赤ちゃんの〈対話〉

第2節　「〈対話〉による構成活動」の実際1
　　　　　「とりとなかよし」

1．子どものまなざしを取り入れた「とりとなかよし」の教材研究

　「とりとなかよし」は、入門期に初めて出会う説明的文章として位置づけられていた。本文は、動物への親しみや発見の喜びを感じながら、説明的文章の基本文型に慣れ親しむよう、共通する三段階の構造から成る。
　ちなみに、「わにちどり」の段階を見てみると次のようになっている。

①鳥の紹介	これは、わにちどりです。
②鳥の説明	わにちどりは、かわの　そばに　すんでいます。
③話題提示	わにちどりと　なかよしの　どうぶつは、なんでしょう。
④話題提示を受けた答え	それは、わにです。
⑤答えの動物を説明	わにの　はには、たべものの　かすが、たく

第7章　「〈対話〉による構成活動」による「世界・論理を捉える技能」の形成

　⑥理由　　　　　　　さん　ついています。
　　　　　　　　　　　わにちどりは、かすを　たべて　わにの　は
　　　　　　　　　　　を　きれいに　するのです。

　以上のように、前半「なぞ」、後半「答え」という構造が三段階ともに共通している。しかし、教材としての論理の整合性からみた場合、⑥文の答えとなる理由にあたる「わにちどりは、かすを　たべて　わにの　はをきれいに　するのです。」という文の書き表し方に問題がある。
　この⑥文は、③の話題提示文「わにちどりと　なかよしの　どうぶつは、なんでしょう。」について直接答えた文ではない。③について直接答えた文は、明らかに④文の「それは、わにです。」である。⑥文は「なぜ、これらの動物たちは仲がよいのでしょうか。」という問いかけ文を省略した形で書かれてある。実は、ここのところに一年生にとっては、論理の飛躍があり、読んでも納得できないという問題が残る。
　本教材の「なかよし」が「共生」の意味であるならば、「共生」とは、ちがった種類の生き物が助け合って、利益を得ながら暮らすことである。だから、論理の整合性を求めるならば、わににとって、わにちどりはどういう存在であるのか、そして、わにちどりにとってわにはどういう存在であるのかを述べなければ、「なかよし」ということが納得できる文章とはならない。もともと文章自体がそういう問題を抱えているのである。だから、学習者が納得する読みを行うための何らかの工夫が必要となる。そこで、この論理の飛躍の見られる⑥文を補う形で「〈対話〉による構成活動」を〈対話〉劇という形で取り入れることにした。共生関係にある二つの動物に同化しながら、隣同士でペアになり、〈対話〉を行うのである。

2．「世界・論理を捉える技能」が形成されるための授業デザイン

　授業は、おうちの人に「なかよし」の動物のことをクイズ絵本にして知らせようということで進めた。絵本の構成は、〈くいず絵本の枠組み〉のようになっている（ここでは、「わにとわにちどりの場合」のみをのせた）。

第三部　論理的思考力の発達

　以下、「うしつつきとすいぎゅう」「ぞうとあまさぎ」と続き、発展学習として、説明的文章の基本文型の定着をねらい、いそぎんちゃくとやどかりについて、同じようなパターンで記述を行うように仕組んだ。

　この絵本づくりのうち、①から③についての問いに対する答えの部分は、教師と学習者とのクイズ形式を採り、学習者が答える側にまわり、本文を視写しながら学習を進めた。

〈くいず絵本の枠組み〉

① これは、なんと　いう　とり　ですか？
　これは、わにちどりです。
② わにちどりは、どこに　すんでいるのですか？
　わにちどりは、かわのそばに　すんで　います。
③ わにちどりと　なかよしの　どうぶつは、なんでしょう。
　それは、わにです。
④ なぜ、わにちどりと　わには　なかよし　なのでしょう。
　わにの　くちには、たべものの　かすが、たくさん　ついています。わにちどりは、わにの　くちの　なかの　かすを　たべものに　しているのです。
⑤ わにちどりと　わには　どうして　こんなに　なかが　いいのでしょう。おうちのひとにも　わかるように　おはなしを　つくって　みましょう。

　⑥の活動となる「〈対話〉による構成活動」は、以下のようにして取り入れた。

　まず、友達とペアで〈対話〉劇を行い、その後、協同で共生関係を捉えているか、テキストの言葉を捉えた確かな表象化になり得ているかを検討し合う。次に、絵本の④の活動である「なぜ、わにちどりはなかよしなのでしょう。」について、〈対話〉劇後に理由の説明を書く。さらに、絵本の

第7章 「〈対話〉による構成活動」による「世界・論理を捉える技能」の形成

⑤の活動である「〈対話〉による構成活動」を自力でするというふうに、説明書きの前後に「〈対話〉による構成活動」を設けた。

ペアでの〈対話〉劇ののちに、自分なりになぜ「わにとわにちどりは仲良しなのか。」の理由を説明する活動を取り入れた。しかし、この時期の子どもは、理解したことをうまく説明することは難しい。そこで、さらに、論理を捉える技能を定着させるために、自力での「〈対話〉による構成活動」を取り入れた。

以下、「うしつつきとすいぎゅう」「ぞうとあまさぎ」と続き、発展学習として、説明的文章の基本文型の定着をねらい、いそぎんちゃくとやどかりについて、同じようなパターンで記述を行うように仕組んだ。この絵本づくりのうち、①から③についての問いに対する答えの部分は、教師と子どもとのクイズ形式を採り、子どもが応える側にまわり、本文を視写しながら学習を進めた。

3．直子の「世界・論理を捉える技能」形成の実際
(1) 「世界・論理を捉える技能」が形成される条件としての既有知識の想起

直子は、入門期時点で言語発達に未熟さを残していた子どもであった。

直子は、わにちどりとわにの関係についての説明文書きでは、「それは、わにちどりはわににとって、はぶらしのやくわりお（「を」の意）しているからです。」と書いている。これは、生活経験の中から想起された具体例を述べているが、一般化した説明にはなっていない。さらに、うしつつきとすいぎゅうの関係になると、説明書きにおいて、「それは、すいぎゅうとうしつつきにとって、りょうほうともすごくともだちということをりょうほうともおなじことをかんがえているからです。」とたいへん抽象的な書き方にとどまっている。これは、すいぎゅうとうしつつきが相互に働き合って仲良しの関係を維持しているのだという認識を持ち始めはしたのだが、具体的に二者の関係について十分に認識が形成されたとは言えない。しかし、「〈対話〉による構成活動」になると、次のように関係を捉えることができている。

第三部　論理的思考力の発達

　　うしつつき…どこかかゆいところはないの。
　　すいぎゅう…ちょっとからだじう（体じゅうの意）ちぇくちぇくするよん。
　　うしつつき…あ、だにがいっぱいついているよ。
　　すいぎゅう…えっ、うそでしょ。それならじぶんでみてみよう。わあ、ほ
　　　　　　　　んとだ、うしつつきさんとてね（「取ってね」の意）。
　　うしつつき…うん、とってあげよう。よーし、ちょっといたいけどいい。
　　すいぎゅう…ああ、きもちいい。
　　うしつつき…またほかのすいぎゅうさんのだにお（「を」の意）とていくか
　　　　　　　　らね。ああ、おいしい。ありがとう。
　　すいぎゅう…うん、いつもとて（「とって」の意）くれてありがとう。どん
　　　　　　　　どんとて（「取って」の意）いいよ。

　この「〈対話〉による構成活動」では、全体的な意味の理解ができた段階である。そして、あまさぎとぞうの関係を説明するところでは、「あまさぎはぞうについたむしをとるやくめがあまさぎです。ぞうはあまさぎのしょくりょうお（「を」の意）あたえます。」と、二者の関係を捉えることができるようになっている。

　〈対話〉劇という「〈対話〉による構成活動」によって読み取ったことを契機に、それまでの直子の既有経験が想起され、そのときの思いの実感も伴い、すいぎゅうとうしつつきの共生関係を直子なりの認識として捉えさせることになったのであろう。

　情報を読むということにあまり慣れていない直子の場合には、共生関係にある鳥と動物の関係を捉える場合には、まずは、「わににとってはぶらしのやくわりお（「を」の意）しているからです。」というように、直子の生活経験が優先して想起され、それが表現されている。自らの既有知識を想起することによってこそ、自然の中で生きているわにとうしつつきの関係を、自己と関わらせて読み取ることができている。それによって、直子の自然に生きる動物に対する驚きは一層増していると考えられる。その後、直子の論理に関する概念知とテキスト情報との往復を図ることによって、次第に、論理を捉える技能が再構成され、テキスト情報から得た知識を使っ

第7章 「〈対話〉による構成活動」による「世界・論理を捉える技能」の形成

た表現へと変わってきていると言える。その間、直子の「〈対話〉による構成活動」には、かなり、生活の中での既有経験が想起され、解釈に生きていることがわかる。

以上、直子の例からもわかるように、「〈対話〉による構成活動」が子どもの既有知識を想起し、それが、その子なりの論理を捉える技能を再構成するのに役立っていることが窺われる。さらに、表象化活動と説明行為の往復が、直子にとって、その貯蔵が十分ではなかったと思われる論理を捉える技能や言語の使い方に関する技能を育成していったと考えられる。

このようにして、既有知識が十分に想起されることによって、実感を伴った理解が可能となり、そのことが、内容と形式を止揚した論理を捉える技能の形成に有効に働いたと考える。

(2) 形成された「世界・論理を捉える技能」を用いた発展学習

さらに、こうした論理を捉える技能は、説明行為に有効に働いていった。発展学習では、「やどかりといそぎんちゃく」について説明文を書くことにした。

ここでは、表象化活動は行わず、話し合いの後、すぐに説明書きの学習に入った。認識の深化のありようは、次のようである。

「〈対話〉による構成活動」がなかったにもかかわらず、まずまずの出来であった。さきほどの直子は、次のようにいそぎんちゃくとやどかりの関係を捉えている。

　　それは、いそぎんちゃくがすみついたやどかりのいえにたことかおおきなさかなやらがやどかりをねらってやってきたらいそぎんちゃくがやどかりお（「を」の意）まもるからです。／やどかりがしょくりょうになるところにつれていってくれます。／だから、こうゆうなかよしのぱーとなーができるのです。やどかりがひがいにあうとすぐにいそぎんちゃくがたすけてくれるのです。だから、こんないそぎんちゃくがきらわれものだとしっているやどかりにはいそぎんちゃくはどんどんくやしみをなおしていくとおもいます。だからいそぎんちゃくとやどかりのあいだにたいしてりょう

第三部　論理的思考力の発達

　　ほうともすばらしいきょうりょくお（「を」の意）もっているとおもいます。

　二者の関係を自分なりに具体例を入れながら説明している点に注目したい。これは、前時までの学習が、「〈対話〉による構成活動」と一般化の学習を繰り返すことによって、書き方という形式面だけではなく、世界の捉え方を伴った論理を捉える技能の育成に有効であったことを窺わせる。
　ただし、直子の場合、確かな説明の文体としてはまだまだ満足いくものにはなっていない。しかし、こうした場合も、教師側は、性急に文体を教えることはせずに、よく書くことができている子どものものを印刷したりしながら、実感を伴いながら子どもの知識構造に組み入れられていくことを待つ姿勢を貫いていった。
　こうした授業デザインが、テキストの理解を超えて、自分の身の回りの動物について捉えてみる見方・考え方として働いていった。〈対話〉を取り入れることが、説明表現において自己内〈対話〉を促し、論理構築に役立った。その際、低学年の子どもは、文と文との関係から、まず論理を捉え、その後、それら文を繋ぐ接続詞の存在を認識し、その使い方を獲得していくであろうことがわかった。
　また、入門期の子どもにとって、論理を示す接続詞や副詞の獲得が説明行為を論理的かつ豊かなものとすることがわかった。「〈対話〉による構成活動」の折に、いかにこれらの言葉に関わり解釈を行うかが、物事を捉え、表現するうえで重要である。
　なお、直子の実態から「〈対話〉による構成活動」が論理を捉える技能育成へ及ぼす課題も見られた。表象化活動は、想像を起点とした既有知識の想起を行うものである。その意味で、読み取りに豊かさをもたらす良さは認められる。しかし、同時に、想像は科学的な事象の捉え方に不正確さをもたらすこともある。したがって、本節で示してきたような「〈対話〉による構成活動」を表象化活動を通して行う場合には、こうした課題をよく熟知して行う必要がある。

第7章 「〈対話〉による構成活動」による「世界・論理を捉える技能」の形成

第3節　「〈対話〉による構成活動」の実際2
「どうぶつの赤ちゃん」

1．子どものまなざしを通した「どうぶつの赤ちゃん」の教材研究

「どうぶつの赤ちゃん」は、「どうぶつの赤ちゃんは、生まれたばかりのときは、どんなようすをしているのでしょう。」「そして、どのようにして大きくなっていくのでしょう。」という二文の問題提起文から論が展開されている。そして、その後の説明では、これらの問いに答える形で、「生まれたばかりの様子」（・生まれたときの大きさ・目や耳の様子・親との比較）と「大きくなっていく様子」（・歩くときの様子・お乳を飲むときの期間・自分で食べ物をとって食べる時期）の2点からその特色が述べられている。さらに、その説明を、筆者は「ライオン」と「しまうま」という異なる種類の動物（肉食と草食）を例にあげて述べている。

では、それぞれの動物について、段落ごとに筆者の論理・構造の捉え方のありようをみる。

まず、ライオンについてである。

「どうぶつの赤ちゃん」を説明するのに、前述したように、筆者は生まれたばかりの様子から説明を開始している。私たちが通常慣れ親しんでいる百獣の王とはあまりにも異なる弱々しい赤ちゃんライオン、それに比べて、弱い動物であるしまうまの赤ちゃんの自立の早さ。そこに、筆者は説明すべき価値を見出したのであろう。そこで、筆者は読み手である子どもたちの既有知識にある百獣の王としてのライオンのイメージに揺さぶりをかけ、新たな世界の捉え方を形成させたいと考えたのであろう。そこで、まず、ライオンの赤ちゃんは、「生まれたときは、子ねこぐらいの大きさ」であり、「目や耳は、とじたまま」で、「よわよわしい」ことを述べている。しかも、読み手の既有知識にあるライオンのお母さんと比べて、「ライオンは、どうぶつの王さまといわれます。」「けれども、赤ちゃんは、よわよわしくて、おかあさんにあまりにていません。」と前文と後文とを逆接の

第三部　論理的思考力の発達

接続詞で関連づけている。こうすることによって、どうして、こんなに弱々しい赤ちゃんが、あんな狩りの名人のライオンへと成長できるのだろうかと、説明の観点の二つ目へと読み手の興味、関心を誘っていくことができる。

　こうして、筆者は、第3段落でライオンが大きくなっていく様子を説明する。肉食動物であるライオンが大きくなっていく過程は、いかにして餌を自分で捕ることができるようになるかという厳しい成長を要求される。そのことを伝えるために、筆者は、月日の変化を表す表現「生まれて二ヶ月ぐらいは」、「やがて」、「一年ぐらいたつと」、「そして」を使って論を展開している。そして、「おちちだけをのんでい」る段階から、「おかあさんのとったえものをたべはじめる」段階、さらに、「おかあさんがするのを見て、えもののとりかたをおぼえる」段階を経て、「じぶんでつかまえてたべるようになる」段階へと成長していくことを述べている。このように、成長過程を幾段階かに分けて述べているのは、厳しい自然の中で自分の力で生きて行かなければならない肉食動物がおかれている厳しい状況を知らせるための筆者の論理・構造の工夫であろう。

　その後、しまうまの赤ちゃんでは、ライオンの赤ちゃんと比べて読み取ることが可能になるように同じ観点から説明がなされている。

　しまうまの赤ちゃんは、「生まれたときに、もうやぎぐらいの大きさがあります。」と書かれている。ライオンのときには「生まれたときは」と表現されていたのに対して、しまうまは「生まれたときに」と表現され、「生まれたときにはもうすでに」とライオンの赤ちゃんとの違いを際立たせている。それほど生まれたときの様子が全く違う。ライオンと比べて弱いというイメージのあるしまうまが、その予想に反して、「やぎぐらいの大きさがあり」、「目はあいていて、耳もぴんと立っていて」、「しまのもよう」も「おかあさんにそっくり」である。

　このように、第1段落で、生まれたばかりの様子を説明することは、筆者が見出した説明したいことを、読み手である子どもに、なぜライオンとしまうまとではそのような違いがあるのかというその驚きの違いとして着

眼させることになる。さらに、第2段落で、しまうまの赤ちゃんは、「生まれて三十ぷんもたたないうちに、じぶんで立ち上がり」、「そして、つぎの日には、はしるようになる」ことを述べ、ますます読み手に驚きの念を抱かせる。こうして、読み手にとって驚きの事実を述べたあとで、その理由を「だから、つよいどうぶつにおそわれても、おかあさんといっしょににげることができるのです。」と述べることによって、読み手の納得度を高めようと工夫されている。この「だから」以降の文に出会うことによって、筆者が自然の厳しさの中で出会った肉食動物と草食動物の生き方の違いを通して、読み手は草食動物と肉食動物のおかれている状況の違いに気づかされていくことになるであろう。

さらに、おちちをのむ期間が、しまうまの場合には、「たった七日ぐらいのあいだ」であり、そのあとは、「じぶんで草もたべるようになる」ことを述べることによって、肉食動物に食べられる運命にある草食動物であるからこそ、こんなにも早く自立をしていかなければならないしまうまの成長のありように気づかせようとしている。そして、ここで、ライオンの段落にも使われていた「じぶんで」としまうまの「じぶんで」を比べることによって、しまうまの場合は草を食べることを指し、ライオンの場合は動く動物をとらえて食べることを指すという違いを際立たせることができる。こうして、ライオンとしまうまでは、なぜ、大きくなる様子が異なるのかという疑問が解決され、読み手に新たな世界の捉え方を獲得させることができるような論理展開になっている。

さらに、筆者によって対比的に並べられたライオンとしまうまは、食べる―食べられるという関係にある。このことが、前述した赤ちゃんの頃の違いと比較されることによって、子どもはさらに、動物の世界について驚きの畏敬の念を持って認識を深めるに違いない。

2．「世界・論理を捉える技能」が形成されるための授業デザイン

本教材は、ライオンとしまうまの赤ちゃんについて、それぞれ、大きさ、目や耳の様子、親と似ているかどうか、歩く様子、えさの内容、えさの採

第三部　論理的思考力の発達

り方という視点が対比的に解明され、説明されている。そして、その比較の視点には、「それぞれの親との比較」、「ライオンとしまうまの赤ちゃんとの比較」の２点が筆者の表現意図（発想）として含まれていると考えられる。

そこで「〈対話〉による構成活動」も、この２点について、次のように行った。

ア　親との比較による構成活動……生まれたばかりの様子、歩き方、成長の様子の観点ごとにお母さんと赤ちゃんの〈対話〉
イ　ライオンとしまうまの赤ちゃんの比較による構成活動…アと同様の観点による赤ちゃん同士の〈対話〉

3．久実の「世界・論理を捉える技能」の形成の実際

久実の「どうぶつの赤ちゃん」の学びにおける構成活動を示す。
まず、ライオンの赤ちゃんとお母さんとの〈対話〉である。

第一段落

　ライオンの赤ちゃんは、生まれたときは、子ねこぐらいの大きさです。目や耳は、とじたままです。ライオンは、どうぶつの王さまといわれます。けれども、赤ちゃんは、よわよわしくて、おかあさんにあまりにていません。
　お母さん「この子は、こんなに、よわよわしくて、だいじょうぶなんでしょう。早く大きくなって、おとうさんのように早くならないかしら。」①
　赤ちゃん「ごめんなさい。ぼく、ぜったい、おとうさんのようなつよい王さまになるよ。でも、やっぱりこんなこねこぐらいでも、できるかなー。②　でも、がんばろう。」
　お母さん「目や耳がとじていたらかわいそうだわ。王さまは、だれだかしってる。それは、おとうさんだよ。早く王さまになってね。
　赤ちゃん「ほんと、ぼくの大じなおとうさんやおかあさんがみれないな

第7章 「〈対話〉による構成活動」による「世界・論理を捉える技能」の形成

んていやだよ。え、おとうさんがもしかしておうさま?すごーい。うん、わかった。おとうさんみたいにはやくなろう。」

第二段落
　ライオンの赤ちゃんは、じぶんではあるくことができません。よそへいくときは、おかあさんに、口にくわえてはこんでもらうのです。
お母さん「あなたは、まだ、あるけないから、わたしが、はこんであげるよ。がんばって、あるけるようになろうね。」
赤ちゃん「ありがとう。ぼくでも、なんとかしたいなあ。はい、がんばるよ。だったら、あるけるようにおしえてね。」
お母さん「王さまは、おとうさんでしょ。だから、がんばって、あなたもなってね。」
赤ちゃん「うん、おとうさんみたいになるよ。がんばろう。」

第三段落
　ライオンの赤ちゃんは、生まれて二ヶ月ぐらいは、おちちだけのんでいますが、やがておかあさんのとったえものをたべはじめます。一年ぐらいたつと、おかあさんがするのを見て、えもののとりかたをおぼえます。そして、じぶんでつかまえてべるようになります。
お母さん「あなたも、とても、せいちょうしたね。生まれたときは、おちちだけのんでいたのにね。こんなにせいちょうして大人になるのね。」③
赤ちゃん「へえ、そうなんだ。ぼくって、せいちょうをすごくしているんだね④。おかさん(「おかあさん」の意)、いこう。」
お母さん「そうなのよ。じゃえさをとりにいきましょう。あ、ヌーだ。あら、またしっぱいした。こんどこそ、つぎはぜったい。あ、しまうまだわ。ガオー、てほんをみせるからみててね。ガオー、ガオー、ガオー、やったあ、つかまえたよ!」⑤
赤ちゃん「おかあさんすごいなあ!　がんばって、がんばれー!　わ、すごい、つかまえちゃった。でもむずかしいね。だって三とうめで、やっとつかまえたんだからね。ぼくも、おかあさんみたいにならなきゃ、王さまになれないぞ!」⑥

　この構成活動において、久実は、①では「早く大きくなって、おとうさんのように早く、ならないかしら」と〈対話〉を行っている。おそらく久

第三部　論理的思考力の発達

　実は、筆者が論理を構築する際に工夫したであろう「ライオンは、どうぶつの王さま」と「赤ちゃんは、よわよわしくて、おかあさんにあまりにていません」の対比を捉え、ライオンの赤ちゃんと動物の王様であるお母さんとの違いを捉えたにちがいない。ただし、この際、この二文を結ぶ逆接の接続詞「けれども」を自覚的に捉えて対比関係を読み取ったというよりも、文と文を関連づけることによって、久実の内に論理を構築していったとみられる。
　そして、久実の関心は、②の「おとうさんのようなつよい王様になるよ。でも、やっぱりこんなこねこぐらいでも、できるかな。」の〈対話〉にも示されているように、ライオンの赤ちゃんがどのようにして大きくなるのかに向けられていった。そこで、第三段落では、③「こんなにせいちょうして大人になるのね。」、④「せいちょうをすごくしているんだね。」とライオンの成長のあり方への驚きを〈対話〉にしている。ここもおそらくは、「生まれて二ヶ月ぐらいは」、「やがて」、「一年ぐらいたつと」、「そして」という月日の経過を示す表現を自覚的に捉えて読み取ったというよりも、「赤ちゃんは、生まれて二日ぐらいは、おちちだけのんでいます。」→「おかあさんのとったえものをたべはじめます。」→「おかあさんがするのを見て、えもののとりかたをおぼえます。」→「じぶんでつかまえてたべるようになります。」という内容面の事柄を関連づけることによって論理を捉えていったのであろう。さらに、弱々しかったライオンの赤ちゃんがどのように獲物をとることができるようになるかは、第一段落の読み取りから久実の関心のある知りたいことであった。そこで、⑤「…略…あ、ヌーだ。あら、またしっぱいした。こんどこそ、つぎはぜったい。…略…てほんをみせるからみててね。…略…」、⑥「おかあさんすごいなあ！　がんばって、がんばれー！　わ、すごい、つかまえた、やった。でもむずかしいね。だって三とうめで、やっとつかまえたんだからね。ぼくも、おかあさんみたいにならなきゃ、王さまになれないぞ！」のように〈対話〉を構成した。
　次は、しまうまの赤ちゃんとおかあさんとの〈対話〉である。

第7章 「〈対話〉による構成活動」による「世界・論理を捉える技能」の形成

第一段落

お母さん「さっ、ついてらっしゃい、草をたべにいくわよ。この子はやぎぐらいだわ。」

赤ちゃん「はい、おかあさん、ぼく、そんなに大きいの？うれしいな、おかあさんにそっくりだって！」

お母さん「わたしにそっくり、そうかしら、とおくのけしきはきれいでしょう。目があいていてよかったわね。ほら、とりのこえがきこえるでしょ。耳があいていてよかったわね。」

赤ちゃん「じゃあ、草しょくどうぶつの王さまかもね。⑦うん、きれいだ。はじめてみるな、こんなけしき、うん、きれいちゅんちゅんってきこえるね。」

第二段落

お母さん「よかったね。あるけるようになって、わあライオンだ。」

赤ちゃん「うん、もし、ライオンがきたら、たべられちゃうよ。わー、たいへん、どうしよう。」

お母さん「とにかく、はしってにげましょう。はーよかった。よかった。ぼうやがおそわれなくって。」

赤ちゃん「はい、ふー、たすかった。よかった。ぼくのあしでつよいどうぶつにおそわれても、にげることができて。」⑧

第三段落

お母さん「さあ、草もたべにいくわよ。もう七日たったのね。このこがこんなに大きくなって草もたべれるようになって。」

赤ちゃん「はい、ほんとおちちだけのんでたのは、七日ぐらいだ。でも、おちちは、おいしいから、やめられないよ。草もおいしいけど。でも、草をたべて、おかあさんみたいにいきないと！」

お母さん「そのあとは、おちちものんでいいけど、じぶんで草をたべないといけませんよ。草は、えいようがあるからしっかりとたべるのよ。」

赤ちゃん「はい、おかあさんみたいに、ならなくちゃ。はい、おかあさんみたいな、げん気なおとなになろう。」

　しまうまについては、叙述から、⑦「草しょくどうぶつの王さまかもね。」とそのすごさを読み取っている。そして、⑧では、「ぼくのあしでつよい

どうぶつにおそわれても、にげることができて。」としまうまの特性を読み取っている。これもおそらくは、この時点ではその働きを意識してはいなかったであろうが、文を読み重ねることによって、「しまうまの赤ちゃんは、生まれて三十ぷんもたたないうちに、じぶんで立ち上がります。」「そして、次の日には、はしるようになります。」というしまうまの赤ちゃんについての事象と「だから、つよいどうぶつにおそわれても、おかあさんといっしょににげることができるのです。」とを関連づけることによって、久実の中に論理・構造を捉える技能として育てられていったに違いない。

こうして、ライオンとしまうまの赤ちゃんについて、それぞれおかあさんとの比較で読み取ったうえで、ライオンとしまうまの赤ちゃん同士の比較を行った読み取りが、次に示す**ライオンの赤ちゃんとしまうまの赤ちゃんとの〈対話〉**である。ここでは、全体と部分を関連づけた構成活動が行われている。

ライオンの赤ちゃんとしまうまの赤ちゃんとの〈対話〉
第一段落
ライオン「しまうまくん、きみは、生まれたときから、目はあいていて、耳もぴんと立っているのはなぜだい。」⑨
しまうま「つよい、どうぶつにおそわれないように耳が聞こえなかったら、たべられてしまうからだよ。目もあいていないとライオンがおそってくるのがみえないと、たべられちゃうからだよ。」⑩
しまうま「ライオンくん、きみは、なぜ生まれたとき、目や耳はとじたまま、よわよわしくて、おかあさんに、にてないの？それで、よく生きていけるね。」⑪
ライオン「ぼくは、目や耳がとじたままハイエナがきたりしても、きこえないのがだめだけど、よわよわしいのは、にんげんの子どもみたいに学校へいくように生きているんだよ。学校は、おかあさんがかりをするのをみて、べんきょうするんだ。」⑫
ライオン「きみは、生まれたときから、しまもようがついていて、おかあさんにそっくりなのは、どうしてなんだい？」
しまうま「赤ちゃんっておかあさんとにてなかったら赤ちゃんとまちがえ

第 7 章 「〈対話〉による構成活動」による「世界・論理を捉える技能」の形成

　　　てたべられるからだよ。」
第二段落
ライオン「しまうまくん、きみはどんなふうにして、あるくようになるの？」
しまうま「三十分もたたないうちに、じぶんでたちあがっていくんだよ。それでも、じぶんでたつんだよ。ぼくは、ライオンくんとちがって、せいちょうがはやいんだよ。」
しまうま「ライオンくん、きみは、おかあさんに口にくわえてはこんでもらうんだろ。らくでいいね。」
ライオン「らくでいいけど、ぼくは、じぶんで、あるきたいんだよ。ぼくは、しまうまさんみたいに、あるきたいな。しまうまさんは、いいな！でも、ぜったい、がんばらないといけないなー。ぼく、なんでも、おかあさんにしてもらってるんだから、なまけものだな、しまうまさんみたいに、がんばりやさんになりたいな。」

第三段落
ライオン「しまうまくん、きみのじまんはなんだい。」
しまうま「三十ぷんもたたないうちにじぶんでたちあがることだよ。じぶんでたつんだから、そりゃすごいじまんさ。」⑬
しまうま「ライオンくん、きみのじまんはなんだい。」
ライオン「ぼくのじまんは、一年ぐらいたつとえもののとりかたをおぼえて、そして、じぶんでつかまえて、たべるようになることだよ。」⑭
しまうま「ところで、ぼくたちしまうまがじぶんで、草をたべるようになるのは、生まれてからたった七日ぐらいたってからだよ。でも、ライオンくんが、じぶんでえものをつかまえてたべるようになるのは、一年ぐらいもたってからなんだね。なぜだい。」
ライオン「だってきみは、草をたべるんだから、ぼくみたいに、うごくものをつかまえてないんだから、かんたんじゃないかい。しまうまくんは、じめんの草をたべるから、ぼくはね。かりはむずかしいんだよ。」⑮
ライオン「ところで、しまうまくん、おかあさんおおちちをのんでいるのが、たった七日なんてつらいかい。」
しまうま「でも、ぼくは、そうしていないと生きていけないんだ。ライオ

199

ンにおそわれたらこまるからね。」

　例えば、⑨「しまうまくん、きみは、生まれたときから、目はあいていて、耳もぴんと立っているのはなぜだい。」というライオンの赤ちゃんの質問に対して、⑩「つよいどうぶつにおそわれないように耳が聞こえなかったら、たべられてしまうからだよ。……略……」のように第二段落の「だから、つよいどうぶつにおそわれても、おかあさんといっしょににげることができるのです。」と関連づけた論理・構造を捉える技能を用いることができている。

　さらに、⑪「ライオンくん、きみは、なぜ、生まれたとき、目や耳はとじたままで、よわよわしくて、おかあさんに、にてないの？……略……」という問いに対して、第三段落と関連づけることによって、⑫「ぼくは、目や耳がとじたままでハイエナがきたりしても、きこえないのがだめだけど、よわよわしいのは、にんげんの子どもみたいに学校へいくように生きているんだよ。学校は、おかあさんがかりをするのをみて、べんきょうするんだ。」のような論理・構造を捉える技能を用いている。

　これも、この段階では、言葉を意識していたわけではないと思われるが、**ライオンの赤ちゃんとお母さんとの〈対話〉**の③④の読み取りのときに着目した本文の「生まれて二ヶ月ぐらいは」「やがて」「一年ぐらいたつと」「そして」という成長過程を示す表現を論理的に捉えることができたことが論理・構造を捉える技能として活用できたと考えられる。

　このように、**ライオンの赤ちゃんとしまうまの赤ちゃんとの〈対話〉**活動では、しまうまとライオンを積極的に比較しながら〈対話〉が進んでいる。そして、しまうまとライオンの自慢比べでは、⑬「三十ぷんもたたないうちにじぶんでたちあがることだよ。」⑭「一年ぐらいえもののとりかたをおぼえて、そして、じぶんでつかまえて、たべるようになることだよ。」と「じぶんで」という表現を比べて読み取りを深めている。筆者が工夫した大切な表現を確実に捉え、関連づけ、比較し、論理を構築していっているのである。そして、食べる餌の違いに着目して、それを、さらにライオ

第7章 「〈対話〉による構成活動」による「世界・論理を捉える技能」の形成

ンの成長過程と関連づけて読み取ることによって、⑮「だってきみは、草をたべるんだから、ぼくみたいに、うごくものをつかまえてないんだから、かんたんじゃないか。しまうまくんは、じめんの草をたべるから、ぼくはね。ねらっていないえものが『ライオンがいる』といえば、もうかりはしっぱいさ。それぐらい、かりはむずかしんだよ。」のように認識を深めている。

以上、久実の「〈対話〉による構成活動」で特徴的なことは、筆者が構築した論理のあとを確実に再構築していることである。その際、前述したように、初めから文と文をつなぎ、論理を形成している接続詞などに自覚的にこだわった読みを行ったわけではないと思われる。久実自身の中に、文と文との関係を追いながら、久実の論理を捉える技能が再構成され、そのことによって、言葉が意識され、さらに、言葉を意識することによって、久実の中に形成されていった論理を捉える技能が強化されていったと見るのが妥当ではないかと考える。

さらに、久実の認識の深まりは、構成活動に〈対話〉を取り入れたからこそ促進したと考えられる点がある。それは、**ライオンの赤ちゃんとしまうまの赤ちゃんとの〈対話〉**の⑫の「ぼくは、目や耳がとじたままでハイエナがきたりしても、きこえないのがだめだけど、よわよわしいのは、にんげんの子どもみたいに学校へいくように生きているんだよ。学校は、おかあさんがかりをするのをみて、べんきょうするんだ。」や、⑮の「だってきみは、草をたべるんだから、ぼくみたいに、うごくものをつかまえてないんだから、かんたんじゃないか。しまうまくんは、じめんの草をたべるから。ぼくはね。ねらっていないえものが『ライオンがいる』といえば、もうかりはしっぱいさ。それぐらい、かりはむずかしんだよ。」と捉えているところに見ることができる。⑫は、ライオンについて述べている第三段落と関連づけて読み取っただけではなく、「おかあさんがするのを見て、えもののとりかたをおぼえる。」というテキストの記述を「にんげんの子どもみたいに学校へ行くように」というたとえによって自分の日常の姿と結びつけながら読み取っている。こうして、久実は、〈対話〉活動に促さ

201

第三部　論理的思考力の発達

れて、自らの既有知識を想起させながら、実感として読み取っている。さらに、こうして久実自身が既有知識を再構成している。筆者の論理・構造を自分の知識として再構成する方向へと進んでいるのである。その際、時間の経過を示す副詞、接続詞、そのほかの表現を意識し始めている。

次に、以上見てきたような再構成活動がどのように児童自身の説明文に表れているのかを見てみよう。

　　　　　　　コディアグマの赤ちゃんとカンガルーの赤ちゃん
　コディアグマの赤ちゃんは、<u>生まれたばかりのときは</u>、どんなようすをしているのでしょう。そして、どのようにして大きくなっていくのでしょう。／うまれたばかりのコディアグマの赤ちゃんは、おやのはんぶんぐらいの大きさです①。目や耳は、あいています。②／コディアグマの赤ちゃんは、じぶんで、二ヶ月ぐらいまではおかあさんに、くわえてはこんでもらいます。それからは、おやについて、あるきはじめます。／くまは、森の王さまみたいに、こわいけど赤ちゃんは、とても、おとなしいです。③／うまれたとき、おかあさんのおちちをのんでいるのは、たった三十日ぐらいです。<u>やがて</u>、さけやくさをたべるようになります。そして、おかあさんがするのをみて木のぼりのしかたやはちみつのとりかたをおぼえます。<u>そして</u>、たべもののとりかたをおぼえて、いくのです。／<u>そして</u>、おかあさんのようにして、生きていくのです。／カンガルーの赤ちゃんは、生まれたときは、子ゆびぐらいの大きさです。目や耳は、とじたままです。／カンガルーの赤ちゃんは、うまれて、すぐに、ははおやのおなかをはいあがり、ふくろの中に、はいります。／けがはえていなくて、とても、小さいので、おかあさんと、あまり、にていません。④／<u>八カ月</u>までは、おかあさんのふくろで、すごし、それからは、かおをだすようになります。それから、とんだり、あるいたり、するように、なります。／カンガルーの赤ちゃんは、生まれて、八カ月ぐらいまで、おかあさんのおなかの中で、おちちをのんでそだちます。それから、ふくろから、でてきて、おかあさんといっしょに、草を食べるようになります。きけんをかんじると、ふくろの中にはいります⑤。だから、つよいどうぶつに、おそわれても、すぐ、にげられるのです⑥。

第7章　「〈対話〉による構成活動」による「世界・論理を捉える技能」の形成

　まず、久実は、どんな動物の赤ちゃんについて書こうかと考えたに違いない。「どうぶつの赤ちゃん」で学んだライオンとしまうまが対比されていたことが久実の中に新たな認識として形成されたのであろう。そこで、肉食動物と草食動物を選んでいる。ただ肉食動物と草食動物ではあるけれども、その選び方は久実独特のものである。肉食動物として選んだクマは、赤ちゃんのころは「おとなしく」、おかあさんは「こわい」というように、ライオンと共通する。しかし、草食動物として選んだカンガルーは、小さい袋で守られている。しまうまとも異なるカンガルーの赤ちゃんの特徴に久実はひかれたのであろう。ともあれ、クマとカンガルーを比較しようという発想で素材が選ばれている。

　説明文を書くに当たって、教師は「○○の赤ちゃんは、生まれたばかりのときは、どんなようすをしているのでしょう。」「そして、どのようにして、大きくなっていくのでしょう。」と教材文と同じ問題提示文から説明文を書き始めることを指示した。

　すると、久実はこの問題提示文にしたがって、その後の論理展開を教材文と同じく、「生まれたばかりの様子（生まれたときの大きさ・目や耳の様子・親との比較）」「大きくなっていく様子（歩くときの様子・お乳を飲む期間・一人立ちの時期）」の二点から述べている。大まかな論理展開は、筆者の影響を受けているが、論を進めながら、久実なりの興味に基づいて表現されたと思われる箇所が見られる。例えば、生まれたばかりの大きさ①「うまれたばかりのコディアグマの赤ちゃんは、おやのはんぶんぐらいの大きさです。」や目や耳の様子②「目や耳は、あいています。」を述べたあと、歩く様子については、生まれたばかりの様子のみではなく、その後の様子も書いている。

　また、このようにして論を進めていく中で、ライオンの赤ちゃんとお母さんの違いに驚きを持って読み進めていた久実は、コディアグマの場合にも同様の比較を行っている（「くまは、森の王さまみたいに、こわいけど赤ちゃんは、とても、おとなしいです。③」）。ここでは、教材文とは異なり「けど」（「けれども」）という接続する言葉が使用されている。このことは、内容

面の興味を述べるために、その後に言葉を用いることで、論理・構造を捉える技能が形成されていくことを示している。

これに対して、カンガルーでは、④「けがはえていなくて、とても、小さいので、おかあさんと、あまり、にていません。」と逆接の関係ではなく、順接の関係として捉えている。これは、カンガルーの親からは比較的おとなしいイメージを想起したからであろう。その後、久実の論は、コディアグマの赤ちゃんでは、「生まれたとき」「やがて」「そして」「そして」と月日の経過に沿ってどのように餌を食べるようになるかについて論理が構築されている。

カンガルーの場合には、「生まれて八ヶ月ぐらいまで」「それから」と成長の過程を示し、カンガルー独自の特徴である⑤「きけんをかんじると、ふくろの中にはいります。」と述べ、それを理由づけにして、⑥「だから」以下の文を述べている。

おそらく、どちらの場合にも、成長の様子を表すために、効果的に書き表す方法を考え、言葉を選択し始めたに違いない。このときに初めて久実としては自覚して接続詞の活用などを行ったのではないだろうか。

久実の説明文は、筆者である増井光子氏の論の進め方をかなり模倣した論理展開になっている。しかし、久実の場合、表現を単に模倣して使用したというよりも、自らの内面で納得した論理の構築が優先され、そこに学習した表現を使用しようという志向が窺われる。なぜなら、久実の説明文には、本文では使用されていない「それから」等の接続詞が併用されているからである。

以上整理してみると、久実の説明文からは、次の特徴が明らかとなった。
1 動物の成長を「二ヶ月ぐらい」「八ヶ月ぐらい」というふうに数字によって表している。これは増井氏の書き方の特徴でもあり、他の子どももよく捉えた表現の仕方である。
2 「やがて」「すぐに」など、時間的な経過を表す副詞や「たった」など様子を表す副詞が効果的に使われている。こうした副詞の使われ方には個人差が見られた。「やがて」は増井氏の文にも書かれてある。しか

第7章 「〈対話〉による構成活動」による「世界・論理を捉える技能」の形成

し、単に増井氏の文の模倣というよりも、この言葉を使っている久実は「だってきみは、草をたべるんだから、ぼくみたいに、うごくものをつかまえてないんだから、かんたんじゃないかい。しまうまくんは、じめんの草をたべるから。ぼくはね、ねらっていないえものが『ライオンがいる』といえば、もうかりはしっぱいさ。それくらい、かりはむずかしいんだよ。」と読み取ったことや、ライオンの成長を「にんげんの子どもみたいに学校へ行くように」とたとえによって自分の日常の姿と結びつけながら読み取っていったことを感動的にとらえていたことが影響したと考えられる。

そのことによって、「うまれたとき、おかあさんのおちちをのんでいるのは、たった三十日ぐらいです。やがて、さけやくさをたべるようになります。そして、おかあさんがするのをみて木のぼりのしかたやはちみつのとりかたをおぼえます。そして、たべもののとりかたをおぼえて、いくのです。」と成長の経過を時間経過を表す表現を用いて記述することができたと考えられる。こうした副詞や接続詞は、「〈対話〉による構成活動」の中で久実がこだわり解釈してきた言葉である。

3 「それから」「そして」など、接続詞が使われており、論理関係をきちんと捉えた説明の仕方ができている。
4 親との比較を行う記述がある。
5 弱いカンガルーの赤ちゃんが生きていくことのできる理由を、「だから」の前で述べている。
6 カンガルーとコディアグマの二つをとりあげたのは、本文で学んだ比較の論理を捉える技能を生かそうとしたからであろう。

本学習において、久実は、説明文を書く折に、盛んに自己内〈対話〉を繰り返していたと思われる。図鑑や本などから得た情報の中から、動物たちの生まれたばかりの様子、特に、大きくなっていく様子を感動をもって論理を構築していった。これは、読みにおいて、「〈対話〉による構成活動」を行ってきたことが、自ずと子どもの中に自己内〈対話〉を生成することになったのではないかと推測できる。

第三部　論理的思考力の発達

注
(1) 「構成過程」とは、認知心理学の知見を用いて、「テキストを読むときに、読み手が、自らの既有知識を用いて、主体的に情報を選択、変換、結合、補充、統合したり、既有知識を修正したりするさまざまな構成活動からなる過程である」と規定する。
(2) なぜなら、内田伸子（1990）が指摘するように、想像は現実の認識、創造に欠かせないものである。想像をつくる素材として、経験や印象が準備され、それを加工する過程が始まり、知覚した印象を諸要素に分解し、それを修正し、次にその修正した諸要素を連想の働きによってつなげ、統合した結果、表象（イメージ）が生まれてくるからである。また、植山俊宏（1996）は、従来の説明的文章指導の問題点から、「ことばによる認識と生活との関係を見極める重要性」を指摘している。「〈対話〉による構成活動」によって、子どもの既有知識や既有経験を想起させることは、子どもの生活を見つめ直す契機になると考える。
(3) 詳細は、河野順子（2006）『〈対話〉による説明的文章の学習指導——メタ認知の内面化の理論提案を中心に——』を参照のこと。

第8章 「じどう車くらべ」の授業（橋本須美子）とその考察
——論理的思考力としての「理由付け」の発達——

第1節 研究の目的

　本章では、入門期の児童たちが、説明的文章教材「じどう車くらべ」との出会いを機に、どのようにして論理的思考力（特に理由付け）を発達させていったのかについて、具体的な事例に即して究明することを目的とする。

第2節 研究の方法

　研究方法としては、現場の実践者との共同研究を柱として行った。
① 熊本市立本荘小学校の橋本須美子教諭の「じどうしゃくらべ」（2006.10.2～10.12）の学習指導を参与観察し、入門期の児童がどのように理由付けの論理（「しごと」と「つくり」を「そのために」で関係づけている筆者の論理）を自分のものとして獲得していくのか、発話プロトコルの分析を通して明らかにする。
② 参与観察を行うまえに、先行実践・先行研究の分析、考察を通して、入門期児童の理由付けの論理獲得をめぐる到達水準や研究課題を把握する。このことを現場実践者との継続的な話し合い活動を通して共有化できるようにした。
③ 参与観察者は、前熊本市教育委員会椙山範夫指導主事、熊本大学教育学部4年生4名、それに筆者の計6名である。授業終了後に、参与観察者が集まって本時の授業に対する感想や意見を述べ合い、授業者の橋本

教諭に情報を提供する。

第3節　理由付けの論理的思考の発達に関する先行研究

　論理的思考の発達に関する先行研究としては、心理学における文間の論理の発達研究（Neimark & Slotonick, 1970；Papris, 1973；Hatano & Suga, 1977；岸・須藤，1982；岸学，2004；内田伸子，1996）をあげることができる。さらに国語科教育の分野では、岩永（1990, 1991, 1993, 2000）、植山（1988）、間瀬（1999）などをあげることができる。こうした研究は、主に小学校2年生以上を対象とした実験・調査研究であり、論理的思考の発達について、入門期に焦点化して臨床的に究明した研究は管見では見当たらない。

　このうち、理由付けという論理的思考の育成に関する先行研究として、内田（1996）は、因果関係の精神操作について、「前→後ろへという精神操作は早くから生ずるが、後ろ→前への精神操作は具体的操作段階になってからである」（p.111）と指摘している。しかし、後ろから前へという逆行関係を表現するための逆説法を幼児が獲得していないのかというと、生活場面では活用していることが確かめられている。日常語としてはすでに用いているはずの接続形式を実験場面ではうまく使いこなせないという実態が明らかにされている。このことについて内田は、「これは、ことばが先に使用され、その意味は後から理解されるようになるという現象、すなわち、Vygotsky（1967）が指摘した『文法は論理に先行する』（下巻、p.170）現象がなぜ起きるのかに対する一つの回答を与えるものである」（p.147）と述べている。ヴィゴツキーは、「"ので""のに""なぜなら"などの接続助詞、接続詞を伴う複文の複雑な構造をその文章形式に対応する意味的構造を習得する以前に習得する」（p.147）と指摘している。

　この内田の研究は、時間的な概念による因果関係の論理が中心である。そうした論理においても、後→前という精神操作はかなりの困難が予想さ

れるわけであるから、ましてや、「しごと」と「つくり」を「そのために」で関係づけている理由づけの論理は、入門期の児童の生活の論理には見出しにくい高度なものであると考えられる。

第4節　足場づくりとしての教師の役割に着目した　　　　　子どもの「世界・論理を捉える技能」の形成

　本節では、入門期の子どもたちが、説明的文章教材「じどう車くらべ」との出会いを機に、どのようにして、世界・論理を捉える技能を形成していったのか、特に理由付けの論理を捉える技能の形成に注目して、入門期の説明的文章の学習指導のあり方を検討する[1]。取り上げるのは、熊本市立本荘小学校の橋本須美子教諭の授業である（平成18年10月実践）。

1．「じどう車くらべ」で育てる「世界・論理を捉える技能」

　「じどう車くらべ」における筆者の認識の特徴は、自動車の「仕事」と「つくり」が「そのために」という理由をあらわす接続詞で関係づけられていることである。したがって、こうした「世界・論理を捉える技能」をこそ「じどう車くらべ」という説明的文章との出会いを通して子どもたちに形成していきたい。

2．導入における既有知識の掘り起こしのデザイン
　　　　──身近な「もの」と比べる──

　まず橋本教諭は、教科書のさし絵を用いて、子どもたちに「どんな自動車があるかな？」と問いかけた。すると、子どもたちは次のように活発に発言を行った。

　　　りょう　これは普通のトラックなんですけど。（絵を指差しながら）こっちはダンプカーです。／Ｔ　ダンプカーとトラックとでどう違うの。／りょう　えっと、ダンプカーは実際的に、僕は書きたいんですよ。／Ｔ　書き

第三部　論理的思考力の発達

たい、はい。（チョークを手渡す）じゃあ皆、ダンプカーとトラック違う？／C　え、分からない。／T　分らないよね。／C　違うと思う。違う。／浩　あ、書いてるんだ、ダンプカーを。／陽子　りょうくん上手。／忠　あ、これ今土おろしているやつだ。／和夫　土落としているとこだ。／りょう　（「と」と板書）／花子　と？／浩　あー、ダンプカーとトラックを書いているんだ。だけん「と」を書いたんだ。／T　たぶんそうよね。そうだよね、この「と」は比べる「と」だよね。……中略……トラックのことをちょっとお話して。／りょう　<u>えっと仕事の違いです。ダンプカーは工事のときの土をおろす運びをしているんですけど、トラックは引っ越すときとかの荷物を運んだりお届けものを運んだりするときのする仕事をやります。</u>／T　じゃあ少し違うのね。じゃあ引越しの荷物を運ぶのはダンプカーって言わないんですね。分かりました。ありがとうございます。

　いろいろな発言が出される中で、本好きで知識が豊かなりょうが、トラックとダンプカーを例に、「仕事」の違いを「つくり」の違いとして捉え傍線部分のように、「えっと仕事の違いです。ダンプカーは工事のときの土をおろす運びをしているんですけど、トラックは引っ越すときとかの荷物を運んだりお届けものを運んだりするときのする仕事をやります。」と発言した。しかし、橋本教諭は、りょうのような認識のあり方は、まだ他の子どもたちに十分共有されていないと判断し、次なる手だてをとる必要性を考えた。つまり、これから学習する「仕事」と「つくり」の関係性を、子どもたちの身近な事例である校長先生の車（乗用車）との比較によって考えさせる場を設けたのである。
　その結果、〈資料１〉のように、子どもたちの既有知識が活性化されていった。

〈資料１〉
　T　ああ、ゴミ収集車を待っている人がいるのね。なるほどね。ゴミ収集車と校長先生の車ってなんか違うの、そんなに？／C　はい。／T　何が違うの？／浩　<u>えっと、なんかゴミ収集車はゴミ入れるとなんかすぐクーってなんか回って。①</u>／T　何か回ってるようなのが付いてる？　見たこと

ある？／C　はい、はい……／浩　そうしたらゴミが見えなくなる。②／T　出てこなくなるの？／芳子　校長先生の車じゃあ／T　車じゃ？／和夫　ゴミを運ぶ、運んだら校長先生の車が汚くなる。／T　あ、本当ね。気にする？／忠　はるかさん、気にしないよ。／C　はい、はい、はい……／T　じゃあゴミ収集車は今和夫さんが言ったよね。なんか付いていたよね。何が付いてた？／陽子　ぐるぐる回るの。／T　そう、回るのが付いてるよね。／りょう　言いたいことがあります。／T　どうぞ。／りょう　えっと、校長先生の車じゃあ、ゴミが腐って、えっと倒れちゃうんで、倒れて。あの、運転ができなくなる。／T　校長先生、運転ができなくなるように臭いがするかもしれない？　じゃあゴミ収集車ってのは臭いもしないように工夫がしてあるのかな？／芳子　すぐ回る。／T　すぐ回るのね。／孝雄　もう一個！／T　はい、均さん、ゴミのことを話したいの？　どうぞ。／均　なんか、ゴミ収集は、収集車はくるくるマットみたいに。③／T　回っているもんね。校長先生の車ついとらんだったねー。／C　くるくるマット？／はるか　回るのがついとらんだったもんね。

3．「仕事」と「つくり」を捉えるための第二時・第三時の授業デザイン

　この活動を経て、二時間目の授業では、バスの仕事（はたらき）と構造（つくり）の関係を捉える学習に進んでいった。ここでの課題は、「自動車はどんなしごとをしているのか」、そして、「そのために、どんなつくりになっているのか」という二点であった。

　　〈板書〉
　　　それぞれのじどう車はどんなしごとをしていますか。 を貼る）
　　　そのために、どんなつくりになっていますか。 を貼る）

　さらに、橋本教諭は、「つくり」の意味が子どもたちに共有されるように、前時のりょうの発言を想起させた。そして、次のように、りょうが絵で説明するとき、ダンプカーは土を運び、下ろすという仕事（①②③）のために、④のような「つくり」があることを確かめている。

第三部　論理的思考力の発達

〈資料２〉
　　T　今日から二つお尋ねがあるから頑張ってください。二つ考えなきゃいけない。一つは、りょうさんが昨日出してくれた、しごとのこと、しごとのことです。二つ目は、ちょっと難しい言葉が入っていますので、ちょっともう一回読んでみますね。さんはい。／C　そのために、どんなつくりになっていますか。／T　つくりっていうのは、昨日ね、りょうさんがお話してくれたのでちょっと思い出してください。／和夫　知っています。作るっていうのは……　／T　ダンプカーとトラックとあったでしょう。ダンプカーは土を下ろすために、りょうさん、どうなった？／りょう　えっと、ちょっと絵で説明したいんですよ。／T　いいですよ。どうぞ。もう一回描いてもらえると助かるかもしれない。ちゃちゃっと描いてもらっていい？　ちゃちゃっと。／りょう　なんか……／T　じゃありょうさんが描いているのはもうどっちか皆さん分かるんじゃないの？／C　ダンプカー？／T　さあ、りょうさんが書いているのは今どっちかな？／和夫　ダンプカー。／T　どうして？／陽子　土があるから。／T　土があるから。（「つちを」と板書）／花子　土を運ぶ？　あれ違うぞ。①／T　運ぶだけじゃないみたいね。土を……②／浩　下ろす……ために……。③／T　そこから先は書いていくと長くなるでしょう。／忠　土を下ろすために？／りょう　土を下ろすために、ここがイナバウアーみたいにガキューンって。④／T　イナバウアーって皆知ってる？／りょう　こうなるやつ。／T　皆できますか。／弘子　できる。／りょう　ガキューンって。⑤／T　ここが動くんですね。ちょっとみんなダンプカーになったつもりで、はいイナバウアー。どうぞ（のけぞる）／T　なるほど。ちょっと待って。イナバウアーみたいな？／りょう　仕掛け。①／T　みたいな仕掛けがある。（板書）／C　しかけがある。あります。／T　そう、しごとのちがいと、こっちにもう一つ。つくりのちがいを貼る）／浩　つくりのちがい。／T　そう、二つ、皆さん頑張って考えてください。で、今日は。何のお勉強でしょ？／浩　バス。……中略……バスはどんなしごとをしていますか。そのために、どんなつくりになっていますか。

　このあと、「いろいろなくちばし」の学習のときに「質問マン」と「お答えマン」で学習したことを想起させ、ペアで対話を始めることになった。ところが、子どもたちの活動はすぐに止まってしまった。「仕事」はわか

第8章 「じどう車くらべ」の授業（橋本須美子）とその考察

るけれども、その目的に結びつく「つくり」が出てこなかったのである。

そこで、「仕事」と「つくり」の論理的な関係を捉えることができるように、橋本教諭は次なるデザインの工夫を行った。

「いろいろなくちばし」のときは喜んでペア対談をしたのに、今回はどうしてできなかったのかを考えてみると、「いろいろなくちばし」の理由付けの論理と、「じどう車くらべ」の理由付けの論理とは異なっている。つまり、「いろいろなくちばし」では、くちばしの形の特徴を先に説明したうえで「だから……」という「→」方向での論理であったのでおそらく子どもたちの既有知識があったのであろう。それに比べて、「じどう車くらべ」での理由づけの論理は、「仕事」を説明して、次に「つくり」を説明するという「←」の方向での論理が使用されているので、子どもにとっては難しいのだということに注目した。

子どもたちは、自動車（バス）の「仕事」と「つくり」について、それぞれの知識は生活体験の中で持っている。しかし、それを「そのために」という接続詞を使って論理的に捉えることができなかったのである。そこで、生活の中で使用されている「〜のために」を活用し、理由付けの「世界・論理を捉える技能」を形成してはどうかという意見が出された。

こうして、第三時では、「仕事」と「つくり」を関係づけるために、次のような構文を用いた学習を行うことになった。

トラックはどんなしごとをしますか。
トラックはにもつをはこぶしごとをしています。
そのにもつをはこぶしごとをするために、どんなつくりになっていますか。
そのために、うんてんせきのほかには、ひろいにだいになっています。あと、おもいにもつをのせるトラックには、タイヤがたくさんついています。

しかし、「つくり」に関して、「ナンバーが書いてある札がある」といった仕事とは関係ない発言があり、「仕事」との関連で「つくり」を捉えたとは言い切れず、課題が残った。授業後、橋本教諭は新たに学びのデザイ

ンを考えた。

「にもつをはこぶしごとをするために」というように前の文をそのまま受けた文型で学習を行ったことは、確かに子どもたちの文型上の抵抗をなくしたと考えられる。しかし、もっと筆者の認識のあり方（自動車の「仕事」と「つくり」を関係づけている）とその述べ方（両者を「そのために」という理由付けの論理で関係づけ、「じょうぶな」「しっかりとした」という言葉を使って説明している）を融合させた形で、説明文の言葉や論理に出会わなければ、子どもたちは新しい認識、新しい知識を得たことにはならないのではないかという反省である。そして、次時では、次の点を重視した授業をデザインすることとなった。

○　筆者が「ものをつりあげる」クレーン車の「仕事」を説明するために、「つくり」として「じょうぶなうで」と「しっかりとしたあし」を取り上げている理由を考えさせる。
○　「じょうぶな」「しっかりとした」の言葉に着目させるために、クレーン車が「つりあげる」ものがいかに重いものなのかということを具体的な数などを示しながら子どもが実感として認識していくための手だてをとる。

4．子どもの側から「仕事」と「つくり」を捉えるための第四時の授業デザイン

次のクレーン車の学習で、橋本教諭は、「教科書、プリントを作ってくださった教科書会社の人たちはこの二つ（クレーン車のうでとあし）が大事だと言いました。何でこの二つがいるの？　何でこの二つなの？」と尋ね、子どもたちに、クレーン車の「仕事」と「つくり」の関係について考えさせた。

ここにきて初めて、子どもたちがクレーン車の「仕事」と「つくり」の関係について、「そのために」という理由づけの論理を伴って理解できたことが参与観察していた私にも伝わってきた。子どもたちは、〈資料3〉

の①⑤のように、クレーン車が「おもいにもつをつりあげる」ためには「じょうぶなうで」と「しっかりとしたあし」が必要であるということを、④⑥のように自らの身体を通して理解し、「仕事」と「つくり」の関連性の理解に至っている。つまり、クレーン車の大きさや荷物の重さを、自分が知っている具体的な事物と重ね合わせながらイメージ豊かに読み取り、実感として知ることのできた瞬間であったと言える。

〈資料3〉
和夫　じょうぶなうでがないと重いものをつりあげるときに、すぐ落ちてしまうからじょうぶなうでがいります。①……中略……／りょう　和夫さんに付け加えで、ちょっと体でやってみます。②例えばこの二つの筆箱、あいこさんと僕のを重ねた筆箱がありますよね。③じょうぶなうでじゃないと、ここにあるとします。これをそのまま、うーん……ガンってなります。④……中略……／浩　あしは、しっかりしたあしがなかったら、もしもつりあげているとき、しっかりしたあしじゃ……⑤／T　うん、ここがしっかりしていないと？／浩　ぎゅーんって上がったとき、しっかりしたあしじゃなかったら、もしも落ちてきたり……⑥……中略……ぐらーんぐらんぐらーんぐらんゆれてしまうのよね。ゆれないようにしてあるのね。だから、おもいものをつりあげるっていうこれはクレーン車の？／陽子　しごと。

5．身体的、実感的な「世界・論理を捉える技能」を形成する授業デザイン

このあと、子どもの中で生きて働く論理的思考力の育成を目指して、理由付けの論理を用いた書く活動へと進んだ。このとき、橋本教諭が大切に押さえたことは以下の点である。

① 図鑑から好きな車、説明したい車を子どもたちが選び、選んだ車の「仕事」を考えさせる。
② 子ども相互のペア対話に、参与観察者や教師が関わる話し合い活動を重視し、話し合うことを通して子どもの認識の形成を図る。

第三部　論理的思考力の発達

ここでは、言語発達が十分ではない忠と当時熊本大学教育学部4年生の村松亜耶との関わりを通して、どのように理由付けの論理的思考が形成されていったのかを記す。

村松は、第一時に忠が発した言葉を思い出し、次のように思考を促した。

　　村松　忠君、前いいよったたい。何かごみ収集車って後ろがぐるぐる。／浩　ぐるんぐるんぐるんって。／村松　ぐるぐるってなるようになってると？（忠うなずく）

しかし、忠は〈資料4〉の①のような説明にとどまってしまう。そこに、参与観察者の村松が②のように働きかけた。村松の働きかけに、忠は既有知識をもとに④のように説明した。さらに、村松の⑤の問いかけに、浩が⑦のように、「つくり」の意味を探り出した。その浩の発言を受けて、忠は、⑨⑩のように、ごみ収集車の構造の意味を「仕事」と関連して捉えていった。

〈資料4〉
　　忠　うしろがぐるぐるまわります。①／村松「うしろがぐるぐるまわります。」え、そんだけ？②／忠　？／浩　うしろがぐるぐる回るように作ってあります、じゃない？③／……中略……ダンプカーのように、／忠　ぐるぐるまわる、後ろが、後ろに、ごみを詰めます。④／村松　なんか、クレーン車のところではたい、丈夫なうでが伸びたりうごいたり、あ、車体が傾かないようにしっかりした足がついていますって。何でぐるぐる回るんだろう？⑤……中略……／忠　これ？／村松　郵便やさんみたいにトランクに乗っければいいんじゃないと？　ぐるぐるせなん？　うん。⑥／浩　ごみが邪魔にならないように、ぐるぐる回ります、とか⑦／村松　あ、邪魔にならないように。なるほど。なんかそういうの発見したら？　せっかく早く終わったけん。⑧／忠　ごみを壊します。⑨／村松　ごみを壊します！なるほどね。／浩　え、壊すんだっけ？……中略……／忠　袋を破る。⑩

第8章　「じどう車くらべ」の授業（橋本須美子）とその考察

　参与観察者の村松の介入によって、「そのためにダンプカーのように荷台があがってごみを捨てます」というごみ収集車の「つくり」が〈資料5〉のように具体的になっていった。

〈資料5〉
村松　どんどん奥にやっていってるのかな？ごみをね。／忠　たまったら、こうあけて、ごみを入れる。／村松　あ、これはここがたまったらこっちになるの。そうなんだ。これはあげたらどんないいことがあるんだろうね。／忠　なにが……／村松　ごみがいっぱい入ってます。このままでやるのとウィーンって上げるのと、何がいいことあるんだろうね。／忠　固めて……／村松　固めて、ごみの処理場に運んできて、／忠　運んできて、たまったら、ここがバーって……／村松　ごみが、これ（資料をさして）ごみ？／忠　うん。／村松　これがばーってなるのか。／忠　あ、わかった。ごみを、あー、ごみを固めるんじゃ。ごみを固めて、あ、だけどこれが……／村松　これは、じゃあダンプカーのように荷台が上がってごみを捨てますだってよ。こっちは入れます。

　ここでは、忠がごみ収集車の「つくり」として捉えた「そのためにダンプカーのように荷台があがってごみを捨てます」という認識が、忠の既有知識との往復と、文の精緻化を促す村松との対話の中で次第に身体的、実感的に論理を捉える技能として形成されていく様子をみることができる。
　〈資料4〉で、忠は、ダンプカーのように荷台があがってごみを捨てるためのごみ収集車がごみを吸い込み、その際、ビニールの袋を裂き、多くのごみを収集できるように固めているという構造を「ぐるぐる」という擬態語で表していた。そのごみ収集車の構造が、〈資料4〉における村松の②⑤⑥⑧の問いかけや精緻化を促す発話を通して、忠の中で、①④⑨⑩のように次第に確かな認識の結果として説明されるようになっている様子が窺える。
　子どもの発話プロトコルを見ると、「くるくるマットみたいに」（〈資料1〉）「イナバウワーみたいに」（〈資料2〉）といった比喩表現（直喩）や「ガキューン」（〈資料2〉）「ぐらーん」（〈資料3〉）「ぐるぐる」（〈資料4〉）「ウィー

217

ン」(〈資料5〉) といった擬音語・擬態語 (オノマトペ) の多用をあげることができる。いずれも感性的・感覚的な認識・表現にとどまっているが、逆に言えば、それだけ子どものリアルな既有知識・経験が教材文との出会いによって引き出され、活性化しているとも言える。これが、身体的・実感的に論理を習得する上で重要な意味を持っていると考えられる。

以上を言い換えると、子どもは想像力を駆使して、生活の中で出会う事物や事象についての経験や印象を複合し、たえず意味表象を作り出し、作り替えながら「内的な」世界、つまり"現実についての整合的なモデル"(Bruner & Haste, 1987) を構成していくのである。これは、論理の習得も同様であると考えられる。入門期の説明的文章の学習指導において、子どもの生活体験を土台にした想像力豊かな読みが自動車の「仕事」と「つくり」を関係づける認識や認識方法としての論理的思考として形成されていくのであろう。実際、忠は〈資料6〉のように、ごみ収集車の「仕事」と「つくり」を関連づけて捉えることができた。

〈資料6〉
浩　ごみ収集車はどんな仕事をしていますか。／忠　ごみ収集車はみんなの家からごみを処理場へ運ぶ仕事をしています／浩　その仕事のためにどんなつくりになっていますか。／忠　ダンプカーのように荷台が上がってごみを捨てます。後ろがぐるぐるまわって、まわります。袋をやぶるようにぐるぐる回ります。

第5節　子どもの側から「世界・論理を捉える技能」を形成するための教師の役割

以上、「じどう車くらべ」の説明的文章教材との出会いを通して、入門期の子どもたちが理由付けの論理を捉える技能を形成するための要件が明らかとなった。

1　筆者の世界・論理の捉え方 (筆者の認識と認識方法) と入門期の子ど

もの生活体験に基づく既有知識との出会い、融合を重視する。
2 子どもの生活体験から生成される感性的・感覚的な表現（比喩表現や擬音語・擬態語など）を土台にしながら論理的思考力を育成する。
3 こうして生成された子どもの説明表現を、さらに生活体験に基づく既有知識と往復させたり、精緻化させたりするような支援を対話的応答によって行う。

つまり、入門期の子どもにおける生活の論理およびそれに基づく説明表現を起点として、それを他者との対話によって精緻化していくことによってこそ、単なる概念知としての論理の獲得ではなく、生きて働く論理の獲得、身体的、実感的に論理を捉える技能の習得が可能になると考えられる。

なお、以上で見てきたように、橋本学級では、対話をはじめ、話し合う活動が重視されている。学級に参与する他者は（校長先生も学生も）、全て学びを促進するための存在として子どもに関わっている。そこでは、言語と表象（意味表象）とは相互作用しながら、作り作られるという関係を保ちながら、表象を外化していく。

幼児は、大人との関係性の中で物語るという行為を通して、ディスコースの精緻化が図られていく（内田1996）。それを通して思考や情動、行為が客観化され、冷却され、標準化されるのである。幼児期のこうした言葉の学びを小学校でも促そうという橋本教諭の学習指導は、入門期における「世界・論理を捉える技能」の形成の究明にも重要な視点を与えてくれると思われる。

注
(1) 第112回全国大学国語教育学会宇都宮大会発表資料「入門期学習指導における論理的思考力の発達に関する考察——『じどう車くらべ』の授業の参与観察を通して——」、河野順子・国語教育湧水の会（2008）『入門期の説明的文章の授業改革』明治図書も参照。

第9章　「どうぶつの赤ちゃん」の授業（橋本須美子）とその考察
―― 論理的思考力としての「比較（対比）」の発達 ――

第1節　研究の目的

　本章では、入門期の子どもたちが、説明的文章教材「どうぶつの赤ちゃん」との出会いを機に、どのようにして比較による論理的思考力（特に本教材では「対比」による論理的思考力）を発達させていったのかについて、具体的な事例に即して究明することを目的とする。

第2節　研究の方法

　本研究は、現場の実践者との共同研究を柱として行った。入門期の児童の論理的思考力の発達とその育成のあり方を明らかにするために、2006年4月から週一回、定期的に熊本市立本荘小学校の橋本須美子教諭の教室で参与観察を行った。特に説明的文章の学習指導については、「いろいろなくちばし」（2006年6月）、「じどう車くらべ」（2007年10〜11月）、「どうぶつの赤ちゃん」（2007年2〜3月）の全授業過程を観察することを通して、児童の論理的思考力の発達を分析、考察した。
① 　熊本市立本荘小学校の橋本須美子教諭の「どうぶつの赤ちゃん」の学習指導を参与観察し、入門期の児童がどのように「対比」という論理的思考を自分のものとして獲得していくのか、発話プロトコルの分析や記述の分析を通して明らかにする。
② 　参与観察を行うまえに、先行実践・先行研究の分析、考察を通して、「どうぶつの赤ちゃん」の実践における「対比」という論理的思考力育

成の課題や成果を把握する。このことを現場実践者との継続的な話し合い活動を通して共有化できるようにする。
③ 参与観察者は、熊本市教育委員会椙山範夫指導主事、熊本大学教育学部4年生学生4名、それに筆者の計6名である。授業終了後に、参与観察者が集まって本時の授業に対する感想や意見を述べ合い、授業者の橋本教諭に情報を提供する。

第3節 「どうぶつの赤ちゃん」の先行実践・先行研究から見える課題

「どうぶつの赤ちゃん」の先行実践については、多くの実践が残されている。先行研究については、対比（草食動物と肉食動物の生き方の違い）の視点から読み取ることを指摘した西郷（1982）、教材の持つ対比的構造を筆者の説明の工夫として意識化させることの必要性を指摘した森田（1988）、文章の記述の移行を追いながら教材性について論じた植山（1992）、身体的実感的学力の育成のための指導について述べた河野（2006）をあげることができる。先行実践に触れながら、「比較」という論理的思考力育成に言及したものとして、間瀬（2002）をあげることができる。間瀬（2002）は、森田（1988）の指摘した教材の持つ対比的構造を筆者の説明の工夫として意識化させるという授業過程が見られず、森田の指摘した課題がそのまま残されていると指摘している。

第4節 授業の実際

1．本授業における橋本教諭の指導目標観

橋本教諭は、「どうぶつの赤ちゃん」で、「対比」という方法を児童たちが実感として学ぶこと、学習者の側に立った論理的思考力の育成を目指して、次の点に留意した学習指導を展開した。

(1) 既習の「いろいろなくちばし」や「じどう車くらべ」で学び得た「対比」という論理的思考力を生かすこと
(2) ライオンとしまうまの赤ちゃんの二つの課題（生まれたときの様子・成長の様子）の違いを実感させること
　→「ふきだし」にライオンやしまうまになっての一言を書く。
　→筆者の気持ちがよく表れている言葉を付け加える。
　→筆者の気持ちが表れる言葉（副詞、副助詞などに着目）にこだわるために、ダウトゲームで押さえ、身体で実際にやってみる。
(3) ライオンとしまうまの赤ちゃんの育ちを比べることによって、筆者のものの見方・考え方・述べ方に迫り、筆者が示唆する「サバンナにおける生命の営みの不可思議さ」（教材本文にはない）に関する考えをまとめさせることによって、1年生にふさわしい見方・考え方を育てること

　　　　　　（2007.6　日本国語教育学会西日本集会熊本大会発表資料より）

　橋本実践の特徴は、1年生の説明的文章の学習指導に「筆者と対話する」ことを積極的に導入していることである。これは、研究者（私）が一方的に勧めたものではなく、2006年4月からの参与観察者との共同の話し合いの中で、実践者である橋本教諭自身が、1年生であっても、児童の既有知識に働きかけ、新たな認識を開かせていくためには、「筆者と対話する」という方法論が重要であるという自らの実践的認識をより確実なものにしていったのである。特に、「じどう車くらべ」の学習において、橋本教諭は、じどう車の「しごと」と「つくり」の関係を理解させるのに苦労した結果、「なぜ筆者はクレーン車のしごとを説明するために、このようなつくりを取り上げたのだろうか」という発問を通して、初めて児童の中に実感として「しごと」と「つくり」をめぐる「理由付け」の論理が働くようになったという実感を得た。このことから、「どうぶつの赤ちゃん」では、対比構造を筆者の説明の工夫として意識化させるような学習、しかも、それを児童の実感として読み取らせることの工夫に重点をおいた学習を展開することになったのである。
　次に、その実際の過程を見ていくことにしよう。

2．既習教材で学んだ「対比」という方法の自覚化を促す導入の工夫

　授業の導入では、「赤ちゃん」という言葉からどんな言葉を連想するかを言わせるところから始まった。児童たちからは、単語レベルの知識から、これまで橋本教諭が読み聞かせた絵本のことなど様々な発言が出てきた。そのとき橋本教諭は、自分が赤ちゃんだったときのことを語る児童の言葉を丁寧に拾っている。そして、「赤ちゃん」の話題が児童みんなに共有される時間を確保したあとで、児童から出た『赤ちゃんてね』の絵本にそって、人間の赤ちゃんの１年間の成長のあとを振り返る学習を行った。この絵本は、生活科の「いのち」の授業で用いたものである。本学級の児童たちは、既に「いのち」という題材を通して、自分たちがどのように生まれ、育ってきたのかを学習している。この学習の折に、生まれたばかりの赤ちゃんのことについてもビデオを見て、考え合う学習を行ってきた。

　その後、児童たちが知っている「動物の赤ちゃん」について発表し合う話し合い活動が行われた。そして、児童の側から、人間と動物の赤ちゃんの違いが問題視され、そのうえで、「人間と全然違うでしょ。……赤ちゃんの違いを考えましょう」という課題が設定されていった。さらに、〈資料１〉のように、その違いを考えるためには、既習教材で行ったように「対比」による論理的思考が必要であることが確かめられた。

　橋本教諭は、１年生の説明的文章教材である「いろいろなくちばし」「じどう車くらべ」「どうぶつの赤ちゃん」を貫く教科内容として、「対比」という思考方法の習得を意識していた。ここで傍線部のように、「じどう車くらべ」では、「仕事」に応じて「つくり」が決まってくるのだということと、「いろいろなくちばし」では、くちばしの形によってえさが異なっていることを学んできたことを押さえている。

〈資料１〉
　　Ｔ　いろんな赤ちゃんの違いを考えてほしいんですよ。でね、違いを考えるためには、このことをしなければいけないんですよ。この言葉、皆さんには懐かしいと思います。
　　全　比べる。

むつお　あー！　じどう車くらべ！
T　そうです。
C　一学期。
T　皆さんいろんな違いを比べたことが今まであったでしょう？
むつお　じどう車くらべー！
T　そう、じどう車くらべでは、いろんなじどう車のしごととそのつくり、しくみの違いを比べましたよね？
全　はい。
T　一学期もあることを比べたんですよ、覚えているかな？
かい　いろいろなくちばしだろ？
T　そうそうそう。
はやと　くちばしかあ。
T　覚えていますか？動物のくちばしを比べたの。
C　はい。
あやと　僕は何か……
むつお　カワセミ、クマタカ、スズメ、シギ……
あや　なんかちっちゃいハチみたいなの。
T　そうそう、ハチドリ。いろんな──があるのを調べましたよね？で、「じどう車くらべ」では、ほら。しごと、しごと、どんなしごとかなーっていうのからつくりが違うっていうお勉強をしたでしょう。くちばしは何であんなに形が違ったのか覚えてますか？
はなこ　何か……
C　何か食べ物。
C　違う、何か、何か……くちばしがビヨーンって。
T　そうそう、何でそんなにくちばしが違ったかっていうと？
むつお　えっと、えさをとるため。
T　そうそう、ねえ。うん、何でなの？　はなこさん。
はなこ　えさ。
T　うん、えさ、食べ物でいろいろ変わってきましたよね。
C　食べれない。
T　うん、じゃあ動物の赤ちゃんは、
C　比べる。
T　どんな風に違うんだろう、また、何でそんなに違ってくるんだろう。

第9章　「どうぶつの赤ちゃん」の授業（橋本須美子）とその考察

　そういうことを考えていただきます。で、教科書を、皆さん。さあ、机に行って教科書を出してください。
T　今回はね、二つをよーく比べて、二つの違いを考えるお勉強をするんです。今回の動物の、ますいみつこさんが選んだ代表選手を二つは？
C　ライオン
C　しまうま
T　なあんで、しまうまとライオンを、ますいみつこさんは比べようと思ったんでしょうね。これを一つ考えておいてください。ね、①

　さらに、本時では、「どうぶつの赤ちゃんは生まれたばかりのときは、どんなようすをしているのでしょう。」「そして、どのようにして、大きくなっていくのでしょう。」という二つの文の読みの視点を明確にした。そして、授業後終了間近に、下線①のように、児童たちに「対比」の構造に着目させる問いを残して、導入の一時間が終了している。

3．児童に筆者の気持ちが表れている言葉（副詞、副助詞など）に着目させ、実感として書かれてあることを読み取らせる工夫

　橋本教諭は、言葉に託された筆者の思い（筆者がその言葉を選択した意図）を、子どもたちが実感しながら「読み」を深めていくことが重要だと考え、実践している。そのために1年生であっても、〈資料2〉のように、筆者を意識した読みを展開している。さらに、「筆者の気持ちがよく表れる言葉（副詞・副助詞が中心）に着目しながら読解を進めていった。この際、ライオンの読み取りでは、ダウトゲーム（アニマシオンの作戦の一つで、読み手がわざと読み間違えたところを見つけて修正するゲーム）を取り入れ、副詞や副助詞に筆者の伝えたい気持ちが込められていることに児童たちに気づかせた。そのうえで、しまうまの読み取りでは、児童たち自身が筆者の気持ちがこめられている言葉探しを行った。その際、〈資料3〉の傍線部のように、児童の生活体験を想起させながら実感として読み取らせる工夫を行っている。

225

第三部　論理的思考力の発達

〈資料２〉
　T　気づいた時にでいいので、昨日ほらっ、ああその言葉には、ますいさんがビックリした気持ちがこもっているっていったよね。
　むつお　もう。
　T　そうそうそうそう。そんな言葉がありましたよね。
　あつお　もうやりたくないとか。
　T　もうとか……ライオンのところで言ったら、閉じた閉じているじゃなくて……閉じた……。
　C　まま。
　T　閉じたままとか。そんなふうに、ますいさんの思い、気持ちがよく分かる大切なところがあっちこっちあることにみんな気づき始めたよね。そこをね、あっこれ大事。あっこれますいさんのビックリが分かる。というところに気づく分でいいから、丸をつけながら今日は最後まで丁寧に読んでください。みんな暗記している状態だからバーって読んでしまうから、今日は最後までいってください。いいですね。ここまで早くいった人は、終わっている人と、ねえどこ丸つけたって見せ合いっこしながら確認してください。

〈資料３〉
　はるの　「たった」です。
　T　「たった」7日くらいの「たった」だそうです。
　むつお　同じです。
　C　はい。
　かい　付け加えです。
　T　ちょっと待って。どうしてみんなたったに丸つけたの。
　かい　えっと……「たった」は何か短い……何か短い……。
　T　じゃちょっと待って。はなこさんがいいこと言ってます。
　はなこ　ライオンの赤ちゃんは2ヶ月くらいお乳飲んでいるけど、しまうまの赤ちゃんは1週間くらいしか飲まないから、短い……。
　T　意味分かった。はなこさんが今とっても大事なこと言ったの分かった。何のことを言ってた。ライオン赤ちゃんのことを言っていたでしょ。ライオンと比べると7日っていうのは長いの。短いの。
　全員　短い。

第9章　「どうぶつの赤ちゃん」の授業（橋本須美子）とその考察

T　とっても短いよね。そう。あやさんが思い出したことがあるそうです。ちょっと聞いてあげてね。
あや　……
T　「たった」って言葉で思い出したことがあるのね。
あや　「たった」がつくと、「たった」がつくのは、何日くらいとか……「たった」は、はなこさんと一緒で短いことだと思います。
T　よく「たった」何とかって使うでしょ。
あや　たったこれくらい……とか。
T　たったのこれくらいとかあやさんは使うそうです。皆さんは使う。
あつお　ああ、あるあるあるある。
T　たったのこれくらい。じゃあ皆さんの大好きな……３月といえば菱餅。もちがいっぱい食べたいんだけど、これくらいしかきませんでした。その時には……。
C　えっ……たったのこれくらいしかないの。

　さらに、その様子を実感として捉えさせるために、橋本教諭は"必ず自分の身体で実際やってみる"ことで、筆者がその言葉を使った意図を体でとらえるようにした。

　例えば、『とじたまま』や『ぴんと立って』等、『まま』や『ぴんと』があるときとないときではどう違うのか、全身を使って表現させ、体感させ、『まま』や『ぴんと』の言葉の効果を体得させるのである。具体的に言うと、生まれたばかりのライオンの赤ちゃんは「目と耳はとじたまま」であるという事実を、自分のまぶたと両手で表した耳を使って実感するとき、「とじた」と「とじたまま」を動作化させて比較させる中で、『まま』の方が、C「ぎゅっと（しっかりと）とじている」、C「ずっと（継続して）とじている」ことを体感させていったのである。
　そんな動作化つきのダウトゲームを積み上げていく中で、言葉や読み取ったことを説明するとき、子どもたちは〈資料４〉のように、ぬいぐるみを使って説明したり、親子のかかわりを子どもたちが二人組で演技しながら分かり合ったり、自然と実演を入れるようになった。

第三部　論理的思考力の発達

〈資料4〉
　C　「ライオンのおかあさんに、口にくわえてはこんでもらう」っていうのは、きっとこうしたと思うんですよ。（動作化する）

　また橋本教諭の授業では、〈資料5〉のように、既習事項を生かすことによって児童たちの理解が進んでいる。

〈資料5〉
　ひとし　お乳についている「も」です。
　C　うん……？
　T　あっ次までいったのね。くじら雲のとき、「も」がいっぱいでてきたね。
　C　ああ。
　むつお　ああ。もうすぐ、もうお昼だ。
　T　それは「もう」ね。どこまで「も」とかね。
　かい　男の子「も」、女の子「も」。
　T　ああ。あったね。はあああ。
　かい　くじら「も」体操を始めました。

　「ああ、あったあった。」と大きくうなずきながら、子どもたちは既習教材のページをめくり、「くじらぐも」の一節を嬉しそうに音読し始めた。ライオンの赤ちゃんが「よわよわしい」というところでも、「くじらぐも」の「あおいあおい空」で学んだ「繰り返し＝強調」ということを想起していた。「くじらぐも」と「どうぶつの赤ちゃん」の表現を行ったり来たりしながら、「筆者の気持ちがよく表れる言葉」を児童たちは実感していった。

4．児童の既有知識を補足する情報の活用
　児童たちにとって、サバンナに生きているライオンやしまうまなどの動物の様子を実感的に読み取っていくことはそう簡単なことではなかった。はじめのうちは、教材文の読み取りだけでは、ライオンは「親に守られて楽」だという捉え方をしがちであった。サバンナの厳しい自然状況を児童

たちに理解させる必要があると考えた橋本教諭は、司書の先生にたくさんの図鑑や絵本等を準備してもらい、児童同士で分かったことを教え合うという活動を取り入れた。こうした活動の中で、子どもたちは"サバンナの厳しさ"を実感し始めた。さらに、図鑑等で調べてもはっきりしなかったことを、動物園に直接電話して尋ねた児童もいた。そうして調べて分かった次の二つの点が、「守られて楽」と思っていたライオンの子どもの現実を実感する手がかりとなったのであった。

・獲物を食べる順番は「オス→メスたち→子どもたち」であり、子どもたちは残り物をしゃぶらなければならない。
・六頭生まれたとしても、二年間生きるのはたった二頭だけである。
　（何日も食べられないこともざらであり、いろいろな動物たちから命を狙われる。）

この厳しい現実を知ったことで、「空白の部分を綴る」活動（筆者の感動や思いがわかるように言葉を補う活動）において、最初"親子の温かいかかわり合い"に主眼を置いて記述していたのが、"サバンナの厳しさ"に目を向けて書くように変化していった。

5．空白を読み取る

　筆者の思いを読み取るために橋本教諭が行った副詞や副助詞に注目させる読みは、動物の世界の厳しさやその中でのライオンやしまうまの生きることの厳しさを、児童たちに実感として捉えさせるのに有効に働いていった。橋本教諭は、"サバンナの厳しさ"を意識すればするほど、教科書の「ライオンの赤ちゃんの一年間の成長（食べることについての）」の記述があっさりしている（恐らく編集の都合上）ことがもったいなくて仕方がないと思うようになった。そこで、ライオンの赤ちゃんが「食べること」について書かれた本文に、「筆者の気持ちがよく表れる言葉や様子が詳しくなる言葉の付け加え」をすることにした。児童たちは、〈資料6〉のような話し合いを通して、〈資料7〉の例のように、「ひっしにしゃぶり」とか「しっかり」「いのちがけ」といった言葉を書き足していった。

第三部　論理的思考力の発達

〈資料6〉
　T・C全　三か月ぐらいになったら、おかあさんのとったえものをたべはじめます。
　T　こんな簡単に……「たべはじめます」でいいですか？　食べ方分かった今の？
　みつこ　いいー。
　はなこ　しゃぶります。
　T　ああ、しゃぶりながらたべはじめます。えものをしゃぶりはじめます、なるほどー。
　むつお　しゃぶりはじめます。
　T　しゃぶりはじめます。
　ひとし　しゃぶりながらが……。
　T　じゃあ、まあ――どっちでもいいですよ。書き直してください。しゃぶるってね、ただ食べるんじゃなくて、しゃぶりはじめます。
　はるか　つけ加え？
　かい　二本線で、二本線で消して、しゃぶるって書いた。
　T　ああ、なるほどね。……じゃあゆっくりしゃぶるんですか？
　はなこ　先生！　こうしてつけ加え……。
　T　ああ、なるほどね！
　かい　……ああ！　分かった！
　T　ゆっくり、ゆったりしゃぶりはじめるんですか？
　かい　いいえー！
　T　違う？　どんな風に？
　むつお　必死に。必死に。
　かい　――！
　T　それも入れなくちゃ。……それも入れなくちゃ。
　かい　もう分かった。
　T　かいさん、何て入れる？
　かい　ひっしでしゃぶりはじめます！
　T　ああ、三か月ぐらいになったら、おかあさんのとったえものを
　はなこ　先生。
　かい　ひっしに。
　T　ひっしにしゃぶりはじめます。ああ、なるほどね。

あつお　うん、ひっしにしゃぶり――。
T　ただの食べるじゃ駄目よね。
かい　はい。
T　ただの食べるじゃない。

〈資料7〉

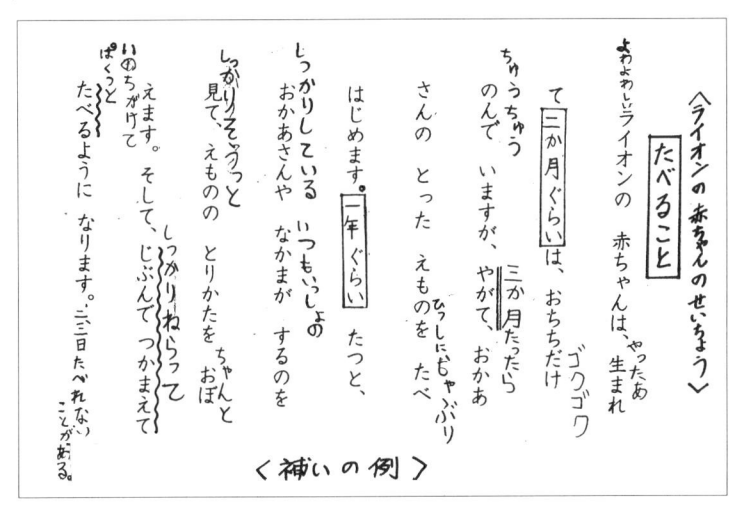

〈ライオンの赤ちゃんのせいちょう〉

たべること

よわよわしいライオンの赤ちゃんは、やったあ生まれて三か月ぐらいは、おちちだけちゅうちゅうのんでいますが、やがて、ゴクゴク三か月たったらひっしにもしゃぶりさんのとったえものをたべはじめます。一年ぐらいたつと、しっかりしているおかあさんやなかまがするのをしっかりそうっと見て、えもののとりかたをちゃんとおぼえます。そして、じぶんでしっかりねらってぱくっといのちがけでたべるようになります。二、三日たべれないことがある。

〈願いの例〉

6．ライオンとシマウマの一年間の「成長年表」と吹き出しの活用による実感としての読み

　橋本教諭は、ライオン、しまうまの読み取りを終えたあとに、さらに、「対比」による論理的思考を促すために、自分たち人間の赤ちゃんの成長と比べながら、絵やふきだしを使って「ライオンの一年間の成長年表」をまとめさせた。

　この「成長年表」をまとめる活動を通して、児童たちは〈資料8〉のように、「対比」による論理的思考が促されていった。

　そこでは、乳の飲み方の違いについて、教師が傍線①のように質問をし、児童たちは②③のような乳の飲み方の違いから草食動物と肉食動物の違いを⑥⑦⑫のように読み取っていった。

231

第三部　論理的思考力の発達

〈資料8〉
T　ねえ。7日くらいしかおっぱいを飲むことはないって。ねえ。ライオンさんのおっぱいを飲むのに比べると……とても短いですけど、もっと違うところがありそうですね。①
C　ああ。はい。
T　じゃちょっと前に来てごらん。
かい　見つけた。
T　一つは飲む期間がとても短い。はいっ座って。でもほらっ、この飲み方とこの飲み方……。
C　はあい。
T　じゃちょっと近くの人と相談して。
T　7日くらいって期間が短いだけじゃないんだよ。あっ、赤ちゃんの大きさももちろん違います。
あつお　大きさ。
はなこ　はい。
C　はいはいはい。
T　はい、みつこさん。はなこさん。
みつこ　えっとしまうまは、立って飲むじゃないですか。②
はなこ　でもライオンは座って……横になって飲むじゃないですか。③
C　同じです。
はなこ　そこが違うと思います。
T　こっちは立って飲む。こっちは……
かい　寝て。
T　あっ寝て。
C　はいはい。
T　はい。どうぞ。
はるの　育ち方というか……
かい　育ち方というか？
はるの　生れるのが早い。
T　生れた後のこと。生れて……
かい　ああ、生れて立つのが。
T　が……立ってるだけじゃなくて、立つのが早いってこと。昨日勉強した。

232

第9章 「どうぶつの赤ちゃん」の授業（橋本須美子）とその考察

はるの　（うなづく）
T　ねえ。
C　はあい。
T　すぐ立ったんだよね。どれくらいで立ったの。
かい　30分も経たないうち。
T　そう。30分も立たないうちに。
T　はいありがとう。ねえ。だってこっちははるのさんが言ったように、すぐ立てたもんね。何で、シマウマは立って飲むんでしょうか。
かい　馬だから。④
T　ねえ。どうしてシマウマは立って飲むのでしょう。⑤
むつお　草食動物だから。⑥
T　またお話し合いして下さい。何でシマウマは立って飲むの。
C　横になれないもん。
T　何でなれないの。
あつお　ええ……
T　ゆっくり飲みたいはずなのに何で立ってるの。
C　逃げる。
ひとし　はい。
T　ちょっと待ってもう少しお話し合いを……。（近くの人と話し合い活動）
T　さっきからあつおさんがいいこと言ってるから。どうぞ。
あつお　ライオンがしま馬を食べるから……。⑦
T　シマウマを食べるからどうしなくちゃいけないの。⑧
はなこ　走れない。⑨
T　そうあつおさんが一番言いたいことはそこなんです。
あつお　逃げる。
T　逃げなくっちゃいけない。
かい　はあい。
T　ねえ。座っていたらどうなるのあつおさん。⑩
あつお　逃げ遅れる。⑪
はなこ　逃げ遅れる
T　ねえ。逃げ遅れる。
ひとし　はい。
T　じゃ、ひとしさん。

233

第三部　論理的思考力の発達

ひとし　お乳のことなんですけど……立って飲んだらお乳は飲みやすいけど……

T　でもお母さんが横になってたら飲みやすいよね。

はなこ　そうだよ。

T　シマウマはお母さんは立って飲ませるし、子どもは立ってる。いいですか。

ひとし　はい。

かい・むつお　はい。

T　はい。どうぞ。

むつお　あつおさんと似ていて……

T　はい。

むつお　生れた後に何か、ジャッカルっていう狐に似た

C　分かんない。

T　狐に似たジャッカル。うん。

むつお　狐みたいな動物がいるんですよ。

C　はい。

むつお　その動物は生れたばかりの子どもを狙ってくるから、負けないように……

C　ああ。

T　だから、今かいさんが言ってくれたのは、生れたばかりの赤ちゃんって……

むつお　狙われやすい。

T　そうそう狙われやすいから、ジャッカルみたいに、狐に似たのがいるのね。生れたばかりの赤ちゃんを狙っている。突進してくるから、だから……

むつお　早く立たないと食べられてしまう。

T　生れたばっかりで、食べられるってことは……

はなこ　死ぬ。

T　そうだよ。生まれたばっかりでも死んじゃうかもしれないんだよ。

はなこ　うええ。

T　はいどうぞ。

かい　っと……しま馬が立ってなかったら、走るのが遅れちゃうじゃないですか。⑫

234

第9章 「どうぶつの赤ちゃん」の授業(橋本須美子)とその考察

全員　はい。
T　それからよっこいしょってたちよったらねえ。
全員　(笑い)
かい　だけど、30分も経たないうちに立ったら、相手が来てもお母さんと一緒に逃げられる。

さらに、この「年表作成」の途中に、〈資料9〉のように、ライオンの赤ちゃん、しまうまの赤ちゃんになって対話するという活動を導入した。これは、児童たちの読み取りをあくまでも実感として捉えさせるための工夫である。

〈資料9〉
T　三か月で、おかあさんのえものをもらって、たべはじめる時でしたね。じゃあ最初の三か月！えものをもらってたべはじめる時の赤ちゃんになりきって、皆さん色々書いてきたでしょう！
全　はい。
T　はい、色々言えると思いますが、ま……じゃあ誰から行こう……。
全　はーい！
T　じゃあ、はるかさんどうぞ。はい。
はるか　言ってもいいですか？
T　いいですよ。
はるか　……。
T　三か月の方、三か月。
はるか　こっち？
あつお　うん。

かい　右、右。
はるか　あはは、おかあさん、シマウマの肉をとってくれて本当にありがとうございました。おかあ……あ、おかげで……ぐんぐん成長します。またとってください。
C　おおー。
T　――またとって――。

第三部　論理的思考力の発達

全　はーい！
T　今のはちょっとこう……あの「ありがとう」って子どもの意見だったよね。もっとね……何か「ありがとう」とかそんなことじゃないことを書いてる人もいますよね。
全　はい！
T　はい、じゃあ、かいさんどうぞ。
あつお　あー、僕読みたかった。
かい　言います。お肉が来たよ、必死にがぶっと食べるぞ。だけど少ないな、悲しいな、寂しいな、こんなに少ないなんて。お父さんとお母さんはいっぱい食べて……。
C　おぉー。
T　ああ、ありがとうどころじゃなくて、お母さんやお父さんのあとで、もう少ないからちょっぴり寂しいなっていうことなのね。
全　はい、はい、はい！
T　はい、じゃあてつおさん。
てつお　わーい、おいしいな。もっと食べて僕はずっと生きるぞ。そ……あ、二、三日食べれないこ……時もあるけど、僕は絶対生きるんだ。
T　生きるために食べなくっちゃね。

　こうした活動の後、児童たちは、〈資料10〉のように、ライオンの赤ちゃんになって学習プリントに吹き出しを書き入れた。橋本教諭は、「やがて、おかあさんの　とった　えものを　たべはじめます。」と「そして、じぶんでつかまえてたべるようになります。」の二つの文を、ライオンのせりふとして書き直させたのである。その際、ライオンの育ちとしまうまの育ち、そして、人間である学習者たちの育ちが月の経過とともに見渡せる学習プリントが用意された。
　〈資料10〉の傍線①から⑦のように、児童たちは情報補足で得た知識や副詞や副助詞をもとに読み取ったこと、あるいは自分たちが付け加えた活動などをもとにサバンナに生きているライオンの育ちを自分の言葉から読み取っている。さらに、「じぶんでつかまえるようになった」頃も同様に情報補足などの活動を通して読み取ったことなども取り入れながら、傍線

第9章　「どうぶつの赤ちゃん」の授業（橋本須美子）とその考察

⑧⑨のように、実感としてライオンの生きる状況を読み取っている。

〈資料10〉
「やがて（三ヶ月ぐらい）」頃のライオンの赤ちゃん
・おにくがきたよ。ひっしでペロペロしゃぶるぞ①。だけど、少ないなあ。かなしいなあ。さみしいなあ。こんなに少ないなんて。おとうさんとおかあさんはいっぱいたべて。（かい）
・ちょっとだけでも、うれしいな。でも、もっとなめたいな。しまうまさんたちごめんね。でも、たべないといけないんだ。（あや）
・ああさいごだからこそいのちがけでしゃぶるんだな。ぼく本当にいきのこれるかな②。ひっしでたべようっと。ガブッ。（かい）
・ああ、今日はいっぱいたべれてよかった。でも明日たべれないかもしれないからかんしゃしてたべよう③。ありがとうございます。（はなこ）
・えものがおいしいな。またおかあさんにもらいたいな。おかあさんによんできてもらおうかな。えものなんこのこったんだろう。（ひとし）
・わあい、おいしいな。もっとたべてぼくはずっといきるぞ。二、三日たべれないときもあるけど、ぼくはぜったいいきるんだ④。（てつお）
・いのちがけでぼくひっしでしゃぶろうかなあ⑤。ぼくまよってないけん。ぼく、かじるけん。（あつお）
・おかあさん、シマウマのにくをとってくれてほんとうにありがとうございました。おかげでぐんぐんせいちょうします。またとってください。（はるか）
・きょうは、えものがとれたけど、あしたはとれるかなあ。しんぱいだなあ。ぼくえもののとっくんもするからね⑥。（みつこ）
・ぼく二さいまでいきれるかなあ⑦。ぼくしんぱいだなあ。ぜったい二さいまでいきたいなあ。おかあさんとずうといたいなあ。（うみ）

「そして、じぶんで　つかまえて　たべるように　なります。」という頃のライオン
・まてえ。しまうまよ。いまつかまえるぞ。おお、それまでまっときなさい。はさみうちでつかまえるぞ。（かい）
・やっとしゅぎょうして、えものがとれるようになったよ⑧。これは、おかあさんたちのおかげだよ。（あや）
・ようし、あとすこしでなかまのいるばしょだ。大きなしまうまがいる

第三部　論理的思考力の発達

ぞ。みんなよういはいいかい。（かい）
・よおし。はじめてえものをつかまえるぞお。エイエイオー。ファイトだあ。（はなこ）
・うわあ、はじめてえものとった。ああいいきぶんになったなあ。えもののとりかたもたのしいな。（ひとし）
・<u>よし、おかあさんとなかまのをしっかり見ておぼえることができたんだ。わすれないどこ。</u>⑨（てつお）
・ぼくえもののとりかたをおぼえよう。そしたらぼくもおとなになれそう。（あつお）
・おかあさんいろんなことやってえものをとるんだね。ようくみえていたからおとなになったらしっかりまねをするよ。（あつお）
・ああ、こうやってえものをとるんだあ。ぼく、ぜったいにがんばるからね。しまうまがこわい。（みつこ）
・ぼくしまうまとったからおうちでまっててね。たのしみにしててね。がんばる。（うみ）

7．まとめの文を綴る

　本学習の最後に、橋本教諭は、自分の言葉で「空白の（後略された）まとめの文を綴る」活動を入れた。こうした活動を取り入れることによって、何より筆者のものの見方・考え方に迫ることになると考え、「ますいみつこさんになってまとめの文を書こう」という課題に取り組んだのである。
　出来上がった文章は〈資料11〉のようなものである。
　①の学習者は、筆者の対比構造を、食べる（追うもの）食べられる（追われるもの）との関連で捉えながら、かなり一般化してサバンナに生きる肉食動物と草食動物のちがいを捉えている。③の学習者は、ライオンとしまうまのえさの違いに着眼し、それに関連づけてライオンとしまうまの育ちの違いを、お乳を飲むことに焦点化しながら説明を行っている。④の学習者は、ライオンとしまうまの育ちの時間的な違いを捉え、対比しながらその違いを読み取っている。⑦⑧の学習者のようにまだまだ自己の視点からの同化した読みのほうが強い児童もいるが、「筆者」になってという視点を与えられることによって、筆者の対比構造を自分なりに意味づけ解釈

している様が見てとれる。この⑦⑧のような自分の生活実感の中で捉える段階を経てから科学的な概念が児童のものになることは、「じどう車くらべ」の学びにおいても確認されている。こうした学習者の発達を無視して、いくら科学的な概念を外側から教え与えても学習者にとって身体的・実感的な論理的思考力の育成は難しいと思われる。

〈資料11〉

① <u>ライオンの赤ちゃんとしまうまの赤ちゃんがどうしてこんなにちがうかというと、ライオンはおうほうで、しまうまはにげるほうだからです。</u>しまうまは早く立たないとライオンにおそわれて、いのちがなくなるから、三十分も立たないうちに立つのです。

　どうぶつのせかいは、きびしいですよ。ライオンが肉食どうぶつでしまうまは草食どうぶつです。しまうまやライオンはサバンナにすんでいます。しまうまは草だけをたべます。ライオンはしまうまやヌーや、アフリカスイギュウの肉をたべます。しまうまは、はしるのがはやいです。けれども、ライオンのおかあさんとおばあちゃんは力をあわせてえものをつかまえるのですよ。つかまえるほうもにげるほうもいのちがけです。（かい）

② しまうまはなぜ早くたたないとだめかというと早くたたないとライオンがしまうまをえものにしてしまうからです。だから早くたたないとだめなのです。ライオンは草むらにかくれておそってしまうまをかみます。えものをたべてのこりは赤ちゃんに食べさせます。

　二、三日もたべれないこともあります。どうぶつのせかいはとてもきびしいのです。ライオンはしまうまをぜんぶころすわけじゃありません。そのりゆうはぜんぶころすとえものがなくなってしまうのです。だから一ぴき一ぴきずつたおすのです。（ひとし）

③ <u>大人のライオンとしまうまは食べものがちがいます。ライオンはどうぶつの肉を食べます。しまうまは草を食べます。なぜしまうまの赤ちゃんは立ち上がるのが早いかというとライオンたちがしまうまを食べるからです。だからいつでもにげれるように立ち上がるのが早いんです。しまうまはライオンとかに食べられるから草もパッパと早く食べます。</u>

　ライオンの赤ちゃんはえものはみんな食べたあとのものだからちょっ

としかのこっていないんです。ライオンの赤ちゃんはじつはとてもかわいそうです。ライオンはえものが食べれないときもあります。ライオンもしまうまもどちらも本とうにたいへんなんですよ。(はなこ)

④　ライオンの赤ちゃんは肉食だから、すこしときのながれをスローにしてもいいです。けれども、しまうまのばあいは草食だからときのながれをすこし早くしないとたべられてしまいます。ライオンの赤ちゃんもおなじ肉食どうぶつにたべられることがあります。だから、どちらともひっしなんですよ。

ライオンの赤ちゃんはしあわせだとおもっていたけど本とうはとってもひっしなんですよ。ライオンの赤ちゃんで二さいをむかえれる(「むかえられる」の意……引用者注。以下同様)のは二とうだけです。しかし、草食のシマウマはソレにくらべてなかまのしまもようにかこまれてあん全です。どちらもひっしに生きています。どうぶつかいはきびしいのです。(むつお)

⑤　ライオンの赤ちゃんとしまうまの赤ちゃんをくらべると、しまうまの赤ちゃんはにげるほうで、ライオンの赤ちゃんは、おとなになるとおうほうです。だけど、ライオンの赤ちゃんはまだおわなくていいほうだとおもいます。だっておかあさんたちがにくをとってくれるからです。それに、あるけないし、目も耳もあいてないからです。けれどもおとなになったらライオンはにくをたべるほうで、しまうまは、草をたべるほうです。

ライオンの赤ちゃんもしまうまの赤ちゃんもらくではありません。ライオンの赤ちゃんは、たまに、たべることができないことがあります。しまうまは、早くはしらないと、いのちがあぶないです。ライオンの赤ちゃんは、よこになっておちちをのみますが、しまうまは立ってのみます。どうぶつのせかいはきびしいのです。

くま本どうぶつえんにおでんわしてわかったことをおしえます。しまうまのしまはうすいちゃいろと白です。ライオンはにんげんの一さいが四さいです。ライオンがたべたしかのつのとかはそのままにしているそうです。(あや)

⑥　ライオンはにくをたべます。しまうまは草をたべます。ライオンはしまうまをおいかけてたべます。でもしまうまははんたいでにげるほうです。しまうまは立つのが早い。だってライオンがすぐにしまうまをおい

かけるからです。
　どうぶつはとてもきついんです。しまうまは生まれたときから耳と目があいています。ライオンがくるのをじっと見るためです。とてもしまうまの赤ちゃんはつらいです。(うみ)

⑦　ちがいのまとめは、しまうまはにげます。ライオンは、おいかけます。ライオンは、しまうまをおってしまうまをたべます。ライオンは、しまうまをたべて大きく大きくせいちょうをして、生きてきています。ライオンは、しまうまをおいかけて生きています。けれども、一日とか二日とか三日とかたべれない(「たべられない」の意)ときもあります。
　ライオンがしまうまをいっぱいいっぱいたべて、しまうまがいなくなったらライオンは生きてこられないから、どうぶつのせかいはきびしいんです。ライオンは、しまうまをたべないと生きられないからライオンもしまうまもがんばっています。(みつこ)

⑧　なぜちがうかというと、しまうまがにげるほうでライオンは、しまうまをつかまえるほうです。ライオンは、しまうまよりはやいです。ライオンは、しまうまをとったらたべます。しまうまは、草をたべます。ライオンは、くさむらにかくれます。しまうまは、ライオンからにげます。
　しまうまとライオンはかなしいおもいをしています。どうぶつたちもつらいのです。わたしたちもかなしいときもつらいときもありますよね。
　ライオンのおかあさんは足が早い(「速い」の意)のに、赤ちゃんはあるけません。だからおかあさんがくびをつかんではこぶのです。それでおかあさんははこぶのは、おもいからやめたいけどおかあさんだからがまんをします。わたしたちとおなじでがんばる心ももっています。(はるか)

⑨　ライオンの赤ちゃんとしまうまの赤ちゃんはなぜちがうのかというとしまうまは草をたべているときにげるからです。ライオンはしまうまの肉をくうからです。ライオンはどうぶつの王さまといわれるからです。しまうまは早く大きくなってにげるからです。
　しまうまの赤ちゃんはにげるのがたいへんです。シマウマはすわってたべるのができないです。しまうまの赤ちゃんは、すぐに大きくなってはしるからたいへんです。しまうまの子どもはついていくのがたいへんです。(あつお)

⑩　なにがちがうかというとたべかたのちがいです。なぜかというとライ

第三部　論理的思考力の発達

オンはえもののにくでいきることができています。しまうまは草でいきることができています。ライオンの赤ちゃんはおかあさんがとったえものをたべていきています。しまうまの赤ちゃんはじぶんで草を食べて生きています。

　しまうまの赤ちゃんはなんで立ってのまなきゃいけないかというと、ライオンがきたらしまうまがたべられちゃうからです。だから立ってのむのです。だってしまうまの耳はぴんと立っているから、すぐにライオンの足音がきこえるからすぐにげれるのです（「にげられる」の意）。（てつお）

第9章 「どうぶつの赤ちゃん」の授業（橋本須美子）とその考察

〈資料12〉

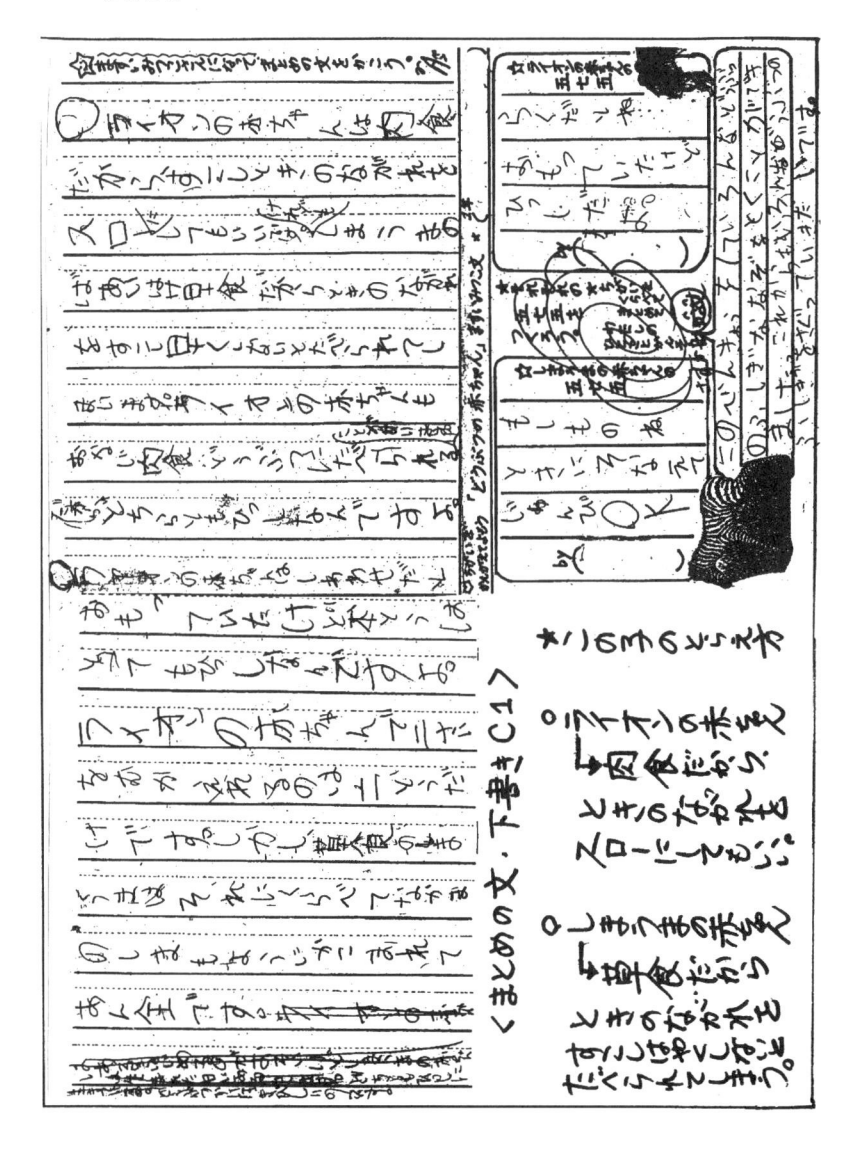

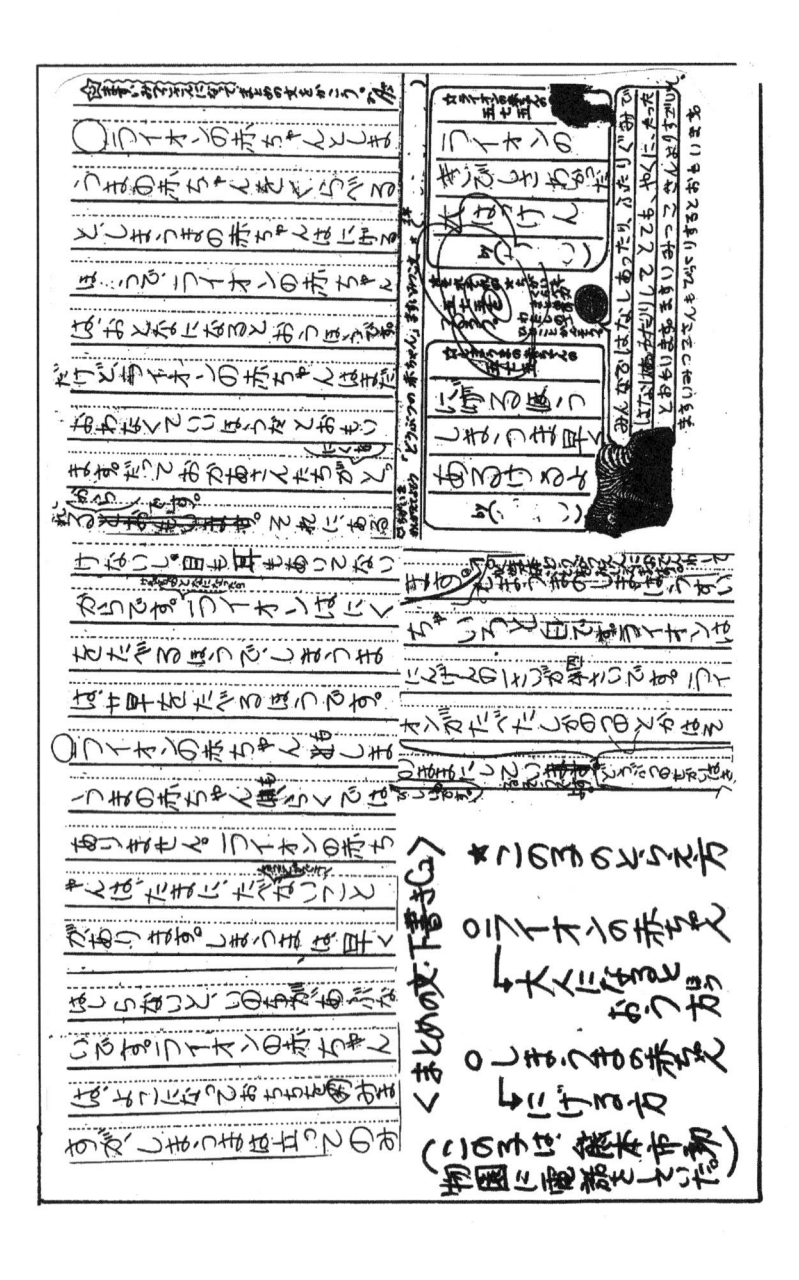

第三部　論理的思考力の発達

第9章　「どうぶつの赤ちゃん」の授業（橋本須美子）とその考察

第5節　「比較（対比）」の発達の条件

　以上、橋本教諭の「どうぶつの赤ちゃん」の実践は、一言で言うと、教材の持つ対比構造を筆者の説明の工夫を意識化させることによって動物の世界の不可思議さを読み取らせ、児童たちの認識を拡充させていく実践であったと言うことができる。もちろん、本実践を通して本当に「対比」という論理的思考力の発達を認めることができるかどうかは、これのみの成果では不十分である。しかし、橋本教諭の取り組みから、入門期における「対比」という論理的思考の習得・育成を促す条件として、少なくとも以下の二つが明らかになったと言うことはできるだろう。
　第一は、児童の既習事項や既有知識の積極的な想起・活用ということである。まず橋本教諭は、導入部分で既習教材の「いろいろなくちばし」「じどう車くらべ」を振り返らせて、それぞれの「くちばしの特徴」と「えさ」の関連性、じどう車の「仕事」と「つくり」の関連性を学んできたことを児童たちに想起させた。そして、児童たちに、筆者（増井光子）は、動物の何を比べているのかに着目させた。また、橋本教諭は、児童たちの生活体験や既有知識を想起し活用することを非常に重視している。「いろいろなくちばし」を読み取らせる場合にも、学校で飼っているウコッケイと比べて「くちばし」について実感として捉えさせようと工夫していた。「じどう車くらべ」の際には、校長先生の車と比べることによって児童たちにとって実感的な読みを形成することを心がけていた。「どうぶつの赤ちゃん」についても、自分たちが赤ちゃんのときのことを想起させながら読み取らせるように心がけていた。
　第二は、筆者を意識させ、筆者と対話するということである。橋本教諭は、教材の持つ対比構造を筆者の説明の工夫として意識化させるために、次のような読みの装置を導入した。
　①筆者の「どうぶつの赤ちゃん」に対する思いが読み取れる副詞や副助

第三部　論理的思考力の発達

　　詞を重視して、児童なりの意味づけ、解釈を生み出す活動
　これを学習者の側からの読みを促すために、さらに次の二段階で導入した。
　　・ライオンの赤ちゃんでのダウトゲーム
　　・シマウマの赤ちゃんでの自力読み
　②空白を読む活動の導入による筆者の思いを実感として読み取るための活動
　　・言葉を補う読み
　③ライオンとしまうまを二つの観点で比較する学習の充実
　④本文におけるライオンの赤ちゃんとしまうまの赤ちゃんの様子を読み取ったうえで、導入部分から児童たちに意識させていた「対比」による読み取りをさらに、年表書き（成長の違いを明確にするための手だて）と吹き出しによる活動の導入によって実感として読み取らせる工夫
　⑤最後に筆者（増井光子）になって、まとめを書く活動。

　以上、橋本教諭の入門期の授業は、児童の実感的なレベルでの理解を大事にしながら、教材の特性である対比構造を筆者の説明の工夫として読み取らせるためのきめ細かな工夫が施されていることがわかる。こうした実践装置のもとで、児童たちは（本教材の場合は特に「対比」）という論理的思考を働かせながら、サバンナという大自然の中で生きている肉食動物の代表としてのライオンと草食動物の代表としてのしまうまの生の不可思議さをリアルに読み取っていき、そのことが児童たちの認識の変容、「内容」と「形式」の一元的な理解をもたらしていったと考えられる。
　これまでの先行研究・実践の成果[2]を振り返ったとき、橋本実践は、入門期の説明的文章教材の学びであっても、「筆者」を意識した表現の工夫に着目させながら、論理的思考力の育成を図る可能性が示唆されている。
　今後の課題として、入門期の論理的な思考指導の内実をさらに明らかにするとともに、論理的思考力の発達をどう検証するのか、今回取り入れた参与観察以外の可能性も探っていきたい。

注

⑴　研究代表河野順子（2008）『入門期のコミュニケーションの形成過程と言語発達に関する実証的実践的研究』（研究課題番号17530669）平成17年度～平成19年度科学研究費補助金基盤研究（Ｃ）研究成果報告書を参照。
⑵　詳細は、河野順子（2006）『〈対話〉による説明的文章の学習指導――メタ認知の内面化の理論提案を通して――』を参照。

第四部
書くことの指導原理
――「一次的ことば」から「二次的ことば」への移行――

第10章　濱本竜一郎実践
―― 「間接的対話」を通して「書くこと」へ ――

第1節　はじめに

　第二部では、入門期における「話すこと・聞くこと」に関するコミュニケーションの育成について取り上げてきた。第四部では、コミュニケーションの育成の問題を入門期の「書くこと」領域の問題として取り上げる。
　これまでも述べてきたように、岡本夏木（1984）は、書き言葉を学び始めてからの書き言葉と話し言葉を「二次的ことば」（現実を離れた場面で、ことばの文脈によって不特定の一般者に向けられる一方向的な自己設計）、それ以前の話し言葉を「一次的ことば」（具体的現実場面で、状況文脈によりながら親しい特定の相手に指し向けられる会話式の相互交渉）に分けている。そして、この「二次的ことば」の習得は「子どもにとってまことに苦しく困難な仕事である」と指摘している。さらに、「『二次的ことば』をもって『一次的ことば』が終わるのでなく、『二次的ことば』に影響されて『一次的ことば』が変容する」という、話し言葉と書き言葉の"重層的発達"の視点を打ち出している。
　こうした岡本の指摘に関連して、内田（1990）は、文字作文は口頭作文を土台にして徐々に作り上げられることを指摘している。内田によれば、幼児期の口頭作文において徐々に会話体から文章体へと移行していくことが確かめられている。年長児によく見られる"お手紙ごっこ"や"学校ごっこ"などのごっこ遊びの中では、文章体がごく自然な形で使われ始めている。このことは、幼児が遊びの中で「一次的ことば」と「二次的ことば」の二重言語生活に移行し始めていることを示唆している。そして、それは、日頃から絵本をはじめとするさまざまなメディアに接触していることと無

第四部　書くことの指導原理

関係ではあるまい。

　しかし、学校教育において、この「一次的ことば」から「二次的ことば」への移行には大きな壁がある。どのようにすればこの壁を乗り越えさせることができるかという指導原理はいまだ明らかではない。

　こうした状況を踏まえて内田が、次のように指摘している点に注目したい。

　「自動的に文字を変換することができるような、いわゆる書字力の習熟という課題を達成できれば、『一次的ことば』から『二次的ことば』への移行はそれほど『困難な仕事』ではないのかもしれない。『一次的ことば』から『二次的ことば』への移行を困難にさせているものは、話し言葉から書き言葉への媒介手段を変更する課題よりもむしろ幼稚園・保育所など、幼児期に子どもがおかれている環境から小学校という環境への移行に伴って起こる変化、すなわち、子どもが自ら進んで活動を選びとる『自発的な』学びから教師や時間割、教科書（さらに付け加えるなら親たちの意識も）などによって組織されていく『強制的な』学びへと変化する学びの変化、文化の相違を子どもがどうやって克服し、適応していくかということの方がより大きな課題であるのかもしれない。」(p.118)

　こうした「一次的ことば」から「二次的ことば」への移行の問題は、国語科教育における「話すこと・聞くこと」領域及び「書くこと」領域において重要な問題を提起している。

　入門期の学習者がこの「一次的ことば」から「二次的ことば」への移行を遂げるために必要な学習指導の原理と方法は何かを明らかにすることが本章の目的である。

　研究方法として、以下の方法をとる。

　まず、「一次的ことば」から「二次的ことば」への移行に関する発達心理学の先行研究、そして、国語科入門期の先行実践のうち特に「書くこと」（「二次的ことば」）への移行に焦点を当てた綴り方教育実践（土田茂範、小西健二郎、三上敏夫）の成果と課題を明らかにする。

　次に、私が1年半参与観察を続けている橋本須美子教諭（熊本市立本荘

小学校）の異学年交流の様子に着目して、「書くこと」(「二次的ことば」) への移行を促す学習指導の原理を抽出する。

以上の考察を通して得た知見をもとに、熊本大学教育学部附属小学校国語部との共同研究を行う。今回は、濱本竜一郎教諭の授業の観察を通して、入門期における「書くこと」の学習指導の原理と方法を明らかにする。

第2節　先行研究および先行実践の成果と課題

1．発達心理学における「一次的ことば」から「二次的ことば」への移行に関する先行研究の成果と課題

発達心理学の先行研究において、「一次的ことば」から「二次的ことば」への移行に関する研究としては、内田伸子（1990）、清水由紀・内田伸子（2001）、清水由紀・内田伸子（2003）などを挙げることができる。

内田伸子（1990）では、幼児の「物語る」ことからどのように「二次的ことば」である「書くこと」へ移行が行われるのかに関して、貴重な知見が示されている。内田は次のように述べている。

「一対一の会話と、一対多のコミュニケーションでは話し手の役割はまるでちがう。個人的な会話では、相手が質問したり、ことばを補ったりしてくれるが、一対多の場面では、聞き手の反応を想定して、発話のプランから遂行まですべて一人でやらなくてはならない。岡本が指摘するように自―他関係のとらえ直し、『抽象化された聞き手』を内在させなければならないのである。このコミュニケーション様式のギャップを一人で乗り越えることはおそらくきわめて『困難な仕事』に違いない。物語から文字作文へ移行する時には、まさにこの自―他関係のとらえ直しによる『読み手としての他者』を内在化させなくてはならない。」(p.121)

清水由紀・内田伸子（2001, 2003）は、一対多のコミュニケーション場面において、小学1年生が「二次的ことば」やきまりの習得を含む教室ディスコースへと適応していく過程について調査している。主に朝の会で日直

のルーチン発話や自分の考えを伝える発話を子どもがどのように習得していくかということについて、4月と7月の比較から検討したものである。その結果、「一次的ことば」から「二次的ことば」への「苦しく困難な仕事」（岡本、1984）を、「楽しくやりがいのある仕事」へと変えていくための一つの方法として、「子どものことばへの関心を引き出す活動を、教師による子どもの適応状態に適った援助により、子どもに能動的に形成させていくことの有効性」（清水・内田，p.60）が示唆された。

清水由紀・内田伸子（2003）においても、「一次的ことば」から「二次的ことば」への橋渡しをスムーズにする要因として、教師や仲間との親密な関係の形成、教師による興味を引き出す活動場面の設定や一緒に活動したいと思わせる教師や仲間との関係の成立があることが明らかにされている。

これは、「一次的ことば」から「二次的ことば」への移行には、鯨岡峻（1997）の言う「感性的コミュニケーション」を形成することが重要であることを教えてくれる。

しかし、清水・内田の研究はあくまでも日常の生活場面での教師と子どもとの関係性の中で捉えた知見であり、国語科学習の中で、具体的にどのように自―他関係の捉え直しによる「読み手としての他者」を内在化させることができるのか、具体的な実践の要件は明らかにされていない。

2．国語科入門期の「書くこと」への移行に関する先行実践の成果と課題

国語科の入門期の先行実践において、入門期の「一次的ことば」から「二次的ことば」への移行に関する試みとして、綴り方教師による作文教育の取り組みをあげることができる。ここでは、第一部で取り上げた土田茂範、小西健二郎、三上敏夫の先行実践の分析を通して明らかになったことをあげる。

この三者の学習指導に共通していることは、まず、何でも話すことのできる教師と子ども、子どもと子どもの「感性的コミュニケーション」を土

台にした学級づくり・授業づくりに心が砕かれていたことである。「話すこと」の学習を「返事をすること」から始めていることもその表れである。次に、子どもの体験を重視し、自分の生活に目を開きながら話したいことを話すという活動を取り入れていることである。こうして体験を話し合うことによって、それを経験化させるという活動が子どもの生活の論理からカリキュラム化されている。

　さらに、土田、小西、三上において、「物語る」（口頭作文）ことから「書くこと」（文字作文）への移行が重視されていること、そして、「書くこと」の営みに話し合い活動が取り入れられていることも非常に注目される。こうした「物語る」活動や話し合い活動を通して、自―他関係を捉え直し、「抽象化された聞き手」を適切に内在化させるような取り組みが行われたであろうと予測できるが、その具体的な記述が乏しいために、どのように自―他関係の捉え直しが行われたかは必ずしも明らかでない。

3．橋本実践における異学年交流

　橋本須美子教諭は、第二部第4章での入門期のカリキュラム（資料1）でも述べたように、人との関わりの中でこそ子どもは言葉を発達させていくことができると考えて、特に、少人数学級ゆえに人と関わる体験を持ちにくい1年生の子どもたちに、異学年交流を積極的に導入している。私は、その取り組みから、入門期における「一次的ことば」から「二次的ことば」への移行に必要な実践原理を次のように抽出した。

① 　1年生が自由に物語ることのできる「感性的コミュニケーション」の土台づくりが必要である。
② 　2年生との異学年交流に見られるように、他者とかかわり、自己内対話を生成できる言葉の学びの開拓が必要である。
③ 　人と関わることを基点とした言葉の学びの方法としての「お手紙」を書くことが有効である。

　これについて具体的事例に即して述べてみたい。
　2年生との異学年交流の学びでは、まず、子どもの語りを積極的、能動

的に受容しようとする教師の関わり方が特徴的であった。そして、そうした教師対子どもの関係性の中に、1年生対2年生の対話が包み込まれるという二重の関係性が見られた。まだ十分に自己内対話ができない1年生にとって、2年生への、あるいは2年生からの働きかけは、自らの自己内対話を生み出す準備として機能していたのである。

　例えば、「6年生にありがとうの手紙を書こう」の実践では、2年生が人に心を届けることについて具体例をあげながら1年生に語る場面があった。2年生の語りを聞き、2年生のまなざしを得ることによって、1年生は日常生活における自らの経験の場面をさまざまに思い出していたに違いない。

　また、教科書に登場する「ありがとうマン」がしていることを見つける活動も注目される。そこでは、2年生が質問し、1年生が答える。あるいは、1年生が分からない点を質問し、2年生が教えるという対話活動が有効に機能していた。

　以上のように、語りを先導する2年生の行為、そして、1年生と2年生が対等に対話する活動を通して、1年生の中に他者のまなざしが内在化され、1年生主導の語る活動へと、自然に移行するように仕組まれていたのである。つまり、多様な対話活動が、1年生の中に他者のまなざしを内在化させ、自己内対話を生み出す準備として機能していたのである。

　さらに橋本実践では、一対一の「直接的対話」(「一次的ことば」)だけでなく、他の1年生や2年生の前でお話をするという一対多の「間接的対話」も組み込まれているという特徴がある。これによって、学習者は他者のまなざしをいっそう内在化させることによって、「二次的ことば」の習得に向かっていったと考えられる。

4．先行研究・実践の考察に基づく研究上の示唆

　以上のような先行研究・実践の考察をふまえて、私は、次のような見通しのもとで熊本大学教育学部附属小学校との共同研究に取り組んだ。
1　「一次的ことば」(一対一の直接的対話)を土台としつつ、「二次的こ

とば」（一対多の間接的対話）に移行する際に、自己内対話を促す他者との関わりが必要である。そのためには、多様な〈対話〉の場をつくることによって、入門期の学習者に自他関係を捉えるための他者を内在させることが有効であろう。
2　自他関係を捉える視点として相手意識を明確にする必要がある。そのための方法として「お手紙」[1]が有効であろう。その場合の相手をどう設定するかが重要である。

第3節　濱本実践の概要とその考察

　濱本竜一郎教諭の授業（平成17年11月8日に飛び込み授業を行った）は、子どもたちが、前時に紙飛行機を飛ばして遊び[2]、本時で、そのときに「思ったこと・感じたこと」「見たこと」「聞いたこと」を総合学習でお世話になった6年生のお兄さん、お姉さんにお手紙で知らせるという学習である。

1．遊びにおける多様な対話状況

　濱本教諭の実践では、対話の場が子どもとのかかわりを通して、多様に設定されている。
　まず、〈事例1〉のように、濱本教諭は子どもたちの遊びの場に入っていって、子どもたちとの打ち解けた一対一の「直接的対話」を形成している。

〈事例1〉

> 　T　飛ばしてごらん。/C　先生。/C　わあい。/C　わあい。/T　おお、すごい。これ。/T　戻ってきたね。ずうっと降りてきたね。/C　すごいね。①/C　かなりすごいよ。②/C　すげえ。

第四部　書くことの指導原理

　この中で、教師は〈事例1〉の①、②のように、語彙の不足、表現力不足のために「すごい」としか表現できない子どもたちの実態を敏感に捉えている。そして、自然な一対一の「直接的対話」を通して、〈事例2〉の①、③のように働きかけていく。

〈事例2〉

> T　どんなにとんだ。①/C　自分のところに帰ってきた。②/T　ぐーんと飛んでかえってきたね。③

　こうした「直接的対話」は、この遊びを通して続き、そのことが、子どもたちのものの見方とともに語彙力や表現力を多様に生み出す原動力として働いていった。つまり、濱本教諭は、子どもたちとの一対一の「直接的対話」を通して、子どもとの関係づくりを行っていると言える。しかも、上述したようにその子に応じて、次時でねらう作文活動に結びつける表現を拓こうと語りかけている。
　さらに、濱本教諭と子どもとの関係性には、〈事例3〉のような特徴が見られた。まず、濱本教諭は飛行機飛ばしに夢中になっている子どもたちを呼び集めた。次に、雄二・千春ペアを前に呼び、教師と「直接的対話」を行った。このとき、他の子どもは、雄二・千春ペアと濱本教諭の対話を聞き、そこに参加するという形態がとられていたのである。

〈事例3〉

> T　雄二くん、雄二くんね。たぶんこのクラスで一番飛ぶんじゃないかな。はい、みんな応援して。/Cがんばれ。がんばれ。/T　わあすごい。はい。戻っておいで。雄二くん、今みんなの声聞こえた？①/雄二　がんばれって②/T　がんばれって、がんばれって言われてどんな気持ちがした？③/雄二　がんばろうっておもった。④/T　千春ちゃんはどんなふうに思った？⑤/千春　うれしかった。⑥/Tさっきと同じこときくよ。どんなふうに飛んだ？

258

第10章　濱本竜一郎実践

⑦/雄二　まっすぐとんだ。⑧/T　では、千春さん。/千春　まっすぐとんでね。ぐーんって　⑨/T　じゃ次ですよ。先生がもってきたのは実はこれです。……中略……どんなふうに飛んだ。⑩/C　わあ。/C　もどってきた。⑪/T　ブーメランみたいだった。⑫/C　ブーメランみたい。⑬/C　ジャンボジェットみたい。⑭

　教師は、雄二・千春ペアと、①②③④⑤⑥のように「直接的対話」をする。その間、他の子どもたちは「聞く」立場にある。このとき、例えば⑦の教師の問いに答える⑧⑨の子どもの言葉を聞きながら、自分の飛行機の飛び方を思い起こしながら自己内対話を生成していた子どももいたと考えられる。
　さらに濱本教諭の⑩のような問いかけに、子どもたちは⑪⑬⑭のように答えている。ここでは、観察者としての立場にあった子どもたちが、今度は先のやりとりを想起しながら答えるという「直接的対話」が引き起こされている。遊びの場という自由な雰囲気が思わず他の子どもの発言を促し、聞いている子どもたちは単なる観察者の位置づけでなく、まさに、私の問題として飛行機を飛ばしたことによって「思ったこと・感じたこと」「見たこと」「聞いたこと」の観点を共有しあっているのである。
　以上のように、濱本教諭は、1年生の子どもたちに「我―汝」という一対一の「直接的対話」と一対多の「間接的対話」という混在したコミュニケーション状況を引き起こし、そこに多様な自他関係を持ち込むことによって学習者の中に他者を内在させる可能性を創出していると考えられる。これこそが「一次的ことば」から「二次的ことば」を生成する入門期の指導原理として重要なことである。
　こうして遊んだあと、濱本教諭は、教室に戻ってからも、〈事例4〉のように、飛行機飛ばしという個人的体験を語り合うことによって、経験として共有化させる学習を取り入れている。

〈事例4〉

第四部　書くことの指導原理

> T　紙飛行機どんなふうに飛んだかな。①/C　二回回って落ちました。②/Tどんな風にして回ったの。③/C　右。④/T右よくわかりました。⑤/C1　上にいって、あさがおの策の上に刺さりました。⑥/T　どんなふうにしたのかもっと聞きたいんだけど。/Tどんなふうにとんだのかお隣の人と話して。⑦/C1　ぴゅーんって。⑧/C2　ひゅーんくるくるぽーんって。⑨/C1　緑ちゃんたちがね勝手にさわったからね。⑩/C2　たぶんね。⑪/T　はいじゃあ、話しやめて。先生はね。こうしてこうしてこうしてって言われるよりも。もっとお話しして、右に二回目というふうにいうと分かるね。あなたたちの飛行機どう飛びましたか。⑫/C　はあい。/T　裕子さん、太郎くんもたって、まず裕子さんからね。あなたたちもね。もっと聞きたいことがあったら聞いてね。さあ、裕子さんどうぞ。⑬/C3　まっすぐいってから少し右に曲がりました。/T　付け加えて⑭/C4　ぼくは、えっと、あそこのすべり台の上から上から、紙飛行機を飛ばしたらよくよく跳びました。/……中略……/C3　あの朝顔の花壇のところから、えっとあれは。/C　何センチ？/C3　えっと9センチくらい。/C4　9センチくらいのところで落ちたの。

　ここでも濱本教諭は、さらに巧みに対話の場を設けている。まず、①のようにみんなに問いかけ、一番に反応がかえってきた②の子どもと教師との対話が④⑤⑥のように展開している。次に、②の子どもとペアの子どもとの対話が⑧⑨⑩⑪のように展開している。運動場での遊びの場面でも同じような対話の場を設定したのであるが、教室に入ったとたんに子どもたちの発言はどこか緊張し、スムーズな対話にはなりにくくなっていた。そこで濱本教諭は、⑭のように支援したり、⑬のように他の人の質問を引き出したりしながら、対話の生成を目指した。

　さらに、太郎と裕子の二人の「直接的対話」を聞いている他の学習者にとっては、遊びの場と同様に観察者的立場から一対多の対話における聞く活動が主たる活動となる。そして、それを聞きながら自己内対話をし、思い起こし活動を行っている。さらに、質問をするという行為は聞く活動を積極的なものとし、話す側からすると、質問を受けることによって、子ど

もの中に自―他関係が生じ、他者の目が生まれ、他者にわかるように伝えるにはどうすればよいかという意識が刺激されることになる。

２．語ることから書くことへの移行

次の時間は書く活動に入る。ここでは、前時の飛行機飛ばしの活動が鮮明に内在化されており、どの子どもも前時の活動の中での教師から誘われた対話活動を基盤にしながら、「思ったこと・感じたこと」「見たこと」「聞いたこと」の観点から作文を書き上げることができた。

子どもたちが一度手紙を書き上げたのを見計らって、濱本教諭は、子どもたちの手紙書きをいったん中断させた。そして、教室の前に子どもを呼んで、〈事例５〉のような対話活動を入れた。

〈事例５〉

T 洋子さんと先生がお話しをします。洋子さんはたあくさん思い出して、もっと新しいことがたくさん見つかるかもしれないね。じゃね。聞いてみるよ。紙飛行機を飛ばすときにまずどんなことを思っていましたか。／Ｃ１ 遠くまでとべたらなあって思っていました／T 遠くまでね飛べたらねってね。（Ｃ１ 席に帰ろうとしている）／T ああ、もう書きたいね。もうちょっとね。飛ばしているときにお友達は何か言っていましたか。応援していましたか。（本人はうなずいている）。なんか聞こえた？ あとから聞くといいね。なんていってたのってね。じゃ、飛ばしました。うーんと、上にいきました。下に行きました。／Ｃ１ 上に向けてから、ジャンプしてからやったら。／T ジャンプしてした。／Ｃ１ うん、落ちるかなってしたらまた上に上がって、いっしゅうまわって突撃しました。／Ｃ わあ。／T わあ突撃しました。落ちるかと思ったら上に回って。／Ｃ２ さかさまに回って僕の足のところに落ちた。／Ｃ１ だよねえ。／T はははは。だよね。／Ｃ すごい。／Ｃ３ それ書いた？／Ｃ１ ううん。

そのあと隣の子どもどうしで同じようなペア対談を行い、〈事例６〉のような対話が生成した。

第四部　書くことの指導原理

〈事例6〉

> A　ねえねえ／B　なあに。／A　話ししよう。おうい。／B　ちょっと待って。／A　はやく。おうい。どうする。／B　わたしとたかひろくんのはさ、上にいって下にいって落ちるかなって思ったら、うえにいって、人工芝に突撃したよね。／A　だよね。突撃っていうんじゃなくって、芝に刺さったっていうのがいいかもね。／B　ちょっとまって。ねえ、ちょっと書き直そう。／A　そんな書き直さないで、ここにちょっとずつ書いておけばいい。／B　やだよ。そんな。で、えっと（書き直している）／B　どうする。二回回って。A　二回回ったか。（中略）／A　はやくとんだって入れよ。／B　くそ。（独り言を言いながら書き方の工夫を指摘している。）

そして、このペア対談の後、手紙を書き直す活動（推敲）を取り入れて授業は終了した。

3．子どもが書いた作文とその考察

以上、濱本実践で生成された子どもたちの一回目と二回目の作文を比較・分析してみよう（全員の子どもが第一回目の作文を書くことができていた）。まず、一回目の作文を一つ例示する。

〈資料1〉

> とばしたときのようすは、じんこうしばをはしって上に、とばしたら三くみのくつをおくところに、おいてあるあさがおのうえきばちのなかの土にささりました。そのかみひこうきは中（ママ）（「宙」の意……引用者注）がえりもできます。すべりだいの上からなげたら下に、おちたよ。すごかったよ。びっくりしたよ。ジャングルジムの下に、おちたよ。

遊びの時間での教師と子どもとの対話（前時）、あるいは、教師と子どもとの対話（本時）の成果が表れた作文が生成されている。

この一回目の作文を終えたあとに教師との対話、学習者同士の対話を入

れることによって、作文がどのように変わったのかを示す。
・作文に変化が見られなかった……8名
・最後に6年生への呼びかけが加わった……3名
・様子を表すことばを加えるなど多少の変化が見られた……5名
・修正や付け加えが見られた……20名

　上記の結果から、36名中11名（作文に変化が見られなかった8名＋最後に6年生への呼びかけが加わった3名）の子どもにとって作文を推敲するという意識はまだ希薄であったと考えられる。しかし、この11名のうちの多くは、すでに一回目の作文書きからかなり整った「二次的ことば」による作文ができていた子どもたちであった。その意味では、この11名はかなり自己内対話を自立的にできる子どもであるとも考えられる。多少の変化が見られた子どもの作文の中には、「ひゅうって」のように聴覚表現を入れることによって飛んでいる様子を具体的に表現しているものもあった。このように、よりわかりやすく6年生に伝えるための表現への着目の意識が多くの子どもに見られ、ここに内在化された他者の視点の獲得のあとを見ることができる。

　次に、〈事例5〉のペア対談で取り上げた洋子の一回目（対話前）、二回目（対話後）の作文を示す。

〈資料2〉

> **一回目**　かみひこうきあそんだとき、わたしは、とてもかみひこうきがいっしゅうじんこうしばをまはっておりたのでこんなにとおくまでぐるぐるまは（ママ）るんだと思いました。

> **二回目**　わたしは、すべりだいからかみひこうきをとばしたら一しゅうまはって、下にすーと、じんこうしばのすべりだいから10センチぐらいはなれた、じんこうしばのあいだに、すーとおちてあいだのなかにたてに、きれいに、つきささりました。そしてわたしは、かみひこうきって、すごいとびかたがあるとおもいました。とてもたのしいかみひこうきとばしだったよ。

第四部　書くことの指導原理

　一回目と二回目の作文を比較すると、対話のときに紙飛行機の降り方に注目したために、その点を中心に書き改めていることがわかる。「すーと」「10センチぐらいはなれた」というように、具体的に紙飛行機の状態を説明するような表現になっている。一回目の作文が思ったことを主観的かつ概略的に述べているのに対して、二回目の作文はより客観的な視点から相手の6年生にわかりやすいような書き方へと変わっている。洋子という学習者の事例から、対話活動を経て自一他関係を捉えた客観的な視点が生成されたことが窺える。

　また、濱本実践と同じ枠組みで日常的に対話活動を取り入れている宮本義久学級でも同じ授業を行った結果、〈事例7〉のような子ども同士の対話が生成された。

〈事例7〉

C　強く飛ばして。/C　強く。/C　そしたらうまくいくんじゃない。/C　強くとんだ。/C　でも優しく飛ばしたときもよく飛んだよな。/C　強く飛ばしたほうがよく飛ぶのか、比べてみよう。/C　強く投げたからさ。/C　うん。/C　いっぱいとんだよね。/……中略……　/C　ぐるぐるまわって。/C　うん。/C　なぜそんなにとんだのか。/C　なぜ。/……中略……　C　ステージの上でもやったよね/……中略……/Cステージにのぼってとんだあとに、何かあったっけ。/C　体育館の周りじゃなくて、みんなあそこからここらへんまでとんだでしょ。だからあそこらへんでいい。(書いている)/C　で、飛ばした。/C　かたかなどうだったっけ。/C　最初はとばすと。/C　こうとんでこうこう。こうしたらとんだ。/C　まだまだなんだっけ。/C　うん。手が。/C　手が。/C　手がちょっとね。/C　ほかにどうやったらよくとんだったん。二つめに三つ目によくとんだことがあったような気がする。緊張しないでした？/C　うん。/C　ひとつの文が長すぎるかな。/C　急降下したこともかかなきゃね。/C　僕書いた。書いちゃった。/C　どんなに飛ばない飛行機でも緊張しなければ飛ぶんじゃない。書いた？/C　まだ書いてない。

このクラスでは、ペアでの話し合いを継続的に取り入れてきたこともあって、子ども同士の対話がかなり長く進行している。そして、対話活動によって、他者のまなざしが取り入れられ、自らの紙飛行機飛ばしの思い起こしをさらに促進させていることに気づかされる。次に、義昭の対話前と対話後の作文を提示する。

〈資料３〉

> **一回目**　二じかんめに、ぼくはつちやくんといっしょにかみひこうきをとばしました。ぼくたちのひこうきは、みんなで四いぐらいでした。
>
> **二回目**　二じかんめに、ぼくはつちやくんといっしょにかみひこうきをとばしました。ぼくたちのひこうきはみんなで四いぐらいでした。とばしたばしょは、たいいくかんのステージです。ぼくたちのひこうきは、はやしさんのところに、おちました。ひこうきは、二り（ママ……引用者注）で一つなので、ぼくがとばしました。ちょっときんちょうしました。あんまりとばないとおもったらちょっぴりとびました。そしてそのあとなげたらよくとびました。たいいくかんのステージの上でも下でもよくとびますが上としたどっちのほうがとぶかというとステージの下でとばしたほうがとびました。どれぐらいとぶかというとたいいくかんのはんぶんちょっとないくらいです。なんかいとばしてもそれくらいですがステージのうえからなげたりまたは、つきやくんがなげたりしたときは、そのはんぶんちょっとないくらいでした。でもぼくがなげたときは、やっぱりよくとびました。

　対話活動を通して他者のまなざしを内在化し、自らが行ったことを詳しく想起し、飛行機が飛んだ様子を具体的に説明している様子が窺える。

第４節　「二次的ことば」としての「書くこと」を導く入門期の学習指導の原理と方法

　濱本教諭は、まず遊びの場で、子どもたちとの関係性を作ることに心を

第四部　書くことの指導原理

砕いていた。そこでは、積極的に一対一の「直接的対話」による「感性的コミュニケーション」の場を作りあげていた。次に、学習の目的である「書くこと」へと誘うために、「感じたこと・思ったこと」「見たこと」「聞いたこと」の観点から子どもたちに働きかけていた。それも一対一の「直接的対話」を基盤にしながら、そこに一対多の「間接的対話」の場を設け、子どもたちに聞き合う必然の場を形成し、子どもの中に自己内対話を引き出そうと工夫していた。

　教室に入ってからも、子どもたちの対話を中核に、思い出し活動を取り入れた。しかも、教師対子どもの対話とそれを「聞く」活動を導入することによって、子どもたちは対話の視点を内在化し、それをもとに子ども同士の対話が行われるという二重の枠組みが用いられていた。つまり、子どもたちは一旦観察者として教師対子どもの「直接的対話」を「聞く」ことによって、対話の視点を我がこととして取り入れ、自分たちの対話へとスムーズに移行することができたのである。そして、ここでの対話では、書いた文章をもう一度振り返るという推敲活動を促した。そのことが、より他者を意識したまなざしを自己の中に内在化させたのである（1年生のため十分とは言えない面もあるが、日常的に対話活動を行ってきた宮本学級では対話も活発であり、その結果として、書く活動も促された）。

　これは、手紙という伝達手段・方法によって、しかも、伝える相手が6年生という近すぎもせず遠すぎもしない存在であったために、子どもたちに「直接的対話」の関係とともに「二次的ことば」である「間接的対話」の関係を引き起こしたと考えられる。

　以上、発達心理学の理論や先行実践の成果と重なるような知見が濱本実践からも導き出された。つまり、入門期における「書くこと」の指導原理・方法は、学習者の中に自己内対話を生成しうる他者を内在化できるような多様な〈対話〉関係を教室に作りあげるということである。これによって、学習者の中に他者のまなざし、他者との関係性が意識化されることになり、教科書で取り扱われている口頭作文から文字作文への移行もスムーズなものになると考えられる[3]。

従来、口頭作文から文字作文への移行は、それぞれの活動で分裂してしまう傾向にあった。そのために、「今日は作文を書いてみましょう」という誘いのもとで、書くことの営みに「二次的ことば」の教育が性急に外側から持ち込まれることによって、書けない子どもたちが多く現出した。あるいは、入門期の話すことの営みに、性急に「みんなにお話しましょう」という活動を取り入れることによって、子どもは自らの話したいことを他者へ向けて話すという本来のコミュニケーションとは異なる「形式」優先の学習を強いられがちであった。

　入門期の「一次的ことば」から「二次的ことば」への移行の営みにおいては、「直接的対話」を基盤にした「間接的対話」を導入することが重要である。これによって、学習者の側に、他者のまなざしを内在化しながら他者へ向けて言葉を発するという「二次的ことば」が生成されていくのである。

注
(1) お手紙は、小西健二郎（1955）をはじめ、多くの先達が用いている入門期の実践原理である。今井和子（2000）、横山真貴子（2004）でも、お手紙は「伝える」といった特徴を強く持ち、年齢・時期などの制約が少なく、より広範に行われる活動と指摘されている。
(2) 遊びの導入は、入門期の先行実践においても、次のように口頭作文への誘いとして重視されている。
　　「こんなにして、みんなといっしょに遊んだすぐあと、みんなで花つみに行ったすぐあと、などですと、いろいろ話が出ます。……中略……すぐ先ほどのこと、みんなに共通した話題であれば、話しやすいし、ほかの子どもも比較的よく聞いてくれます。/……中略……/これは、話しやすいということと、一年生なりに、『きょうのくらしの話し合い』への、橋わたしにもなります。」（小西，1958，pp.122-123）
　　「『おはなし』を文へ/子どもと遊びながら、子どもたちが、思わずいったことばをひろって書いてやる――……中略……話すとおりにかく――ということをいいますが、やはり、できるだけ正しく（文になるように）話させるようにすることがたいせつだ、と思います。しかし、これはムリをせずに自由に、しゃべらせることをするうちに、ときどき、こんな時間をつくります。（小西，pp.137-139）

(3) 入門期の「一次的ことば」から「二次的ことば」への移行を促すのに有効な教材として、「先生あのね」がある。しかし、口頭作文としての活用でとどまっており、作文（二次的ことば）への移行は十分とは言えない。子どもの中に他者のまなざしを育てること、他者との関係性を創出することはあまり行われていないのが実情である。

第11章　橋本須美子実践
―― 異学年交流「6年生にありがとうの手紙を書こう！」――

第1節　はじめに

　本章では、現在進行中の実践現場（教室）への参与観察を通して、入門期の学習者の言語発達を促す実践原理の究明を行うことにする。具体的には、2004年度から継続的に参与観察している熊本市立本荘小学校の異学年交流の取り組み（1年生中島尚子教諭、2年生橋本須美子教諭）に焦点をあてて、入門期の言語発達を促す実践原理を解明する手がかりとしたい。

第2節　研究方法と研究対象

　研究方法として、参与観察とインタビューを用いる。参与観察者である私が捉えたエピソードの記述と分析を通して、入門期の言語発達を促す実践原理について考察する。
　本章では、平成17年6月10日の実践「6年生にありがとうの手紙を書こう！」の実践で起こったミクロなエピソードの記述・分析と本荘小学校での異学年交流の発案者・推進者である橋本教諭へのインタビューによって、本実践で見えてきた入門期の言語発達のありようを、特に「一次的ことば」から「二次的ことば」への移行に注目して究明することにする。ここで、「一次的ことば」から「二次的ことば」への移行に着眼するのは、本章で取り上げる単元「6年生にありがとうの手紙を書こう！」が1年生にとって初めてとりかかる本格的な作文の学習に位置づくものだからである。

第四部　書くことの指導原理

　さらに、本実践においては、厳しい家庭環境の中で、他者とのかかわりづくりに支障をきたし、それがために言語発達にも影響を与えていると見られる2年生の雄介と1年生の忠の異学年交流の様子を主な分析対象とする。この二人を取り上げるのは、日常、他者とのかかわりづくりに支障をきたしがちな学習者にとっても、本実践が有効に機能したと考えられるからである。

第3節　「6年生にありがとうの手紙を書こう！」における異学年交流から見えてきた入門期の言語発達の要因

1．単元設定に込められた教師の願い

　「6年生へありがとうのお手紙を書こう！」の単元までに〈資料1〉のような枠組みで1年生と2年生の異学年交流が行われた。

　〈資料1〉
　　A　生活→国語
　　　・虹色チーム結成（縦割りのグループ編成）
　　　・「すきすき（インタビュー）ゲーム」スタート
　　　・学校探検……①運動場探検で五七五
　　　　　　　　　　②校内探検で五七五
　　　・通学路探検……楽しかったことをペアで話そう。
　　B　道徳・学活→国語
　　　・「そのひとことで」……ひとことの力を知る。
　　　　　　　　　　　　……自分の嬉しいひとこと
　　　・学校さんにごあいさつ
　　　・「ことばと水」
　　　・みすずさんのまなざしⅠ……「みんなをすきに」
　　　・「ありがとうマン」登場
　　　　　①まごころについての話し合い
　　　　　②6年生へありがとうのお手紙を書こう
　　C　国語

・言葉のプレゼント
　　①入学式でお手紙
　　②５・７・５「本荘小学校の１年間」
　　③名前歌プレゼント
・話す・聞く学習……どうぞよろしく
　D　体育・日常など
・体育・音楽でも感想交流を大切に
・学校のルール
・道具の使い方
・校歌を教えます
・１．２年生テーマソング「夢日和」
・準備運動、並び方
・健康の絵挑戦

２．単元「６年生にありがとうの手紙を書こう！」の枠組み

　これは、道徳の学習から国語科学習へというつながりの中で編まれた単元である。
　前述した橋本教諭の「心が育てば学力も育つ」という教育観からこの単元も生成されたのであろう。
　本単元設定のポイントは次の点に見出される。
　１年生にとってはじめての本格的に書くという学習を日ごろお世話になっている６年生へのお手紙という単元設定によって乗り超えさせようとしている点である。なぜお手紙という形式を用いたのかという質問に橋本教諭は、次のように答えている。
　「入学してまもない児童と保護者にとって、もっとも大事なことは話すことと同様、『安心して書く』環境・雰囲気づくりだと思います。遊びやゲームで体と心をほぐしながら、ひらがなの読み書きや言葉集めをしながら、簡単な手紙からはじめています。機会あるごとに友だちへ、大人の方々への手紙書きを入れながら、まずは、欠席した友だちに手紙を書くことから始めました。そして、書いて伝えるすてきな世界へといざなっていきま

第四部　書くことの指導原理

す。」(2005.11.13)
　さらに橋本教諭は、2年生の入学当初を思い浮かべ、次のように語った。
　「昨年度の入学時を思い出すと、すぐの授業参観日に、ひらがなの授業を計画していました。しかし、当日、熱を出してお休みの子がでました。初めての欠席者が出たわけです。それで、国語の授業内容を一部変更し、その子への大変大変簡単な手紙らしきものを書きました。なぞったと言ったほうがいいかもしれません。『友達が元気になるすてきな言葉』を発表し合い、『だいじょうぶ？』をなぞり書きし、おうちの人といっしょに付け加えの言葉を書いたり、絵を描いたりしました。それが、『書いて伝えるすてきな世界』への誘いの第一歩となったと思います。雄介君も、欠席のときの友だちからの手紙を『しあわせの宝物』といって大切にしまっていると、祖父母の方が連絡帳に書いてくださっています。『書くこと』は、読む人を思いやる事が基本なのだと信じます。」(2005.11.13)
　書く力をつけるために書かせるのではなく、人とつながりたいという子どもたちの要求をかなえるために、もっと言えば人を思いやるその具現化された手だてとしてのお手紙が入門期の子どもの言葉の発達を促すものとして導入されている。2年生のお兄さん、お姉さんは身近すぎてお手紙を書くというよりも、話したい相手である。縦割り学習を通して、お世話になり、そして、遠足のときなど学校行事の時にリードしてくれている頼もしいお兄さん、お姉さんである6年生なら、一生懸命に1年生は伝えたいことを書くはずである。そして、そのお兄さん、お姉さんにお手紙を書くということは、日ごろお世話になっている自分たちの感謝の気持ちを伝えるために適していると、橋本教諭は考えたのであろう。
　書くという営みに「お手紙」という方法を用いることは、人とのかかわりの中で、子どもたちの言葉を開くために必要不可欠な方法だったのである。
　さらに、橋本教諭、中島教諭は、次のような3時間という段階を踏んで、1年生が自然に書くことができるように誘おうとした。
第1時　具体的な事例を通して、人への感謝の気持ちを考える学習。

第2時　身近な「ありがとう」を探して、6年生へのお手紙へとつなげる学習。
第3時　お手紙の清書。

3．単元「6年生にありがとうの手紙を書こう！」の実際

(1) 他者とのかかわりを通して「ありがとう」の言葉を見つめ直す

　心を成長させるとはどういうことですかという意味の教師の問いから授業は始まった。橋本教諭は、まずは全員に問いかけた。すると、何人かの子どもたちの反応が返ってきた。しかし、その反応は「ぴかぴかの心です」のように抽象的なものであった。その時、橋本教諭は、1年生にとっては理解しがたいのでもっと具体的に考えさせなければ、と考えたようだ。そこで、「ぴかぴかの心ってどんな心ですか？」と子どもたちに問いかけた。すると、2年生の洋が、「先生、相談してもいいですか」と要求した。それに対して、橋本教諭は、「教えてあげてください」と応じて、まだ心という抽象的な概念について考えることのできない1年生に、既に学習を進めている2年生が教えてあげるという学びを望んだ。

　ここで、2年生が1年生に個々に教えるという関係で対話が始まった。しかし、雄介と忠の対話はあまり活発には行われずに終わった。しかし、この2年生と1年生の対話を受けての一斉学習の場では、次のような発表がなされていく。

　　C　あいさつと、ありがとうです。
　　C　もうひとつあります。
　　C　あの、あの思う心です。あの人はこうだなって。
　　T　あの人はこうだなあと人のことを思う心。人のことを思う心。あの人はこんなことを考えているんだなあとか、思うことですね。
　　C　えっと、人のことを思って、えと、時に怪我をしたときに大丈夫、痛いと聞いてやること。
　　C　友達が怪我したときに、大丈夫、どこが痛いとか聞いてあげるとその

第四部　書くことの指導原理

　　人の心はほっかほっかの心になると思います。
　C　えと、ぼくもちょっと太郎さんと似ていて、えと、だれ、誰かが怪我したときにほかの人が大丈夫って言ってくれたら、ありがとうっていう気持ちになります。
　T　大丈夫って言われた人が今度はありがとってお返しをするのね。お互いにね。
　C　まだあります。
　T　どうぞ。
　C　あの、人のことを思うってことは結構大事なことです。
　T　どうして？
　C　なかなか言えません。
　T　はい。
　C　あ、勇気がないとなかなか言えません。
　T　これには勇気がいるということなんですね。……略……じゃ、勇気の心もぴかぴかの心なんでしょうね。あのね。今、大丈夫、ありがとう、すてきな言葉が出てきました、ほかにもすてきな言葉の話が出たところありませんか？はい、どうぞ。敬さん。
　C　えっと、お手紙に熱が出たとき、大丈夫とか、最後にお大事にとか書きます。

　２年生主導の発表ではあったが、この発表内容から気づかされることは、日常の人とのかかわりの中で言葉が発見されているということである。これは、「人とのかかわりの中で言葉を育てたい」という教師の願いが具現化された場面であると考える。１年生のときから橋本教諭の営みには子どもたちがさまざまな人とかかわり合う場をたくさんつくり、思いやりの心を育てる中で、前述したように「先生、相談してもいいですか」と子どもたち自らが質問し、子どもたち自らが要求することのできる自由なクラスづくりが行われてきた。
　こうした営みからは、教師の願いとその願いを具現化するための工夫が日常的・継続的に行われてこそ言葉は育てられていくものだということを教えてくれる。

第11章　橋本須美子実践

　また、2年生の発言に対して「すてきな言葉ですね」と応じる教師の言葉にも注目したい。このクラスでは、子どもたちが心ゆさぶられ、感性に訴えられる言葉が生み出されたとき、教師から、そして、子どもから「すてきな言葉ですね」という言葉が自然に発せられる。橋本教諭、中島教諭は日ごろから子どもたちが感性豊かに言葉を紡いでいくことを願っている。そして、そんな感性豊かな言葉を子どもならではの感性で紡いでいくことに教師自身いつも感心させられ、感動させられている。そして、子どもたちのこうした感性豊かなものを表出する場として俳句づくりを日常化している。子どもたちは、何かあればその感動を俳句というリズムにのせて、そして、身体表現しながら表現していく。この俳句づくりは、助詞などをまだ十分に使えない入門期の子どもたちに、ものごとに鋭敏にかかわり、豊かな言葉を育む活動として、橋本学級では大きな位置を占めている。
　2年生の発言を1年生たちは静かに聞いていた。きっと1年生にもよい発言は心をひきつける力を持っているのであろう。

(2)　**異学年交流が生み出す言語発達**
　1時間目の授業の最後で、橋本教諭は、おそらく1年生の言葉を引き出すためであろう次のような試みを行っている。
　心の問題をはじめて考えた一年生は、その意味がよくわからない。そこで、教科書に出てくる「ありがとうマン」の子どもを2年生が1年生にプレゼントすることによって、ありがとうの心を育てていってほしいということを1年生に示した。2年生から手渡された小さな小さな「ありがとうマン」は1年生の子どもたちに、自分の心の中にある小さな「ありがとう」の心を実感させたにちがいない。
　さらに、1年生と2年生の対話によって、ありがとうを見つける活動が行われた。この活動によって雄介と忠の対話活動は活性化した。それまで活動のたびに教師のどちらかがやってきて二人の活動を誘っていたが、ここでは、絵をもとにそれを指さし、答えるという明快な応答活動が中心になったこともあって、二人の対話は順調に進んでいった。そして、「わか

第四部　書くことの指導原理

らないのありませんでしたか？」という教師の問いかけに雄介は即座に反応し、教師の問いかけをそのまま真似て、「分からないの分かった？　分からないのない？　ある？」と忠に問いかけている。このときの二人の対話を記す。

　　雄介…分からないの分かった？　分からないのない？　ある？
　　忠……何？
　　雄介…分からないのある？
　　忠……ない。あわ、あった、これ。
　　雄介…これは、このとき何て言ってる？
　　忠……手をつなでくれてありがとう。
　　雄介…シュワーと、ありがとうマンがきた。

　この間にも、橋本教諭と中島教諭は「分からない子はいないか？」と机間巡視しながら、子どもの中に入り、子どもに呼びかけている。
　異学年の学びの場は、教師と子どもという関係性の中に、子ども同士の関係性が包みこまれる二重の枠組みをもたらす。二人の教師の問いかけは、１年生を先導する役割の２年生には今自分が何をしなければならないかを明確にしてくれ、対話の契機を与えてくれる。そのうえで、教師の声かけを超えて、子どもたち独自の対話が生成され、それが子どもたちの関係性を深め、次なる言葉が引き出される。
　この後、雄介が教科書の「ありがとうマン」に番号をつけているのを見て、忠は「書きたい」といい、雄介の鉛筆を借りて書き始める。そのとき忠は自然に「これが３番目だね」と雄介に語りかけ、雄介はうなずいていた。こうした活動の後に、忠がみんなの場で発言する場がやってくる。
　それは、心の栄養になるような言葉はどんな言葉かを考え合った場面であった。
　忠は自ら手を挙げ、「はい、大丈夫とか、優しい言葉を、言葉を」と発言した。この発言は、突然生まれたものではないであろう。この言葉が生まれる前に、前述した雄介との対話、やりとりがあり、忠の心がこの学び

の場に溶け込んできたからこそ生まれた言葉と言えるであろう。しかも、この忠の言葉は、２年生の祐次によって、「すてきな言葉ですね」という賞賛の言葉を受ける。この異学年交流の活動では、前述したように、子どもたちが一生懸命に紡ぎ出す言葉に対して、教師や友達から「すてきな言葉ですね」という言葉が差し出される。この二人の教師のこの言葉が子どもたちに言葉に敏感にさせ、自らがすてきな言葉を紡ぎ出す存在になろうと１・２年生なりに感性を研ぎ澄ませながら、言葉を生み出していることを感じさせられる。また、この言葉の感性は、日常的に行われている俳句づくりという活動、体を通して、リズムにのって、出されるその言葉遊びの中で育てられていることを感じさせられる。

　本時の異学年での活動でも、合言葉を書き組む活動が終了した後、異学年の子どもがお互いに生まれたその表現を声に出し、そして、その声が自分のものになりかけてくると、後ろの広いスペースに行って、動作をつけながら表現活動をリズムカルに楽しんでいた。この空間には概念としての言葉が生成されているのではなく、身体を通して、感性を下敷きにしながら言葉が生み出され、コミュニケーションが成立していることが窺われる。

　さらに、二人の教師は、完全には日本語としての言葉を整えることのできない１年生の発言などを

　　忠……はい、大丈夫とか、優しい言葉を、言葉を。
　　Ｔ……言ってあげるのですね。

というふうに、自然に包み込み促している。これは、けっして子どもの言葉の成長を阻むものではない。自然に交流し合う体験の中で、次第に子どもたちに確かな表現力の育ちを促そうとする体験重視の言葉の学びだと捉えられる。

　忠の雄介とのかかわりの中で芽生え始めた表現への意欲は、さらに続く。
　「６年生が見えない世界で一生懸命してくれたことは何？」という教師の質問に忠も雄介もすぐに思い出せない。言葉が生み出されない。

第四部　書くことの指導原理

　　雄介…なんかある？
　　忠……うーうう。

　ここで、中島教諭が二人のところに来て、「忠さん、6年生が1年生の教室に来てくれたでしょ。どんなことしてくれたか雄介さんに教えてあげて。どんなことしてくれたかな？」と尋ねる。しかし、忠はすぐには思い出すことができず、「なんだった？」と困ったように雄介に尋ねる。すると、雄介はまるで自分のことのように、「えっとね」と答えようとするが、言葉が出てこない。中島教諭はすでに二人のそばを離れ、ほかの子どもたちに尋ねている。すると、雄介は、中島先生がほかの子どもたちにたずねている「遊んでくれた？」という問いを敏感に聞きつけ、言葉の出ない忠に、「どんな遊び？」と尋ねる。すると、忠は自信がないのであろうか「シーソー」と小さな声で答える。
　このとき、橋本教諭が、「はい、じゃあ、1年生のみなさん、さっきは2年生がたくさん教えてくれたので、6年生がどんなふうに1年生のお世話をしてくれたかどうかは、1年生が教えてあげようよ。考え付いた人、起立。」と促す。その声に忠は立つことができず、言葉を捜すため、雄介に尋ね続ける。

　　忠……なにがある？
　　雄介…シーソー。

　このとき忠に何かがひらめいた。その言葉を捜そうと、必死に雄介に尋ねる。

　　忠……国の、国の何だっけ？
　　雄介…シーソー。ブランコ。
　　忠……国の、国であったい。国のお話。あれたい。4文字の。
　　雄介…じゃあ、いつもなかよくしてくれたでもいいよ。じゃ、立ってみて。じゃあ、立って。

第11章　橋本須美子実践

　しかし、忠の思いは雄介には伝わらない。それにはがゆさを表情ににじませて、さらに、忠は言う。

　　忠……あれたい。あれ。
　　雄介…そういわれても、ぼくは。
　　忠……なんだっけ、国の、アメリカとか。
　　雄介…だからぼく。
　　忠……学校に行けない人とか。
　　雄介…ユニセフ。
　　忠……そ、そ、あ、ああ。

　ここで忠は思わず立ち上がる。その様子をいち早く見つけた中島教諭が忠を指名する。「はい。6年生の大輔さんがユニセフの手帳を持ってきてくれた。」
　この言葉に担任の中島教諭が、「あなたはよく覚えてますね。ユニセフの手帳を1年生が作れないからって言って6年生のみんなが作ってくれて、大輔さんが『先生できました。1年生に配ってください』と言って、持ってきてくれたもんね。」と賞賛した。忠は、言いたいことを言えたという満足な顔で応えた。
　さて、いよいよ6年生にありがとうの手紙を書く場面において、忠は6年生の咲に関することが思い出せず、苦しむ。

　　忠……わからんもん。咲ちゃん。わからん。何するか分からん。
　　雄介…だから？
　　忠……何した？
　　雄介…だから、ぼくの、ぼくのように書けばいい。なんなんさん、なんなんをしてくれてありがとうございますって。あのね、なんなんさん、何なんをしてくれてありがとうございますっていうふうにやるんだよ。ぼくが言ったようにするんじゃないよ。

　しかし、忠が咲のことを想起できずにかけないのを2年生の雄介は書き

279

方がわからないからかけないのだと思い、書き方を説明する。思いが通じない忠は、「ううーん。ううーん。咲さん……咲さん何もしとらん」と何も思い出せない苦しさを表す。

  忠……だから何すればいいか分からん。
  雄介…まあ前のとか、歓迎遠足のこととか書いた？

 二人の対話はかみあわず、書きたいけれどもかけない忠のアイデンティティはここでの雄介との関係性の中では解決できないために、教師へ訴えかける。

  忠……先生、なんか、咲さん分からん。
  Ｔ……咲さん？
  忠……何したか分からない。
  Ｔ……咲さんどんなときに来てくれたかな？
  忠……うーん。
  Ｔ……咲さん来てくれた？　遠足？
  忠……違う。それは、えっとね。……雄大君。
  Ｔ……お掃除？
  忠……考えている。
  Ｔ……お掃除？
  忠……（うなずいて、書き始める。）

 ここでやっと咲に関することが想起されたのであろう。すると、今度は、忠は教師への問いかけをやめて、雄介に向かって「プールのお掃除ありがとうございますって書くと？」と尋ねた。すると、

  雄介…そこで、って書ける？それもいいよ。
  忠……カタカナね。
  雄介…（忠をのぞいている）
  忠……プールのおせ、おそうじ、……おせうじ？おそうじ？どっち……お

そうじ？
　雄介…うん。
　忠……ああ、おかしい。

　やっと書き始めた忠を見て、二人の間に対話が成り立たないことにどうしたらよいのかと戸惑いの表情を見せていた雄介から「がんばってくれ」という先輩らしい言葉も生まれてきた。
　こうして出来上がった忠の咲へのお手紙は、次のようなものである。
「プールのそうじ
　ありがとうございます。
　がんばてください。
　ぼくもプールがたのしみです。」
　忠は６年生へのお手紙を書きたくて仕方なかったのではないだろうか。それは、前述したユニセフの手帳を持ってきてくれた大輔への思い、そして、その後に続いた思い出活動での話し合いの中で次のような忠の思い出がみんなと共有されていたからである。
　忠が、大輔がユニセフの手帳を持ってきてくれたことを発表したあと、子どもたちの話し合いは次のように進んでいった。

　　Ｃ……遠足の時、手をつないでくれた。
　　Ｔ……おんぶしてもらった人もあのときいましたよ。おぼえてる？
　　Ｃ……手を挙げてください。
　　Ｃ……忠君もだったよ。
　　忠……正義君とか。
　　Ｃ……先生、忠君もです。
　　Ｔ……そうでしたね。
　　Ｃ……歓迎遠足の時、帰る時に１年生の荷物をもってくれた。
　　Ｔ……重くない？　持ってやろうかって言って持ってくれましたね。はい、省吾さん。
　　　忠（立ち上がる）
　省吾…放送をしてくれた。

第四部　書くことの指導原理

T……放送してくれたの。ううん。茜さん。
茜……あのう。歓迎遠足の時に、自分の重いから、自分で持つって言ったけど、お兄ちゃんが持ってくれた。
T……うれしかったね。忠さん。
忠……歓迎えんそう、歓迎遠足の時に、正義さんが、あの正義さんが。
T……おんぶしてくれた？
忠（頷く）
T……おんぶしてくれましたね。あなたが足を痛いと言ったからね。
C（２年生）…忠さんが、６年生の人たちにおんぶされてました。廊下で。
T……廊下でもですか。うれしかったですか？　忠さん。
忠（頷く）
T……またされたいですか。
忠（頭をかしげてから頷く）

　話し合いの中で忠のことが話題にあがり、２年生の上手な話題提示もあり、忠の中に６年生へのありがとうへの思いは大きく膨らんでいたにちがいない。しかし、教師が「忠さん、咲さんにお願いします。咲さんはお家も近いしね。でしょう」と割り当ててくれたその咲のことが思い出せずに、忠はあせったのであろう。

　しかし、お手紙書きの前に行われた話し合い活動で６年生へのありがとうを想起したことは、咲に関する話題をなんとか探そうと、雄介への問いを生み出した。しかし、雄介にとって忠の個人的なありがとうの話題には踏み込むことができずにいた。そのときに忠がとった行動が担任の中島教諭に咲との話題を尋ねるという積極的な行動であった。これは、お手紙の前に行った話し合い活動の効果であったと考えられる。こうした書きたいという意欲が忠の中に浮かんできたとき、忠の書く行為は積極的なものとなったのである。

第4節　考察──「二次的ことば」を誘発する要因──

　前述したように、岡本夏木（1984）は書き言葉が導入されてからの書き言葉と話し言葉を「二次的ことば」、それ以前の話し言葉を「一次的ことば」に分けたうえで、「二次的ことば」の習得は「子どもにとってまことに苦しく困難な仕事である」と指摘している。

　本章で取り上げた実践は、1年生にとってはじめての本格的な書くこと（二次的ことば）への誘いであった。では、1年生にとって書く営みは大変な苦痛であったのであろうか。先に紹介した忠と雄介のペア学習においても、忠が手紙を出す対象である6年生を認識できなかった段階では確かに抵抗があったと言える。しかし、それは書くことへの抵抗ではなく、書きたいという内在的な意思を持ちながらも、その対象となる6年生のことを認知できなかったがために書けなかっただけであり、6年生を認知してからの忠は夢中になって手紙を書き上げた。

　では、なぜ1年生にとって書くこと（二次的ことば）がスムーズに行えたのか、その要因を見出してみたい。

1．「二次的ことば」を誘発する「感性的コミュニケーション」

　まずは、書く活動を誘う前時の活動の意義をあげることができる。ここでは、人に心を届けることを具体的な事例を出しながら2年生が語る場面があった。直接1年生が語る場面は少なかったが、2年生の語りを聞きながら、1年生はさまざまに日常の自らの行動や場面を思い出していたに違いない。

　次に、教科書に書いてある「ありがとうマン」がしていることを見つける活動に没頭した。2年生が質問し、1年生が答える。あるいは、1年生が分からない点を質問し、2年生が教えてあげるという対話活動が有効に機能した。この行為がさらに1年生の語る準備を認知的にも情意的にも用

意してくれたと考えられる。この活動が、2年生主導の活動から次の1年生主導の活動への橋渡しの役割を果たしてくれた。

　そして、2年生がプレゼントしてくれた小さな「ありがとうマン」は自分の分身であり、この小さな「ありがとうマン」を通して、ありがとうをたくさん見つけたいという思いがあふれた。そこに、いつもお世話になっている6年生へのありがとうを見つける場面が設定された。ここからは、2年生主導の学習から1年生が語るという活動へと移っていった。

　語りを先導する2年生の行為、そして、1年と2年生が対等に対話する活動を踏まえて、1年生主導の語る活動へと、実に自然に語る活動が仕組まれていた。橋本教諭も中島教諭も、子どもたちが話せるためには、「安心して話せる環境・雰囲気づくりが何よりも大切」だと考えて、1年生が語る場を巧みに教室に作り出しているのである。

　一方、橋本教諭は、「遊びやゲームで体と心をほぐしながら、発声や大声練習をしながら、対話による自己紹介からはじめ、機会あるごとに大人の方々との対話を入れながら、まずは学校職員が子どもたちのよき対話相手になってあげることです。子どもたちの心を解きほぐしていくことが大切です。」（2005.11.12）と述べているように、子どもたちが語る準備を日常的に周到に、しかも、子どもたちの学びを段階的に準備している。こうした日々の取り組みがあるからこそ、子どもの言葉の育ちが促進されていることにも留意しておきたい。

　もしもこのとき、1年生がすぐに思い出せる6年生がお手紙を出す相手だったならば、もっと長くそして1年生の思いがあふれた手紙になったことだろうと思われるほど、1年生は自分の気持ちを6年生に伝えたくてたまらなかった様子が見てとれた。

　そして、実際にお手紙を書くとき、やはり書字力の欠如がやや抵抗となったが、4月からいつもペアで自分の相手をしてくれている2年生に気軽に尋ね、確かめる活動をすることによって、1年生の書字力の抵抗は大きな抵抗とはならずに手紙を書き上げた。

　橋本教諭、中島教諭の誘いは、実はここで終わったわけではなく、1年

生がお手紙の清書を書く前に、くわしくお手紙を書くことができている子ども何人かにお手紙を読んでもらい、そのよさを先生が認めるという活動を取り入れることによって、書けない子ども（全員が一応はお手紙を書くことができた）、書き足りない子どもたちをさらに誘った。

　二人の授業では、教師側から一方的に作文はこう書くものだとか、こんなふうな話し方にすべきだというような知識優先の与える教育は行われない。上記のように、一人の子どもから生まれた良さを教師が見取り、それを他の子どもたちへと広め、深めていくというような、子ども相互の中から生み出される学び合いを教師が取り入れることが多い。これも関係性を重視している学習観から誘われているのであろう。

　岡本夏木（1982）は、「人間の発達の基本的な姿勢は、子どもが人びととのかかわりをとおしながら、自分の世界をつくりあげていく点にかかってくる。言葉の獲得過程はそのもっとも典型的な例である」（p.17）と述べている。橋本教諭の教育観は、学びありきではなく、子どもの生きている姿や要求を通して、東井義男（1957）の言う「子どもの論理」から学びを創り出している。つまり、子どもが生活の中で日常的に行っている他者へ伝えたいという要求を拾い出し、それを書くことの活動として展開するという子どもの要求を教師が見取り、教師が教えたい教科内容へと統合させていくような子どもの側からの学びが行われているのである。

　また、橋本教諭の子どもとのかかわり方はたいへんに能動的であり、積極的である。子どもたちが他者と関わろうとするのは、教師自らが、子どもが語るその語りの積極的、能動的な聞き手として存在するところに影響されているのではないだろうか[1]。休み時間、子どもたちは教師と話したくて仕方がない。いつも、何かを報告し、語っている。そして、教師は、いつも、能動的積極的な聞き手となっているのである。本節に登場した雄介は、幼稚園時代、他者と関わることができず、自閉症的な面があるのではないかと言われていた子どもである。しかし、本学習において、忠と関わって、忠から得た新情報は必ず橋本教諭に報告していたことが印象的であった。「先生、忠さん、知っとらすと。」「先生、忠さん、やったことが

第四部　書くことの指導原理

あるらしい。」などと、自由にのびのびと話しかけているのである。
　先行実践の中でも、土田茂範、小西健二郎、三上敏夫らの記述の中に見られるのは、子どもとの対等の関係性づくりであり、語ること（口頭作文）から書くことへと誘う入門期の学びのカリキュラムである。先行実践が示唆しているのは、子どもが何でも話せる学級の雰囲気づくり、集団づくりの重要性である[2]。そうしたクラスづくりが、「二次的ことば」への移行をスムーズに行い、語ることから書くことへの移行を促している。
　鯨岡峻（1997）は、「対面コミュニケーション」を、「理性的コミュニケーション」と原初的コミュニケーションを含めた「感性的コミュニケーション」として捉えている。そして、「理性的コミュニケーション」が行われるためには「感性的コミュニケーション」が必要だと述べている。こうした原初的コミュニケーションによる感性的なかかわりが教室という場に様々に紡ぎ出されたとき、学習者たちは、安心して自らを表現し、他者に対して納得いくまで尋ね、応える存在となっていくのであろう。
　その意味で、橋本教諭が、異学年交流をなぜ行うのかの問いに対して、「自分は、いろいろな人とかかわる中で生きているんだという実感を味わってほしいから。」(2005.11.13)と答えていることの意味は大きい。中島誠（1999）は、自分で考える力を育てるような生きた言語が発達するために、次の二点の重要性を指摘している。「①子どもがまわりの人（親、教師、友達）と仲よしになり、情動的認知を発達させる。②子どもが実物に接し、自然の中で身体を使う経験をし、動作的認知を発達させる。」(p.83)
　橋本教諭が設定した「6年生へのお手紙を書こう」という単元は、単なるお手紙を書く営みに終わらずに、1年生が2年生と対話を通して、見つけ、語り合った「ありがとう」の心を表現する必然の場と方法として機能した。2年生の語りは、1年生にとって、「言葉には心がこめられているのだ」という発見を、実感としてもたらしたのではないだろうか。2年生の語りから発せられた人への思いやり、その2年生の語りを「すてきな言葉ですね。」と受け止める橋本教諭、中島教諭とのかかわりは、教室に「感性的コミュニケーション」を実現し、1年生に情動的認知をもたらしたと

考えられる。
　一方、先行実践では、入門期の子どもたちが語り、書くことへとスムーズに移行するために、自分たちの周りにあった出来事（例えば遊んだことなど）から話し合い、それを書く活動へと結びつけようとする工夫があった[3]。それに対して、今回の６年生への手紙は、日常的に常に関わっている友達との事柄よりも少し難しい事柄が題材に選ばれたという感じがする。しかし、ここには、小規模校であるが故に、縦割り学習なども通して、できるだけ学校ぐるみでいろいろな人たちと切実に接してほしいという教師の願いがあった。異学年交流の中で１年生にとってはじめての本格的な書く活動を取り入れたという制約もあったかと考えられるが、入門期の書くことのカリキュラムの観点から言えば、もっとも身近な人との関わりから徐々に広い範囲へと向けるという工夫や遊んだことを書くという具体的な内容を取り上げるというような工夫もあってよいのかもしれない。

２．「お手紙」の有効性

　さらに、入門期の語ることから書くことへの移行に、本実践では、「お手紙」という方法がとられていた。これについては、先行実践においても、例えば、小西健二郎は、「ともあれ、一年生の出発、作文への導入は、なんでもいえる自由なフンイキのクラスにする。そのためには、あらゆる方法を考えて、まず、子どもと教師との距離をなくする。書くことは、わたしの大すきな先生に、自分のしたことを知らせるのだ、話すのだという子どもの心を根本にして、『てがみ』とか、『先生へのおはなし』という形で導入していくということになりそうだと思います」（1955, pp.37-37）と述べている。このように、「お手紙」は多くの先達が用いている入門期の実践原理と言ってよいであろう。
　保育実践の立場から、今井和子（2000）は、話しことばと文字をめぐる活動の記録を綴っている。その中で、保育の中で幼児が文字を使う活動として、カルタづくり、手紙、絵本づくり、卒園文集、名刺交換ごっこなどを挙げている。これを踏まえて横山真貴子（2004）は、こうした活動例の

中で「伝える」といった特徴を強く持ち、年齢・時期などの制約が少なく、より広範に行われる活動として「お手紙」を指摘している。お手紙は他の活動のように活動時期が限定されることもなく、また、絵本づくりのように、物語産出能力など高度な認知能力が必要とされる活動でもない。誰もが書くことの喜びと必然を感じ取ることのできる活動として入門期における「一次的ことば」から「二次的ことば」への移行を誘ってくれる最適の方法と言えるであろう。

3．異学年交流と言語発達の関係

最後に、入門期における異学年交流と言語発達の関連について触れてみたい。

(1) 「2年生」という存在

異学年交流のあり方としては、上学年が下学年に教え導くという発想があるかと思われる[4]。本荘小学校の取り組みのユニークな点は近接学年での異学年交流を取り入れていることである。そして、このことは特に入門期において、学校という未知の世界へと自然に誘ってくれる2年生という存在、しかも、年齢が近く同学年の友達に接しているような気安さで対話できる点に、「発達の最近接領域」（ヴィゴツキー）の面から発見させられることがあった。

最初の参与観察は、4月末の学校探検をしようの異学年交流であった。まだまだ学校に慣れていない1年生は緊張気味である。しかし、2年生とペアになって運動場の探検を始めるやいなや顔が輝いてきた。花を見ては、その花の香りをかぎ、発見したことを2年生と話し合う。その話し合いは対等というよりも、どちらからというとはじめは2年生誘導型であった。2年生のつぶやきや誘いに1年生は一心に聞き入り、何かをつかもうと実に真剣であった。きっと2年生の先輩として私が何かを発見しなければという責任感と思いやりが1年生にもほどよい緊張感をもたらし、そこに、教室での教師対子どもという関係性とは異なる学びの空間を形成したのであ

ろう。それが、観察2時間を経過すると、もう打ち解けて1年生もさかんに2年生に話しかけていた。2時間にわたる運動場探検を終え、教室に入って見つけたことを発表し合う場では、2年生誘導型で発表が始まった。年齢の近い2年生が雄弁に語るさまを1年生は目をキラキラさせながら聞いていた。

中島教諭がインタビューの中で、「1年生を担任するのは四度目ですが、こんな楽をさせてもらったのは初めてです。2年生を見て本当に1年生がどんどん言葉というか、発表の仕方を学んでいるんですね。教師は何も言わなくても、2年生が体で示してくれていることを1年生が自然に吸収しているという感じです。」(2005.6.10) と語っているのが印象的である。年齢が近いからこそ違和感なく、その分、早く2年生の言動を1年生が内面化していることを示しているように思われる。

(2) 2年生という他者とのかかわりを通した自己内対話の生成

以上の考察を、「メタ認知の内面化モデル」(河野2006) から考えてみよう。河野は、学習者の側からの学びを説明する装置として「メタ認知の内面化モデル」を提案している。これは、他者との相互作用を通して、どのように学習者の認知が進行するのか、言葉の学びとしての説明装置とするために暗黙知の理論を導入して説明したものである。

日常化している1年生と2年生の異学年交流を通して、1年生は2年生の言動を自然に内面化している。1年生にとって自分とあまり年齢も変わらない2年生が、雄弁に、しかも、饒舌に語る様子に、1年生は感性を揺さぶられているのではないだろうか。そのことが強烈に"他者"である2年生の言動を内面化しているにちがいない。日常的なかかわりを深めている2年生とのかかわりを通して、実に多くの言葉を学び、急速に内面化していったことが窺われる。2年生と運動場探検をし、そこで見つけたものを通して遊び、そこで対話が行われ、1年生の言動は2年生に誘われてぐんと広がっていく。ここで、子どもたちは、暗黙知における経験的、実感的な知識をたくさん吸収することになる。ありがとうの心を見つけるため

に、2年生が具体的に説明してくれる。その説明によって、1年生は新たな世界に出会う。ときには2年生と1年生の間に意思の疎通がうまくいかないときもある。共同作業で急に物言わなくなった1年生を前に戸惑う2年生はどうしたらよいかを考え、言葉を搜す。また1年生は、本当は自分はこうしたいという思いをぽつぽつと話し、説明を始める。ここに、自己内対話が活性化されていく。もちろん1年生同士でも子ども同士のいざこざなどを通して、自己内対話が行われ、そこで、子どもの言葉は急速に発達を遂げる。さらに、異学年交流では、2年生のことばに誘われるように新しい世界を1年生が体験できる。そのことが言語発達を促していくのであろう。

「6年生にお手紙を書こう!」の参与観察では、教師対子どもの関係性の中に、1年生対2年生の対話が包み込まれる二重の関係性が発見された。そこで観察された1年生と2年生の対話は忠と雄介の例からは必ずしも対話として成立していない面も多かった。1年生の忠が2年生の雄介に投げかけた言葉や問いはダイアローグに開かれることよりも、モノローグに閉じてしまいがちなものも多かった。しかし、そこに学びの何かが動いていた。おそらくまだ十分に自己内対話ができない1年生にとって2年生への働きかけは、自らの自己内対話を生み出す準備として機能していたのではないだろうか。

さらに、1年生は一人の活動だけでは書字力の問題をはじめ、教師から課された課題をめぐる状況把握の不足など、さまざまな要因のために書くことを躊躇し、書けない状態に陥っていたかもしれない。そうした状況の中で、2年生の些細な助言や頷きが書くことへの抵抗を軽減したと考えられる。2年生の何気ない誘いが1年生の自己を確立していくうえで支えとして働いたと考えられる。

ともすれば、入門期において「宣言的知識」ばかりを性急に指導しようとする知識の詰め込み優先の学習が散見される。こうした学習では、教師から学習者への一方向の授業の中で、学習者の認知において暗黙知における身体的・実感的知識が刺激されることはない。また、学習者の中で他者

が内面化される可能性も低く、それがゆえに中学年以降に発達が期待されるメタ認知能力の発達にも支障をきたす結果になるのではないかと考えられる。

4．まとめ

　以上、本単元「6年生へありがとうの手紙を書こう！」の実践を通して見出される入門期における「一次的ことば」から「二次的ことば」への移行に必要な実践原理を次のように整理することができる。
① 　1年生が自由に物語ることのできる「感性的コミュニケーション」の土台づくりが必要であること。
② 　2年生との異学年交流が示すような人と関わることを起点とした言葉の学びの開拓が必要であること。
③ 　人と関わることを起点とした言葉の学びの方法としての「お手紙」を書くことの有効性。
④ 　入門期の言語発達には自己内対話を促す他者とのかかわりが必要であること。

　入門期の学習指導では、①②③の基盤として、自らの語りを積極的、能動的に受容しようとする教師のかかわりが不可欠であることが臨床的研究から見えてきた。そのうえで、④を成り立たせる同年齢のあるいは、本節で取り上げたような2年生のような近い年齢の他者の存在が自己内対話を促すと考えられる。

　今後は、継時的・縦断的研究を通して、入門期における子どもの言葉の発達のありようをマクロな視点から捉え、入門期の国語科学習指導の原理をさらに追究する必要がある。

注
(1) 　内田（1990）は、「子どもが自発的に話したいと思いえるような状況におかれているとき、大人が子どものことばに全身を耳にして向かうとき、それも「聞いている」という受動の行動が「聞かせてもらう」という能動の行為に変わったときに、子どもは雄弁になる」（p.34）ことを指摘している。

第四部　書くことの指導原理

(2)　例えば、小西健二郎（1955）は、「戸田唯己さんが、『学級というなかま』に、「書きやすい場、考えやすい場」と、いうところで、すぐれた実践を書いておられますが、話しやすい場をつくり、みつけ、話をひきだし、話して親しくなり、それを、しだいに教室へと持ちこむというようにする必要がある、と思います。」(p.121) と述べている。

(3)　小西健二郎（1955）は、「こんなにして、みんなといっしょに遊んだすぐあと、みんなで花つみに行ったすぐあと、などですと、いろいろ話が出ます。……中略……すぐ先ほどのこと、みんなに共通した話題であれば、話しやすいし、ほかの子どもも比較的よく聞いてくれます。／わたしは、こんな『先ほどの話』から、『きょうのこと』の話へもっていきました。『きょうのこと』といっても、三時間ほどの学習時間、遊び時間のことが中心です。／これは、話しやすいということと、一年生なりに、『きょうのくらしの話し合い』への、橋わたしにもなります。」(pp.122-123) と述べている。さらに、土田茂範（1955）は、「だまってすわっている子どもに、なんとかして話しをさせたい。それには、いちばんしっている自分のことを話させるのが、もっとも話しやすいのではなかろうか。」(p.22) と述べている。

(4)　広島大学附属小学校では、平成10年から平成12年の総合的学習において、1年と3年、2年と5年、4年と6年という異学年をセットし、異学年の交流が、上学年においてはメタ認知能力の発達を促し、下学年においては新たな学びの方法の獲得となることを確かめた。詳細については、河野（2002）「総合的学習における新しい学びの形成に関する研究——国語科教育との接点をさぐる——」（『教科教育学研究』第19集、日本教育大学協会第二常置委員会編）を参照。

第12章　共通する学習指導の原理

　濱本竜一郎実践、橋本須美子実践に通底する入門期の書くことの指導原理を次のようにまとめることができる。

　入門期の子どもたちが「一次的ことば」から「二次的ことば」の獲得を促すためには、子どもたちが「存在証明」としての自分らしいことばを表出するための教師と子どもとの「直接的対話」を基盤とする「感性的コミュニケーション」の形成が不可欠である。

　さらに、入門期の書くことの指導原理を貫くものとして、濱本実践、橋本実践の両方に共通しているのが、「一次的ことば」としての対話を核とした「物語ること」から「二次的ことば」への移行をスムーズに行おうとする取り組みである。その際、重要となるのがクラスのみんなに向けて十分に語ることのできない子どもが「一次的ことば」から「二次的ことば」へ移行するのを支援するにあたって、教師と子どもとの「直接的対話」を積極的に導入している点である。

　教師と子どもとが直接対話する中で、教師が子どもに尋ねたり、子どもの言葉を精緻化したりする活動を通して、子どもの中に自他関係を明確にする他者のまなざしが入り込む。そうした活動が、子どもに「みんなにわかってもらうための」自己の言葉を表出することの意味とその重要性を自覚化させていくのに効果的なのである。

　このように、他者との関わりを通して、かけがえのない自己の言葉（わたしのことば）が、他者にわかってもらえるための表現として表出されていくことが、入門期の書くことにおける重要な指導原理であるということが抽出された。

　具体的に言うと、濱本実践にも橋本実践にも共通する「お手紙を書く」

第四部　書くことの指導原理

という方法は、子どもたちに伝えたい相手を明確化・自覚化させるのに非常に有効である。しかも、相手の設定いかんによっては、子どもたちの伝えたいという意欲を高めるということも分かった。特に、お兄さん、お姉さん的な存在である高学年の児童はその対象として有効である。自分たちにとって身近な存在であるが、両親や兄姉、さらに1・2年生ほどは近くなく、かといって大人ほどは遠くないという存在である。そういう他者であることが書くことを促すのだろう。その意味でも、異学年交流の可能性と意義が改めて認識される結果となった。

　今後の作文教育においては、入門期に限らず、「存在証明」としての自己の言葉を他者との関わりを通して育てていくことが課題となるだろう。

終　章

　本書は、平成17〜19年度科学研究費補助金基盤研究（Ｃ）「入門期のコミュニケーションの形成過程と言語発達に関する実証的実践的研究」の研究成果報告書の一部と平成20年〜22年度科学研究費補助金基盤研究（Ｃ）「入門期のコミュニケーションの形成過程と言語発達に関する実証的連携的研究」の研究成果（継続中）を中心にまとめたものである。

　これまで熟達した実践者の実践知として閉じ込められがちであった入門期の実践を貫く学習指導の原理を明らかにすべく、次の研究方法による追究を行った。

　まず、日本の国語科教育の遺産である土田茂範、小西健二郎、三上敏夫という生活綴り方教師に見られる入門期の学習指導の原理を究明した。彼らに共通するのは、次の四つのレベルの学習環境をデザインしているということであった。

1．教室内での教師と子どもの対話、子ども同士の対話というマイクロシステムレベルの環境のデザイン
2．子どもが参加している家庭と学校という相互関係としてのメゾシステムレベルでの環境のデザイン
3．子どもを媒介にしながら教師と保護者をつなぐ学級通信などのエクソシステムレベルでの環境のデザイン
4．社会と自己を結び、どう変革を目指すのかを視野に入れたマクロシステムでの環境のデザイン

　ここに見られるように、子どもの言語発達を社会的文化的文脈の中で切り結ぶ環境デザインとして機能させようとしているところに特徴がある。つまり、入門期の子どもの言語発達に関わる社会的文化的相互行為のあり

様の重要性が示唆されているのである。

　このような学習環境のデザインを背景にしながら、根本的には、入門期のことばの学びに、他者と切実に向き合うような言語体験を重視している点も特徴的である。土田においては「集団討議」の重視であり、小西、三上においては話し合い活動の重視である。

　こうして、入門期の子どもたちは自他関係を切実に体験していくこととなる。三者に共通しているのは、子ども一人一人の切実な問題意識の重視であり、それを他者との関わりを通して、自己認識の変容へと高めていく営みである。その意味では、子どもたちが他者との関わりの中で、「存在証明」（キャズデン）としての自己の言葉に目覚めて、認知面・言語面の発達が目指されているのである。

　こうした入門期の先行実践が備えている学習指導の原理は、本書の第二部で取り上げた熊本市立本荘小学校の橋本須美子教諭らの入門期指導の取り組みにも同様に認めることができた。

　橋本学級の参与観察と談話分析からは、次のような入門期のコミュニケーションの育成に必要な要件が見出された。

　入門期の児童の認知発達・言語発達においては、児童自らが児童の内に自他関係を捉える力を育んでいくことが欠かせない。この自他関係が芽生えるからこそ、人に向けて説明する、話すというコミュニケーション能力も芽生えていくのである。橋本教諭の場合、「名人の席」などの装置を導入し、また教師が児童の発言を受け入れ、問い返すという対話的な対応によって、入門期の子どもたちが、言葉とは人へ向けて差し向けられるのだという体験を積み上げることになる。この体験が、実は、聞くという態度形成にも影響を与えていくと考えられる。

　他者との関係性の中で、子どもたちの中に自他関係が芽生えていくと、他者へ向けての言葉が発達していく。そのときに語りたいと思うこと、また共通基盤として関わり合えることが自分たちの生活体験である。それゆえに、この時期の子どもたちには、生活体験を起点として思ったこと、感じたこと、伝えたいことを語り合うことが大きな意義を持ってくる。それ

を通して、自らの存在感を自覚させるとともに、思ったことや感じたことや伝えたいことを他者と共有していくことが大切である。

　発達論的に見ると、最初に主観を吐露する段階から、自分の主観を共有してもらうために自己中心から脱していく段階があり、そして、文脈を捉えて言葉を発する段階が来る。もちろん、はじめのうちは、文脈の中で自分の言いたいことを羅列的に言い足していくレベルにとどまっている。このとき児童は発話の連鎖を意識しているわけではない。

　本書での量的・質的分析の結果から、文脈の中で他の可能性を広げて考える拡散的コミュニケーションの段階があり、その次に、その発話を整理し、つながりを見出そうとする教師の働きかけを通して、他者との相違に気づくときがやってくることが明らかとなった。そして、文脈の中で今度は自分と対峙している他者と自分の相違点を捉えて、意見を累積的に述べる段階と他の可能性を探りながら言葉を発する段階が来ると考えられる。

　このような自他関係を意識させ、コミュニケーションの認知発達を促すのが足場づくりとしての教師の役割である。入門期の橋本教諭の取り組みには、他者のまなざしを内在化させる手だてがいくつも準備されている。先にあげた「名人の席」もそうである。橋本教諭は、まだみんなへ向けての「間接的対話」ができない子どもたちを「名人の席」に誘う。はじめ、子どもたちは自分のつぶやきを受け入れてくれる橋本教諭へ向けて「直接的対話」を行う。そこから生成された言葉を橋本教諭はほかのみんなに伝える。それを受け取った他の子どもたちから、「名人の席」にいる子どもに言葉が返っていく。すると、その子は自らの言葉を他者が受け入れてくれたという実感を得て、次第に、みんなに向けて「間接的対話」を行うようになっていくのである。こうした体験が切実に他者のまなざしを内在化させていく。橋本教諭の働きかけが、実は話し合い活動に必要な自己二重化の活動を促進していると言えるのである。この自己二重化の営みが相互理解のコミュニケーションを深めていくという関係にあると考えられる。

　こうした自己の二重化を引き起こす働きかけとともに、橋本教諭の教室でのコミュニケーションの育成に大きな働きをしていると考えられるの

が、共通の話題に対しても自己と他者の心は異なるのだという心の理解を促進する工夫である。共通の話題であっても、この自他の心の違いを体験することによってこそ、私は「わたし」であり、「あなた」とは異なるのだという「存在証明としての言葉」の育成が図られるのであると考える。このことが中学年以降の自己と他者の間で、両者の捉え方、見方を対立させたまま、しかし相互理解を図る話し合いを可能にしていくのであろう。橋本教諭の取り組みには、単に子どもを受け入れるだけではなく、それぞれの子どものかけがえのない存在を強調する取り組みが随所にみられる。

　説明的文章の学習指導の領域においては、学習者の論理的思考力の育成のあり様を、参与観察をもとに作成したプロトコルの質的分析によって明らかにした。そして、その知見をもとに、入門期の説明的文章教材である「じどう車くらべ」「どうぶつの赤ちゃん」の単元構成や授業実践の提案を試みた。

　「書くこと」の指導原理をめぐっては、「一次的ことば」から「二次的ことば」への移行を促すための方法について考察した。「話すこと・聞くこと」を中心とするコミュニケーション能力の発達において効果のある「名人の席」のように、教師と学習者との対話を中核にした営みによって他者のまなざしを学習者に得させるような試みは、「書くこと」においてもまた有効な指導原理として働くことが明らかになった。子どもたちの生活体験を起点としつつ、「直接的対話」から「間接的対話」を経て「書くこと」に向かっていくということである。具体的な方法論としては、特に「お手紙」による異学年交流の意義が実践的に検証された。

　今後の課題としては、入門期のコミュニケーションの形成と言語発達のあり様を幼稚園・保育園とのつながりの中で究明していくことがあげられる。本書の第4章「保幼小を見通したコミュニケーション能力の育成」の中でも、その基本的な考え方については述べているが、まだ本格的に手がつけられていない。幼小連携のあり方については、現在の教育界において多方面から議論が高まっている。熊本県においても、2007年度より、熊本

終　章

県教育委員会と大学との幼小連携プロジェクトがスタートしたばかりである。そこで得られた研究成果などをもとにしながら、より一層の究明を図っていきたい。

　本書は、平成20年度熊本大学学術図書出版助成金による出版である。今後とも、地域の教育に寄与することのできる実践研究を実践現場の先生方との連携のもとで進めていきたいと思っている。

　最後になったが、入門期のコミュニケーションの形成と言語発達の解明は、熊本大学教育学部附属小学校との連携研究に加えて、そのほとんどが熊本市立本荘小学校の橋本須美子教諭との共同研究の成果である。橋本学級への参与観察を快く認めてくださり、多大な協力をいただい歴代の本田三洋校長先生、杉原哲朗校長先生、林良助校長先生にもお礼を申し上げたい。

　また、その参与観察の成果は、国語教育湧水の会での討議を経て修正したものである。毎月一回の研究会を通して学び合っている先生方にもお礼を申し上げたい。

河野　順子

引用・参考文献

- Bruner, J. and Haste, H., 1987, Introduction. In J. Bruner & H.Haste (Eds.), *Making sense; The child's construction of the world.* London and New York, Methuen.
- Cazden, C. B., 1988, *Classroom Discourse*, Heinemann, p.3
- Hatano, G. and Suga. Y., 1977, Understanding and use of disjunction in children. *Jurnal of Experimental Child Psychology. 24.* pp.395-405
- Mercer, N., 1996, The quality of talk in children's collaborative in the classroom. *Learning and Instruction*4, pp.359-377. 引用は、『教師の"ディスカッション教育"技能の開発と教育支援のシステム作り』(平成14～16年度科学研究費報告書、研究代表：丸野俊一)。
- Mehan, H., 1979, *Learning lessons*, Cambridge, Mass. : Harvard University Press
- Nystrand, M., Wu, L. L., Gamoran, A., Zeiser, S. & Long, D. A. (2003) Questions in time; Investigating the structure and dynamics of unfolding classroom discourse. *Discourse processes*, 35(2). pp.135-198
- Neimark, E. D. and Slotnick, N. S., 1970, Development of the understanding of logical connectives. *Journal of Educational Psychology. 61.* pp.451-460
- Papris, S. G., 1973, Comprehension of language connectives and propositional logical relationships. *Journal of Experimental Child Psychology. 16.* pp.278-291
- 秋田喜代美（2000a）「学習環境という思想」『学校教育』No.994広島大学附属小学校学校教育研究会編
- 秋田喜代美（2000b）『〈シリーズ教育への挑戦〉 子どもをはぐくむ授業づくり』岩波書店
- 秋田喜代美・市川伸一（2001）「教育・発達における実践研究」『心理学研究法入門 調査・実験から実践まで』南風原朝和・市川伸一・下山春彦編 東京大学出版会
- 芦田惠之助（1926）『假名の教授』芦田書店（『芦田惠之助国語教育全集第七巻』明治図書, 1988, p.574）
- 石黒広昭（2004）『シリーズ社会文化的アプローチ 学習活動の理解と変革のエスノグラフィー 社会文化的アプローチの実際』北大路書房
- 位藤紀美子編（2007）「国語科教育改善のための言語コミュニケーションの発達に関する実験的・実践的研究」平成16年度から平成18年度科学研究費補助金基盤B研究成果報告書
- 今井和子（2000）「表現する楽しさを育てる保育実践」『言葉を文字を育てる保育』小学館

- 岩永正史（1987）「『はまべのいす』における予測の実態——学習者の物語スキーマ特性を探る——」『読書科学』31巻2号，日本読書学会
- 岩永正史（1990）「ランダム配列の説明文における学習者の文章理解」『読書科学』34巻1号，日本読書学会
- 岩永正史（1991）「『モンシロチョウのなぞ』における予測の実態——学習者の説明スキーマの発達——」『読書科学』35巻4号，日本読書学会
- 岩永正史（1992）「スキーマ理論と一読総合法」『山梨大学教育学部研究報告』42巻，山梨大学教育学部
- 岩永正史（1993）「部分提示された説明文に対する学習者の予測——小学校4年生の説明文スキーマの発達」『読書科学』37巻3号，日本読書学会
- 岩永正史（2000）「説明文教材の論理構造と読み手の理解——彼らはどのように『論理的に』考えるのか——」『言語論理教育の探究』，東京書籍
- ヴィゴツキー著、柴田義松訳（1962）『思考と言語（上・下）』明治図書
- 植山俊宏（1988）「説明的文章の読みにおける児童の反応力と認識形成の関わり」『国語科教育』第35集，全国大学国語教育学会
- 植山俊宏（1992）「説明的文章教材の教材性に関する考察(1)——『どうぶつの赤ちゃん』を例に——」『教育学研究紀要』第38巻第二部，pp.49-54
- 植山俊宏（1993）「説明的文章の授業における論理的認識の形成——教材および認識形成状況調査の分析を通して——」『国語科教育』第40集，全国大学国語教育学会
- 植山俊宏（1996）「言語論理の教育——説明的文章学習による論理的認識力育成の実質——」田近洵一編『国語教育の再生と創造——21世紀へ発信する17の提言——』教育出版，pp.156-168
- 内田伸子（1990）『子どもの文章』東京大学出版会
- 内田伸子（1996）『子どものディスコースの発達』風間書房
- 岡田敬司（1998）『かかわりの教育学Ⅱ　コミュニケーションと人間形成』ミネルヴァ書房
- 岡本夏木（1982）『子どもとことば』岩波書店
- 岡本夏木（1984）『ことばと発達』岩波書店
- 小川雅子（1988）「小学校1年生の教室内コミュニケーションにおけるそご事例の分析」『人文科教育研究』15，pp.43—53
- 折出健二（2005）「『学びの共同体』論と学習集団論」『教育方法34　現代の教育課程改革と授業論の探究』日本教育方法学会編
- 鹿毛雅治・上淵寿・大家まゆみ（1997）「教育方法に関する教師の自律性支援の志向性が授業過程と児童の態度に及ぼす影響」『教育心理学研究』，45，pp.192-202

・河野順子（2005a）「入門期における国語科学習指導の原理に関する一考察──土田茂範の入門期指導を中心に──」『熊本大学教育学部紀要』第54号（人文科学）
・河野順子（2005b）「入門期における国語科学習指導の原理に関する一考察──学習環境のデザインに関する一考察から──」第109回全国大学国語教育学会発表資料
・河野順子（2006a）『〈対話〉による説明的文章の学習指導──メタ認知の内面化の理論提案を中心に──』風間書房
・河野順子（2006b）「入門期における言語発達に関する臨床的研究──単元『6年生にありがとうのお手紙を書こう！』における異学年交流に着目して──」『熊本大学教育実践研究』第23号
・河野順子（2006c）「入門期の学習指導の原理に関する一考察 ──〈対話〉としての書くことの可能性──」（第110回全国大学国語教育学会発表資料）
・河野順子（2007）入門期における言語発達に関する臨床的研究（その2）──4月から9月にかけての児童の言語発達に着目して──」『熊本大学教育実践研究』第24号
・河野順子（2008）『入門期のコミュニケーションの形成過程と言語発達に関する実証的実践的研究』平成17年度～平成19年度科学研究費補助金基盤研究（C）研究成果報告書
・岸学・綿井雅康（1986）「論証形式をなす文章の記憶について」『日本心理学会　第50回大会論文』
・岸学・綿井雅康・谷口淳一（1989）「説明文の構造とその理解について──小学校国語科教科書の分析に基づく検討」『東京学芸大学紀要』，第一部門，第40集
・岸学（2004）『説明文理解の心理学』北大路書房
・国分一太郎（1975）『新装版　教育実践記録選集2』新評論
・鯨岡峻（1997）『原初的コミュニケーションの諸相』ミネルヴァ書房
・小西健二郎（1955）『学級革命』牧書房
・小西健二郎（1958）『たんばの子』牧書店
・小西健二郎（1974a）『ぼくも父母も一年生　手づくりの教育』あすなろ書房
・小西健二郎（1974b）『○は大きく×は小さく』あすなろ書房
・小松崎進・平川政男企画編集（2003）『小学生への読みがたり読みきかせ低学年』高文研
・西郷竹彦（1982）『西郷竹彦文芸著作集別巻Ⅰ「国語」科教育の全体像』明治図書
・清水由紀・内田伸子（2001）「子どもは教育のディスコースにどのように適応

するか──小学 1 年生の朝の会における教師と児童の発話の量的・質的分析より──」『教育心理学研究』49, pp.314-325
・清水由紀・内田伸子（2003）「学校文化への適応過程──一次的ことばから二次的ことばへの移行」『言語』第32巻10号, pp.98-103
・田島信元（2003）『共同行為としての学習・発達 社会文化的アプローチの視座』金子書房
・田中智志（2002）『他者の喪失から感受へ 近代の教育装置を超えて』勁草書房
・土田茂範（1955）『村の一年生』（宮原誠一・国分一太郎編（1975）『新装版 教育実践記録選集 2』新評論
・土田茂範（1957）『国語の授業──低・中学年の場合──』新評論
・土田茂範（1977）『ふるさとの自然と教育』新評論
・土田茂範（1990）『生活綴方を生きる』北方出版
・土田茂範（1998）『生活綴方と母語──続・生活綴方を生きる──』北方出版
・東井義男（1957）『村を育てる学力』明治図書
・中井孝章（2004）「教育関係の破綻と修復──児童の変容を中心にして──」『教育関係論の現在 「関係」から解読する人間形成』（高橋勝・広瀬俊雄編著）川島書店
・中島誠（1999）「情動的・動作的認知と言語発達」『シリーズ人間の発達 7 ことばと認知の発達』東京大学出版会
・中田基昭（1997）『現象学から授業の世界へ──対話における教師と子どもの生の解明──』東京大学出版会
・日本作文の会62年度・活動方針案「意義ある伝統のもとに確信をもって前進しよう」『作文と教育』（日本作文の会）1962, 8, pp.109-110
・B. バックレイ著・丸野俊一監訳（2004）『0 歳～ 5 歳児までのコミュニケーションスキルの発達と診断』北大路書房
・深川明子（1983）『国語教育実践理論全書 2 入門期読み方教育の開拓』明治図書
・藤井圀彦・澤本和子（1994）『国語科・新しい学力観に立つ授業の改善シリーズ 3 ことばの力をつける入門期の学習指導』東洋館出版社
・米国学術研究推進会議編著 ジョン・ブランスフォード、アン・ブラウン、ロドニー・クッキング編著, 森敏昭・秋田喜代美監訳（2002）「学習環境──学びの環境をデザインする」『認知心理学のさらなる挑戦 授業を変える』北大路書房
・間瀬茂夫（1999）「国語科教師の持つ説明的文章の論理のとらえ方と指導理論に関する考察」『国語科教育』第46集, 全国大学国語教育学会編, pp.32-39

- 間瀬茂夫（2002）「自覚的な表現者を育てる国語科学習の研究」『自覚的な表現者を育てる――小学校国語科の授業――』雲石「国語」の会編
- 三上敏夫（1976）『生活指導選書8　奈津子をめぐって・子どもたち』明治図書
- 三上敏夫編著（1977）『やないゆきこ詩文集　はっぱのふえ』一光社
- 三上敏夫（1983）『1年生の教え方全書③　楽しい学級づくり十二ヶ月』明治図書
- 宮坂哲文（1976）『集団主義と生活綴方』明治図書
- 森田信義（1988）『説明的文章の研究と実践　達成水準の検討』明治図書
- 山元悦子（2007）「言語コミュニケーション能力の発達モデル」『国語科教育改善のための言語コミュニケーションの発達に関する実験的・実践的研究』位藤紀美子編、平成16年度～平成18年度科学研究費補助金　基盤研究（B）研究成果報告書
- 山本正格（1959）『入門期の作文指導』東洋館出版社
- 横山真貴子（2004）『絵本の読み聞かせと手紙を書く活動の研究――保育における幼児の文字を媒介とした活動――』風間書房

索　引

Ｉ－Ｒ－Ｅ連鎖　103, 122, 157
一次的ことば　62, 63, 104, 108, 151, 152, 162, 248, 251, 252, 253, 254, 255, 256, 259, 267, 268, 269, 281, 283, 288, 291, 293, 298
学習環境のデザイン　34, 36, 42, 43, 44, 45, 46, 47, 48, 49, 52, 53, 54, 55, 57, 107, 267, 296
間接的対話　107, 138, 251, 256, 257, 259, 266, 267, 297, 298
教室談話　102
共創的コミュニケーション　65
心の読み取り（マインドリーディング）　115, 130
小西健二郎　34, 56, 57, 252, 254, 267, 269, 286, 287, 295
自己二重化　140, 165, 297
自他関係　57, 63, 65, 107, 125, 126, 130, 164, 253, 254, 255, 257, 259, 261, 264, 293, 296, 297
社会機能　62
社会的文化的相互行為　9, 10, 31, 57, 295
社会文化的アプローチ　3, 4, 9, 34, 42, 55, 102
世界・論理を捉える技能　173, 175, 176, 180, 181, 182, 185, 187, 189, 193, 194, 200, 209, 213, 215, 218, 219
相互作用モデル　61
相互理解　139, 140, 297, 298
存在証明としての言葉　62, 63, 70, 132, 137, 139, 148, 158, 161, 162, 163, 164, 165, 298
〈対話〉による構成活動　182, 183, 184, 185, 186, 187, 188, 189, 190, 191, 194, 201, 205, 206
直接的対話　106, 107, 137, 138, 152, 254, 256, 257, 258, 259, 260, 266, 267, 293, 297, 298
土田茂範　3, 4, 9, 10, 33, 34, 57, 168, 252, 254, 286, 295
二次的ことば　62, 63, 101, 102, 103, 104, 107, 108, 111, 152, 251, 252, 253, 254, 255, 256, 257, 259, 263, 265, 266, 267, 268, 269, 283, 286, 288, 291, 293, 298
表現機能　62, 164
三上敏　4, 34, 57, 252, 254, 286, 295
命題機能　62, 161, 162, 165, 166
メタ認知　175, 181, 183, 206, 247, 289, 291
モニタリング　64
理由付けの論理的思考　208, 216
累積的会話　103, 166

【著 者】

河野　順子（かわの　じゅんこ）
1993年　兵庫教育大学大学院学校教育研究科修士課程修了
2003年　兵庫教育大学大学院連合学校教育学研究科（博士課程）修了
北九州市の公立小学校教諭、広島大学附属小学校文部教官を経て、現在、熊本大学教育学部准教授
博士（学校教育学）
所属学会　全国大学国語教育学会（理事）、日本国語教育学会（理事）、
　　　　　読書学会、日本教育方法学会、日本教科教育学会他

〈主な著書〉
『〈対話〉による説明的文章セット教材の学習指導』明治図書、1996年
『子どもとひらく国語科学習材　音声言語編』（共著）明治図書、1998年
『授業のオープンエンド化⑤　オープンエンド化による国語科授業の創造』（共著）明治図書、1999年
『学びを紡ぐ共同体としての国語教室づくり』明治図書、2001年
『21世紀の初等教育学シリーズ①　初等国語科教育学』（共著）共同出版、2002年
『〈対話〉による説明的文章の学習指導――メタ認知の内面化の理論提案を中心に――』風間書房
『入門期の説明的文章の授業改革』（共著）明治図書、2008年
『新たな時代を拓く小学校国語科教育研究』全国大学国語教育学会編、学芸図書株式会社、2009年　他多数

入門期のコミュニケーションの形成過程と言語発達
――実践的実証的研究――

2009年3月31日　発　行

著　者　河　野　順　子
発行所　㈱溪水社
　　　　広島市中区小町1-4（〒730-0041）
　　　　電話（082）246-7909／FAX（082）246-7876
　　　　Eメール：info@keisui.co.jp

ISBN978-4-86327-064-0　C3081